皖系

一看就停不下来的北洋军阀史

胡杨/著

辽宁人民出版社

© 胡杨　2019

图书在版编目（CIP）数据

一看就停不下来的北洋军阀史 . 皖系 / 胡杨著 . — 沈
阳 : 辽宁人民出版社 , 2019.7
ISBN 978-7-205-09561-1

Ⅰ . ①一… Ⅱ . ①胡… Ⅲ . ①北洋军阀史
Ⅳ . ① K258.2

中国版本图书馆 CIP 数据核字（2019）第 053984 号

出版发行 : 辽宁人民出版社
　　　　　地址 : 沈阳市和平区十一纬路 25 号　邮编 : 110003
　　　　　电话 : 024-23284321（邮　购）　024-23284324（发行部）
　　　　　传真 : 024-23284191（发行部）　024-23284304（办公室）
　　　　　http://www.lnpph.com.cn
印　　刷 : 天津中印联印务有限公司
幅面尺寸 : 170mm×240mm
印　　张 : 13
字　　数 : 200 千字
出版时间 : 2019 年 7 月第 1 版
印刷时间 : 2019 年 7 月第 1 次印刷
责任编辑 : 赵维宁
封面设计 : 杨　龙
版式设计 : 新视点
责任校对 : 吴艳杰
书　　号 : ISBN 978-7-205-09561-1
定　　价 : 42.00 元

总 序

在清朝灭亡之后，"宁汉合流"之前，中国实际上的掌权者，就是"北洋军阀"。北洋军阀并非单指一个人，或者几个人，而是由袁世凯在天津小站练兵所形成的"北洋新军"体系。

爆发于 1894 年的甲午中日战争，让清朝政府意识到创建新式军队的重要性。于是 1895 年，在恭亲王奕䜣、直隶总督荣禄等大臣联名奏请下，光绪帝派遣袁世凯前往天津小站创办新军。袁世凯到达天津以后，运用西方先进的军事管理经验，聘请外国教官，模仿德国的现代陆军制度创建了中国近代史上第一支正式的新式陆军，史称"北洋军阀"。

负责创建北洋新军的袁世凯，他身边的左膀右臂徐世昌、唐绍仪，以及新军中的骨干力量冯国璋、段祺瑞、王士珍、曹锟、王占元、段芝贵、李纯等，构成了新军的核心力量。在 1898 年的戊戌变法中，袁世凯揭发了梁启超、谭嗣同等人意图发动军事政变的计划，从而得到了慈禧的信任，一定程度上也提升了北洋新军的地位。

1899 年，袁世凯由户部侍郎升任山东巡抚，成为封疆大吏。1901 年，在李鸿章去世以后，袁世凯更是受命署理直隶总督兼北洋大臣，一跃成为中外瞩目的政治人物。袁世凯的左膀右臂冯国璋和段祺瑞也得到高升，段祺瑞出任北洋军政司参谋处总办，冯国璋则出任中央练兵处军学司正使。就此，以袁世凯为中心，出身于北洋新军体系的军人逐个步入政坛，并形成了以段祺瑞和徐树铮为首的皖系军阀，以及以冯国璋、曹锟为首的直系军阀。

慈禧和光绪先后死去，随着武昌起义的爆发，辛亥革命让苟延残喘的清朝土崩瓦解。原本排挤汉人官僚的清朝贵胄们，发现当年纵横天下的八旗子弟早已不复骁勇，被迫将军政大权交给了袁世凯。坐镇北京的袁世凯通过与革命党谈判，逼清帝退位，窃取革命果实，成为中华民国临时大总统。至此，在清朝覆亡以后，民国进入了北洋军阀统治时期。

袁世凯上台以后，先是改组了中华民国临时政府，随后废除《中华民国临时约法》，公布《中华民国约法》，实行总统制。通过一系列手段，袁世凯独揽军政大权，开始筹备改行帝制。1915 年 12 月 12 日，袁世凯宣布恢复帝制，废除民国纪元，改 1916 年为洪宪元年，建立中华帝国。

袁世凯的倒行逆施招致南方革命党人的坚决反对，爆发了护国战争。面对全国上下声势浩大的反袁浪潮，袁世凯被迫宣布取消帝制，恢复中华民国。袁世凯起用段祺瑞为国务卿兼陆军总长，以期靠段祺瑞团结北洋势力，但各省并未就此停止军事行动。1916 年 6 月 6 日，袁世凯因尿毒症不治而亡，归葬于河南省安阳市。袁世凯的死，标志着北洋军阀割据时代的开始。

袁世凯死后，皖系军阀和直系军阀之间的矛盾加深。皖系军阀段祺瑞以国务院总理的身份掌握着政府实权，这不仅招致北洋军阀内部，连北洋系以外的其他势力也对此极其不满。1917 年 7 月，孙中山在广州发动护法运动，段祺瑞以国务院总理身份敦促直系军阀南下作战。但直系军阀在前线擅自停战，吴佩孚更是孤军千里北上，皖系军阀与直系军阀的矛盾至此不可调和。

皖系军阀与直系军阀明争暗斗的时候，还有一股力量在东北悄然崛起，这就是以张作霖为代表的奉系军阀。严格意义上说，奉系军阀并不是北洋系的嫡系，但张作霖的发家，始终都离不开北洋系的支持，而他的身上，也秉承着北洋系一以贯之的武夫当国思维。直皖战争爆发时，直系军阀选择与奉系军阀结盟，从而打败了皖系军阀，直系军阀曹锟入主北京城。

直系军阀上台以后，开始鼓吹要以武力统一全国。这无疑遭到了其他军阀的反对，并以"民主自治"和"联省自治"的名义进行对抗，刚刚与直系军阀共同打败皖系军阀的张作霖，就在这个时候表达了不满。在组阁等问题上，奉系军阀和直系军阀原本就产生了矛盾，而武力统一政策则成为导火索。

1922 年 4 月，奉系军阀和直系军阀爆发了第一次直奉战争，直系军阀将领吴佩孚指挥若定，直系军阀赢得胜利，独揽中央政权。奉系军阀则退回关外，宣布"闭关自治"。

击败奉系军阀以后，直系军阀以"恢复法统"为名，恢复了国会。接着，曹锟却做了一件让人跌破眼镜的事情——他通过高价收买国会议员，成功当上了大总统。"贿选"丑闻被公开以后，举国哗然，直系军阀就此成为众矢之的。偏偏此时在直系军阀内部，"功高盖主"的吴佩孚和直系当家人曹锟之间，也生出了罅隙。

另一边厢，被直系军阀击败的段祺瑞和张作霖，联合南方的孙中山，组成了"反直三角联盟"。1924 年 9 月，第二次直奉战争爆发，奉系军阀入关南下，直系军阀节节败退。10 月间，原本属于直系军阀的西北军将领冯玉祥发动北京政变，囚禁曹锟，直军战败，吴佩孚奔逃南下，直系军阀的统治自此土崩瓦解。

随着 1925 年孙中山病逝，冯玉祥被排挤出北京，实际上，奉系军阀掌握了当时的中央实权。但奉系军阀的日子也并不好过，张作霖派人南下进攻孙传芳，结果连番受挫，孙传芳反而借此成为五省霸主。奉系军阀将领郭松龄更是联合冯玉祥倒奉，如果不是日本的干涉，张作霖险些一败涂地。

1926 年 4 月，段祺瑞下台，奉系军阀和直系军阀基于多方考虑，暂时保持了各自在中国中部和北部的势力，组成双方共同控制的北京政府。此时的北洋军阀，在袁世凯死后，难得出现了相对团结的阶段。但是，这些武人并不知道，此时就在南方，经过了五卅运动的洗礼，广东革命军决定开始北伐。北洋系的军人们并不曾料到，他们看起来固若金汤的政权，转瞬之间就被这股钢铁洪流所吞噬。

吴佩孚和孙传芳接连被攻破，到 1928 年 6 月，眼见大势已去的张作霖决定退出京津。在返回沈阳途中，张作霖在皇姑屯被日本关东军预埋的炸弹炸死，史称"皇姑屯事件"。8 日，国民党军队进入北京，北洋军阀在中国的统治彻底落下帷幕。同年 12 月 29 日，张学良宣布"东北易帜"，一个时代就此终结。

北洋军阀源于袁世凯的小站练兵，作为特殊时代的产物，北洋系的军阀身上，保留着矛盾的特性。一方面，他们的精神思想始终源于旧式的封建礼教，不管是早期的袁世凯、徐世昌、唐绍仪、王士珍等，还是后来的冯国璋、段祺瑞、徐树铮、曹锟、吴佩孚、孙传芳等，都秉持着最传统的师生和袍泽关系。另一方面，他们又接受了西方的军事知识和思想渗透，尤其是在袁世凯称帝失败以后，后来的北洋军阀始终维护着既成的革命事实，捍卫共和体制。

　　这帮出生于旧时代的武人，就这样以旧时代的思维和手段，维护着新时代的政治模式。于是，我们看到电文满天飞，府院闹剧，尘土飞扬的北京城，庄严肃穆的总统府，就像是上演着一场又一场的堂会，武夫们挥舞着长枪光鲜亮丽地进入北京城，又灰溜溜地离开。这个时代吵嚷着开始，又伴随着一声轰鸣落下帷幕。

　　北洋军阀的历史，正应了那句老话：天下熙熙，皆为利来；天下攘攘，皆为利往。

前 言

"武力统一"

—— 多少往事多少梦

提及北洋军阀的统治，近代史方面的研究者通常将其统治时期划定为 1912 年到 1928 年间，也就是自民国元年到张学良东北易帜。其中，袁世凯的统治期为四年（即 1912 年到 1916 年），皖系统治期为四年（即 1916 年到 1920 年），直系统治期为四年（即 1920 年到 1924 年），奉系统治期为四年（即 1924 年到 1928 年）。每一个前任者的衰亡，往往就伴随着继任者的崛起。

直系、奉系当国的时候，其实北洋系已经四分五裂，他们说是在主持国政，其实都处于互相牵制的状态：直系在北京执政的时候，不能干涉东三省的军政事务；而张作霖在东三省执政的时候，直系的吴佩孚控制着两湖，孙传芳控制着东南。真正在袁世凯之后把持着中央政权，并且可以达到号令北洋的，其实只有皖系军阀的统治时期。在皖系主政时期，北洋系逐渐走向分裂，最终随着直皖战争的爆发而分崩离析。

北洋军阀内的派系之别，其实是封建社会朋党政治的一种改良模式。朋党政治是古代政坛的一种普遍现象，历朝历代的皇帝最痛恨的就是"结党营私"，因此一旦发现必然轻饶不得，但越是打压，反而越是猖獗。比如明朝的开国皇帝朱元璋，最为痛恨的就是结党，在位时的"胡惟庸案""蓝玉案"牵连甚广，为的其实就是要根除党社。结果纵观有明一朝，朋党政治可以说达到了历史顶峰，明晚期除了出现大名鼎鼎的"东林党"，还有"浙党""秦党""齐党""楚党""宣党"等。

到清朝，朋党政治依然屡禁不止，只是不如明朝那么泛滥。这种光荣传统一直流传到了北洋时代，在清末，北洋军阀就已经形成了两大军阀体系：靠近段祺瑞的，被称为皖系；靠近冯国璋的，被称为直系。段祺瑞有两个优势，一是识时务，二是知进退。这两点对于混迹官场的人来说是最为重要的，所以段祺瑞成长得很快，在袁世凯统治晚期，就已经逐渐替代袁氏成为北洋军阀真正的当家人。

在段祺瑞壮大的同时，便有一群人开始围绕在他的身边，担任幕僚性的角色。重要的幕僚包括四位：徐树铮、曾毓隽、靳云鹏、傅良佐。这四个人可以说是能文又能武，其中徐树铮和曾毓隽，堪称皖系的两大护法。除此以外，当时有实力的地方军阀，也竞相围绕到段祺瑞的身边，比如安徽督军倪嗣冲、山东督军张怀芝、江西督军段芝贵、察哈尔都统田中玉，以及北洋将领吴光新、曲同丰、卢永祥等。在皖系的顶峰时，属直系的军阀曹锟和奉系的军阀张作霖，都是投向皖系的。

所以，皖系之所以能够在袁世凯去世后迅速上位，是借由段祺瑞的个人能力，从而使皖系占据了人数上的优势，形成了北洋军阀最早也是势力最为庞大的军阀派别。但是，在现实生活里，生长得过快往往不一定是好事，可能会出现营养不良的情况，皖系军阀就是这样的情形。皖系的成长很快，看起来也是头脑不简单、四肢很发达，但其实因为发展过早、过快，有外强中干之嫌。

首先，皖系军阀有太多的边缘角色，比如直系的曹锟、奉系的张作霖，以及资深"墙头草"田中玉、张怀芝等。其次，皖系军阀内部良莠不齐，除了曾戍边西北的徐树铮，其他的皖系将领大多言过其实，打起仗来临阵退缩者众，冲锋陷阵者寡。最后，皖系军阀内部派系林立，徐树铮和靳云鹏明争暗斗，地方军阀之间也经常争抢地盘，内耗过甚也是皖系军阀很快衰败的一个重要原因。

而最为关键的是，段祺瑞给其他的北洋军阀留下了一个难题。古代的官兵为了"了却君王天下事"去打仗，辛亥革命的革命军为了革命去打仗，北洋军却不知道为什么去打仗。随着北洋系的偶像袁世凯、段祺瑞纷纷倒下，君权思想的崩溃，上承清朝王庭、下接国民政府的北洋军阀成了历史夹缝间的"特殊的一群"。在击倒了北洋偶像袁世凯之后，段祺瑞并未将自己重新树立为北洋偶像，段祺瑞不行，此后的曹锟、吴佩孚、张作霖更无法成功。

在皖系军阀当国期间，段祺瑞提出了"武力统一"，希冀以"统一"作为驱动官兵舍生忘死的救命稻草。但是，先天营养不良、后天发育畸形的皖系军阀，根本无力推动战争机器的前进，"武力统一"没有帮助皖系军阀抵达顶峰，反而促成了它的过早衰败。以北洋军阀正统自居的皖系军阀，也在独断专行中走向了消亡。对皖系来说，打破了旧的秩序，却又想要利用旧的秩序维持新的面貌，这本身就是自相矛盾的路线。

目 录

一 武夫当国的时代

　　武夫们喜欢乱世，就像文人们渴望盛世。乱世造就的是白起、李靖、徐达这样被后世传扬的名将或"战神"，而盛世成就的则是王勃、李白、唐寅这样的风流才子，各有所需，所以也各取所需。古语说："合久必分，分久必合。""天下大事"就像是一对小夫妻，甜美日子过久了就要打一架，打完了架想起彼此的好又要破镜重圆。从三皇五帝，到唐宗宋祖，终于嬉闹到了民国，清廷残喘，军阀割据，历史这桩闹剧终于轮到了最高潮的戏份儿。

序篇：从天津武备学堂开始

公元 1895 年，一代枭雄袁世凯接受了慈禧太后的懿旨，赶到天津小站练兵。为了寻找合格的教员，以及扩充势力的需要，袁世凯找到了天津武备学堂的总办廕昌，廕昌给袁世凯推荐了四个在武备学堂毕业的学生，他们分别是冯国璋、段祺瑞、梁华殿和王士珍。这四个人中，除了英年早逝的梁华殿，其他三人日后都成了北洋系中的顶梁柱。袁世凯非常信任段祺瑞，授予了他炮队第三营统带兼炮队兵官学堂监督的职务，日后他更是成为北洋之"虎"和袁世凯最为倚重的"重将"。同时，他也是皖系军阀的开创者和领导者。

（一）

翻开早期的民国政治史，它的主要剧情几乎都围绕着两类题材展开，一类是侠客列传，一类是厚黑官斗，那些在波谲云诡的政治浪潮中占据主动的人物，往往都是这两种模式的集大成者。我们首先说说皖系的主人公段祺瑞，他的早年和晚年几乎都类似侠客列传，而整个政治生涯也都弥漫着一种厚黑气质。这个人很复杂，复杂得一两句话很难说得清楚，借用评书里惯常用的口吻：列位看官，听我从头道来。

段祺瑞出生在安徽六安县（今安徽省六安市），安徽简称"皖"，这也就是皖系军阀名字的由来。说起来，六安段氏也并非无名之辈，段祺瑞的祖父段佩，字韫山，早年曾和日后成为"台湾第一巡抚"的刘铭传一起贩过私盐，后来还办过团练，因为镇压捻军有功，官至淮军统领。当时六安当地的土豪刘楠、刘枢为祸乡里，段佩将二人诛杀，却因此得罪了刘氏。待段佩领兵在外，只留下妻子儿女在家时，刘氏族人趁机报复，段氏一族不得不举家搬迁到寿州炎刘庙（今安徽省六安寿县炎刘镇）。1870 年，段佩回乡探亲，才得知此事，于是又举家搬迁到合肥城西桥大陶岗（今肥西县三十岗乡陶岗村）定居。此时的段祺瑞已经五岁，他的父亲段从文不似祖父那般骁勇，是个日出而作日入而息的农民。

1872 年，段佩迁任铭军直属马队三营统领，段祺瑞就随军来到江苏的兵营里，在附近的私塾读书。段祺瑞七岁了，已经是一个少年，可以说早年的随军生活对他此后的人生产生了极为重要的影响。此时的清政府已经不可避免地走向没落，军人逐渐成为掌握着时代走向的群体，戎马倥偬的环境也给段祺瑞此后的境遇埋下了伏笔。

1879 年 4 月 22 日，段祺瑞的祖父段佩（以功累保提督衔记名总兵、励勇巴图鲁，授荣禄大夫、振威将军）去世，段祺瑞哭送灵柩归葬合肥城西桥大陶岗。当时的军队已经完全不似从前，所谓的授衔也不过是一纸空文，职位一空缺出来马上就有人顶上去，国库入不敷出，除了口头表扬，也没有太多物质安慰。于是，段家从此家道中落，段祺瑞在侯大卫庄续读一年私塾以后就不得不辍学了。

务农的生活对于段祺瑞来说是枯燥而又漫长的，他并不甘心一生都像父亲一样做个农民。1881 年，段祺瑞和父亲段从文、母亲范氏进行了一次交谈，表示愿意效仿自己的祖父段佩去参军。当时段氏一族中，仍然在从军的有在山东威海卫担任管带的族叔段从德。安徽到山东远隔千里，段从文身上虽没有多少钱，但是看到儿子去意已决，段从文还是拿出了一块银元交给段祺瑞。就是靠着怀里揣着的这一块银元，段祺瑞徒步行走了十天两千余里，到达山东威海卫投奔了段从德。

管带这个职务最早设置于神机营，当时称为专操管带，到了光绪末年巡防队模仿当时的新军编制，马队和步军也设置了管带，上面设有统领官，下面是哨官和哨长。段祺瑞找到段从德以后，段从德给段祺瑞的官职是"哨书"，就是跟在哨官或是哨长屁股后面的随从，其实已经称不上什么"官职"，就是随便给了他一个差事。段从德不过是段祺瑞的族叔，对他也谈不上有什么照顾，想来段祺瑞的这段生活过得也非常艰难。

在抵达威海卫一年以后，段祺瑞的父亲段从文因为担心他的生活，专门到威海卫来看望段祺瑞。让段祺瑞意料不到的是，在返回安徽的途中，段从文被同行的人害死。获悉此事的段祺瑞如闻晴天霹雳，向上面请假奔丧，却未予通过，只好致函合肥知县，请求缉拿凶手。段祺瑞虽然在部队里不是什么要职，但芝麻绿豆大也算是个官，当时知县跟军人比已经完全没有什么权力，急忙缉拿凶手，不久之后破案，凶犯也被正法。尽管如此，段从文的去世还是给段家带来了沉重的打击，1883 年 5 月，段祺瑞的母亲范氏因悲伤过度去世，当时段祺瑞的大妹启英十二岁，二弟启辅十岁，小弟启勋只有九岁。

在获悉母亲去世的消息以后，段祺瑞急忙回家治丧，面对着年幼的妹妹弟弟们，十六岁的段祺瑞一人承担起了家庭的责任。或许早早经历过生活巨变的人，总是要比同龄人更早熟，遇事也更冷静，正是过早地目睹了这些世态炎凉、人情冷暖，才使得段祺瑞能够在日后的仕途中披荆斩棘，也让他更加明白一个人的自强和自立是多么重要。而再次回到军营的段祺瑞，也在静静地等待着自己人生转折点的出现。

（二）

公元 1885 年，也就是清光绪十一年，农历称为乙酉年。乙酉年刚开春，中国就发生了一件大事。1885 年 2 月，广西巡抚潘鼎新逃入镇南关（今友谊关），法军趁机侵入广西境内。早在 19 世纪 50 年代，法国就在远东积极推行殖民政策，开始武装侵略越南，但是因为黑旗军在北越进行了积极阻击，使得中国成为法国占有越南的唯一障碍。法国人开始把战火烧向中越边境和中国东南沿海。而广西的将领潘鼎新在法军大举进犯谅山时不战而退，遭到革职。2 月底，年近七十的老将冯子材临危受命，任广西关外军务帮办。冯老将军不负众望，率部与法军激战镇南关，克复谅山，法军溃败，法相茹费理甚至因此被迫下台。但如此振奋人心的胜利，却没有能够为胜利者换来尊严，清政府反而在 4 月 4 日与法国政府在巴黎仓促签订了《停战条件》，又于 6 月 9 日在《中法新约》上正式签字，除了向法国人提供更多的特权、承认法国对越南的宗主权外，还使中国西南门户洞开，从此法国侵略势力伸入云南、广西，从而在战争史上出现了法国不胜而胜、中国不败而败的奇特局面。

同样是在这一年，6 月 19 日，刚好就是在《中法新约》签订的十天之后，为了庆祝美国独立一百周年，法国人弗雷德里克·奥古斯特·巴托尔蒂在法国筹集十万美金，与"艾菲尔铁塔"的设计师古斯塔夫·艾菲尔一起设计的自由女神像已修造完毕，运抵纽约，一个曾经的大国走向没落，一个新兴的大国正在崛起。历史的命运总是充满了巧合，1204 年十字军攻克君士坦丁堡，显赫一时的拜占庭帝国走向分裂和没落，同年，铁木真统一了蒙古部落，两年后，获得尊号"成吉思汗"，建国于漠北，开创了成吉思汗时代。

而身处时代转折点的段祺瑞，终于等来了属于他的时刻。1885 年，洋务派大臣李鸿章在天津设立了天津武备学堂。天津武备学堂的课程设置为学、术两科，包括经史文义、天文、地舆、格致、测绘、算化，及演试枪炮阵式，造筑炮台营垒新法等。以道员李宗濂为总办，军事教习则多聘用德国退役军官，旨在通过新式教育培养新型的军事人才。学堂的学制一年，后逐渐延长年限，注重实际演练和考核，每天教习都是以德语授课，学生要靠翻译听讲。每天都要摘取宣扬"忠义"的古训写在黑板上，让学生背诵。隔三五天要到军营去，演练筑垒、操炮技术和步、马、炮、工各队攻守战法，检验所学军事知识。每逢月考、季考，李鸿章或是派司道大员监考，或者亲自前往。毕业考试成绩合格者派回本营，量才任用，不合格者留堂补学。

9 月，段祺瑞以优异成绩考上了天津武备学堂第一期预备生。进入天津武备学堂以后，段祺瑞被分到了炮兵科。炮兵在当时属于比较先进的专业，能分到这样的专业，可见段祺瑞考入天津武备学堂时的成绩必然相当优异。在天津武备学堂的日子对段祺瑞来说是艰苦而又快乐的，他牢牢把握住了命运给自己的机会，他"攻业颇勤敏，以力学不倦见称于当时，治学既专，每届学校试验，辄冠其侪辈，与王士珍等齐名于世"，很快就得到了李鸿章的器重。

能够进入全国最高等的军事院校学习，就相当于古时候得了武状元，光宗耀祖不说，也给段祺瑞带来了桃花运。进入天津武备学堂的第二年，段祺瑞就与宿迁举人吴懋伟的女儿吴氏在合肥结婚，构建了自己的家庭。同时，段祺瑞也在天津武备学堂遇到了伯乐，这个人也是对他一生影响深远的人之一，即时任天津武备学堂会办的廕昌。廕昌是满洲正白旗人，曾经到德国留学，归国后，任天津武备学堂翻译教习，后升至学堂会办。段祺瑞的成绩得到了廕昌的赞赏，廕昌也愈加留意这个勤奋刻苦的学生，他们彼此之间也经常私下交往，段祺瑞从廕昌那里学到了更多现代军事知识。1887 年 11 月，段祺瑞以"最优等"成绩从天津武备学堂炮科毕业，随即被派往旅顺口（今属辽宁省大连市）督建炮台。旅顺口位于辽东半岛南端，是当时五大军港之一，是世界闻名的军事要塞，将段祺瑞派往旅顺口，可见清政府对其能力的肯定。此时，段祺瑞的脚步并未停下，廕昌的话还响在耳边，他面对着旅顺口外的惊涛骇浪，渴望着更广阔的天空。

（三）

1888 年，国王威廉一世和他的继任者腓特烈三世相继逝世，年轻气盛的威廉二世即位后即将"铁血宰相"俾斯麦逼迫下台，尽管如此，德意志帝国的风头依然一时无二。

经过三场战争以后，德意志帝国早已完成了统一，其重工业生产量也逐渐超过英国，在欧洲位列第一。曾经在德国留过学的廕昌，目睹了德意志帝国的复苏和崛起，所以他告诉年轻的段祺瑞，要想飞得高，就得走得远。

在 1888 年冬天，段祺瑞再次参加了考试，并且以第一名的优异成绩获准与其他四位同学一起到德国留学。翌年春天，段祺瑞等人抵达德国，以官费进入柏林军校，在那里学习一年半，其中有一年时间学习炮兵知识，半年时间独自留在埃森·克虏伯兵工厂实习。

在德国的留学生涯对段祺瑞的影响深远，德意志人"武力统一"的铁血思潮由此深深地烙入他的骨血，数十年后，终于成为他的信仰和梦想。

在德国埃森·克虏伯兵工厂实习期间，段祺瑞对现代化炮兵有了更深入的了解，同时也得到了清政府官员的高度褒奖，当 1890 年秋他学成回国时，立即就被派任北洋军械局委员。第二年，段祺瑞就被调到威海卫随营武备学堂担任教官。

在威海卫随营武备学堂任教时，段祺瑞赶上了甲午战争。1895 年 1 月 20 日，日本的大山岩大将指挥第二军，包括佐久间左马太中将的第二师团和黑木为桢中将的第六师团，共两万五千人，在荣成湾登陆，随后对威海卫南岸炮台发动进攻，威海卫之战打响。在威海卫之战中，段祺瑞与他的学生们一起冒着枪林弹雨，为阵地搬运炮弹，帮助部队抗击日军。可以说，威海卫之战是日后的民国总理段祺瑞与日本人的第一次正面相遇，但段祺瑞恐怕不会想到，日本人未来会在他的仕途中扮演怎样的角色。

2 月 14 日，威海卫营务处提调牛昶昞与日本联合舰队司令伊东祐亨签订《威海降约》，三天后日军在刘公岛登陆，威海卫陷落，北洋舰队全军覆没。

3 月 9 日，日军攻陷田庄台，清朝六万多大军便由辽东全线溃退。甲午战争失败以后，原北洋舰队官兵被全部遣散，清政府更是被迫签订了丧权辱国的《马关条约》，但也正是这一场惨败，反而给段祺瑞带来了政治生涯中新的契机。

　　就是在甲午战争失败之后不久，天津武备学堂总办廕昌的家里忽然来了一位贵客。这位贵客五短身材，脑袋大脖子粗，但既不是老板也不是伙夫，而是刚刚受命到天津小站负责扩练"定武军"的袁世凯。当时的袁世凯正处在政治生涯的起步阶段，因为在外驻朝鲜时有效地镇压了"甲申政变"，有"知兵"之名，受到了军务处大臣荣禄、李鸿章的赏识，所以被保举替代安徽人胡燏棻在小站练兵。

　　在抵达天津小站以后，袁世凯将"定武军"改为"新建陆军"，随后着手组建了自己的领导班子。说到袁世凯组建领导班子的思路，就得说到袁世凯的偶像曾国藩。曾国藩当年组建幕僚，用的是李鸿章这样的文人，袁世凯自然加以效仿，他的左膀右臂就是徐世昌和唐绍仪。徐世昌跟袁世凯是老朋友了，两个人在光绪五年（1879年）就认识了，后来袁世凯穷困潦倒时，徐世昌还资助过袁世凯，算是一个战壕里的战友；唐绍仪曾经在天津的税务衙门工作，后来因为工作调度到了朝鲜，从而认识了袁世凯，说起来也算是同过生死、共过患难的刎颈之交。

　　这两大幕僚虽然都是满腹韬略，但毕竟都只是停留在理论上，而德国教官也就是把握总体的方向，这实际工作还得找本地的军人来做。另外，袁世凯也有自己的小九九，除了练兵他还要培植自己的亲信，在那个年月，国家最为倚重的就是军人，控制了军人无疑就是控制了这个国家的咽喉。而要找人才最多的地方，首选就是天津武备学堂，于是，袁世凯自然而然想到了廕昌。

　　廕昌给袁世凯推荐了四个人：冯国璋、段祺瑞、梁华殿和王士珍。这四人中的梁华殿到小站没有多久，就掉水里淹死了，而其他的三个人则慢慢成了袁世凯最为倚重的亲信，成为日后的"北洋三杰"。袁世凯任命冯国璋为步兵学堂总办兼统带，段祺瑞为炮兵学堂总办兼统带，王士珍为工程兵学堂总办兼统带，就是既可以练兵也可以带兵，其实在练兵之初就设立了无形的上下级关系。段祺瑞和皖系军阀就是在这一天开始了成长之路，随后的历史证明，他们成长的速度无疑是最快的。

一、虎啸深山：小站练兵奠定北洋地位

甲午战争对于腐朽的清王朝来说是当头一棒，之前慈禧老佛爷还能够摆出大国的姿态对西洋人割地赔款，但随着甲午战败，她老人家赫然发现不仅是西洋人，连一衣带水的小国日本都能够在大清国的身上作威作福了。伴随着甲午战败，有两个声音开始频繁出现在社会上，一个是"练兵"，一个是"立宪"。当时几乎连紫禁城的门房老大爷都知道中国需要"变"，求变就如同求生。既然给洋人打败了，那就学着洋人的模样，于是有了"师夷长技以制夷"。"立宪"的口号那时候喊得还不够响，赫赫有名的"公车上书"也不过是读书人的小规模行为艺术，倒是"练兵"先轰轰烈烈地搞了起来。

（一）

从最早的天津武备学堂开始，清王朝的统治者已经开始寻求军事上的改革，但是基层军事教育体制的改革终究只是理论上的变化，落实到实践上就必须进行军事训练的改革。于是在光绪二十年（1894），清廷派广西按察使胡燏棻到天津附近马场开始练兵，次年移驻天津东南新农镇，即小站，后由袁世凯接替，史称小站练兵。胡燏棻这个人，是同治年间的进士，后来拿钱捐了个道员，办事有能力，又以"谈洋务"著称，曾上疏言变法自强，深得李鸿章赏识。

胡燏棻和袁世凯，各有千秋，说孰好孰坏，也是难分高下。按照丁中江《北洋军阀史话》中的说法，胡燏棻曾把英国使节交来的《应时练兵说帖》交给宁波人王修植（注：王修植为定海皋泄人，定海在1950年归属浙江宁波专区管辖，1987年起属浙江舟山市）帮着整理修改一下，王修植脑子活泛，对新政也颇有研究，而且文采不俗，就改出了两个版本的稿子：一个版本的稿子比较平实，另一个版本的稿子则讲究些文辞。胡燏棻拿走了第二稿，把它交给庆亲王奕劻和荣禄，从而博得他们的信赖，得到了去天津练兵的机会。

袁世凯没有想到这活儿被胡燏棻给抢了先，就找人去打听，才知道原来胡燏棻是找了王修植。袁世凯紧接着找到了王修植，还拉着他一起拜把子，请来京城侯家巷的名妓陪王修植，王修植就把《应时练兵说帖》修改稿的第一个版本交给袁世凯。

袁世凯不是书呆子，他拿到这个稿子之后早晚诵读，还根据自己的经验进行了改进。袁世凯准备妥当了，就去找荣禄，荣禄逐条考察袁世凯，袁世凯不仅对答如流，而且能够抓住要点。荣禄一看，这个家伙了不得啊，就把袁世凯带去见醇亲王载沣和庆亲王奕劻，两位王爷也是逐条考察袁世凯，袁世凯照样对答如流，比胡燏棻更能抓住要点。会下苦功夫的还是输给了会下巧功夫的，于是在这场关于练兵终极人选的擂台赛中，袁世凯经过复活赛和加时赛后PK掉了胡燏棻，如愿胜出。

在这里，不能不提光绪二十一年（1895）保举袁世凯练兵的几位仁兄。这几个人里，醇亲王载沣、军机大臣翁同龢都属于新势力，翁同龢后来还卷进了戊戌变法；庆亲王奕劻、李鸿章、荣禄这几个人就不多说了，慈禧太后的跟屁虫，旧势力的卫道者。这么一列举就能理解了，袁世凯这个人狠啊，新旧势力的人都保举他。说明什么？说明在新势力那边觉得他是同伙，旧势力的人也觉得他靠得住。

这里有个题外话，是说近来一项英国研究发现，男性如果有圆下巴大圆眼睛和偏向女性化的五官，比较容易获得他人的信任。对照老照片大家就可以看到，袁世凯不仅不够高大威猛、玉树临风，而且是五短身材、体态臃肿，因此显得头颅硕大，"圆润"得多少有点儿过了，民间的老百姓甚至因此讽刺老袁，说他是"蛤蟆精转世"。如果以貌取人，袁世凯先生的容貌基本符合英国研究者的描述。当然，在错杂纷乱的政坛，靠脸庞办事只能是句玩笑话，袁世凯能两面都吃香，两面都混得开，还是他的混世之术太到家了。

袁世凯是在光绪二十一年十月（1895年12月）领旨，以浙江温处道督练定武军。

（二）

甲午战争剑拔弩张、高潮迭起，段祺瑞在弥漫的硝烟里指挥着他的学生们"跟我来，冲啊"，带着几百个热血沸腾的年轻人穿过战火，将清军急需的炮弹送到前沿阵地上，让无数人的血脉偾张。但是别着急，段祺瑞和皖系军阀的这出大戏还没有开始呢，这顶多是个序曲。

接着是清朝末年凄凉的音乐，情景切换到了东海的海面上，水面上漂浮着清兵们的尸体，北洋海军那些曾经威武的军舰东倒西歪地横在水面上。为了配合这种历史氛围，天上可以飘过来一些黑烟，然后特写镜头里出现一个清军的龙旗。当然，也可以借鉴徐克在电影《男儿当自强》里的片头，无数光膀子的老爷们儿站在海滩上练拳，一列火车轰鸣着从远方开来，不过火车里坐着的不是年轻帅气的黄飞鸿，而是大脑壳的袁世凯。

要说小站练兵，首先得从小站说起。小站原名叫新农镇，距离天津七十里，是天津到大沽火车站中间的一个小站。这个地方原本很荒凉，只是因为后来修了铁路，促进了经济发展，人气旺了，才热闹起来。李鸿章所辖的一部分淮军有几年驻扎在这里，他们引水灌溉种植粮食，倒是让小站热闹了一段日子，不过到小站练兵之前，淮军早已经离开了小站，那里其实只剩下了一片废垒。

到了小站以后，袁世凯组织人手打扫打扫卫生，把场地都修缮一新，又打了个报告给上级把定武军改为新建陆军，名不正则言不顺嘛，既然是"新军"那就什么都从头开始。场地修缮完毕了，就让手下人该招兵的招兵，该买马的买马，武器也不能还用过去老式的了，和军务处说一声，配新的，必须整齐划一，杂牌子的武器统统扔掉，其中最受照顾的无疑要数段祺瑞和他的炮队。到了清朝晚期，大刀长矛已经不是主要的作战武器，洋枪和洋炮开始成为战争的主角。

在组建炮队的过程中，段祺瑞结识了一个来自山东的年轻人，名叫靳云鹏。靳云鹏字翼青，生于山东省邹县（今邹城市），后迁住济宁。靳家一共有兄妹七人，靳云鹏在兄弟中居长。靳云鹏的父亲去世得早，他的母亲邱氏靠卖煎饼、当奶妈维持生计，靳云鹏他们兄妹几人也经常走街叫卖。八岁的时候，靳云鹏得以进入私塾读书，但是读了五六年以后，因为家中生活困难，只好到南关柳行街当勤杂工。1894年，靳云鹏和弟弟靳云鹗到天津小站投入新军，被分配到了段祺瑞的手下。靳云鹏有个缺陷，就是斜眼，所以只被列入"备补兵"，做一些清扫马厩、厕所的工作，但他勤恳踏实，虽然职位卑微但勤奋好学。一次袁世凯巡营的时候，发现他工作勤恳、学习认真，认定他是个人才，于是特别叮嘱段祺瑞给予提升。

在袁世凯的提点下，段祺瑞也开始留意靳云鹏，随后多次保送靳云鹏到军校学习。可以说，靳云鹏是日后成型的皖系军阀中，最早一批被团结到段祺瑞身边的嫡系，也是日后段祺瑞最为倚重的皖系"四大金刚"之首，即便是后来段祺瑞最为亲近的徐树铮，在皖系中的地位也无法和靳云鹏相提并论。除了靳云鹏，段祺瑞在小站练兵期间还结识了不少志趣相投的人，包括张怀芝、段芝贵、倪嗣冲、卢永祥、田中玉等，这些人日后都成了皖系军阀的中流砥柱。

1898 年 9 月 9 日，新建陆军随营武备学堂告成，清政府给予炮队学堂监督段祺瑞等升叙加衔。在晋升的同时，段祺瑞将靳云鹏送入附设炮队随营武备学堂第一期学习，毕业后又将靳云鹏留任教习。从此以后，段祺瑞的身边再没有缺少靳云鹏的身影。1908 年靳云鹏出任云南新军第十九镇总参议，算是正式成长为独当一面的北洋系将领，而皖系的扩张与成熟也自那一天开始。

在光绪皇帝苦心经营的戊戌变法失败以后，1898 年 12 月，得到清政府信任的新建陆军改为武卫右军，段祺瑞仍然统领炮队，并且赴日本观操。也就在这个时候，轰轰烈烈的义和团运动在山东爆发了，而当时的山东巡抚仇视外国侵略者，对义和团剿抚兼施，以安抚为主，使得山东境内一时到处都是义和团。

1899 年，荣禄委派袁世凯署理山东巡抚，就是想打压义和团的声势。袁世凯带着武卫右军开赴山东。对于随军的段祺瑞来说，此次山东之行实在是"杀鸡用牛刀"，他的炮队是为了对抗洋人才组建起来的，用着大刀长矛的义和团在他眼里实在是不堪一击。但是，这毕竟是袁世凯和他的初次出征，即便是面对义和团这样的群众武装，他们也丝毫没有手下留情，到了山东以后，开始大举整肃义和团，将义和团驱逐出了山东。

（三）

1900 年 5 月 18 日，段祺瑞的原配夫人吴氏病逝。段祺瑞与吴氏成婚于 1886 年，彼时他正在天津武备学堂就读，两个人相扶相携十四年，也算品尝过无数酸苦。在妻子的葬礼上，段祺瑞见到了妻弟吴光新，当时二十五岁的吴光新已经是一个高大英武的青年人，段祺瑞发现，记忆里拖着鼻涕到处跑的小舅子如今变得愈发成熟，聊起时事颇有一些见地。吴光新，字自堂，一作植堂，江苏宿迁人，得到段祺瑞赏识的他得以进入日本陆军士官学院就读，日后亦成为皖系军阀中的重要成员。

三个月后，八国联军攻克北京，慈禧太后带着光绪帝夹着尾巴往西边跑，整个北方只有袁世凯待过的山东划境自保，在义和团的兴起之地，既没有战争，也没有洋人被杀的事件。于是等到八国联军撤出北京后，慈禧太后下旨大肆诛杀义和团，袁世凯又立了一功。1901 年 11 月 7 日，李鸿章去世，一代名臣撒手人寰之后，接手的人选只剩下了袁世凯。

就慈禧太后看来，袁世凯举报光绪帝，他忠诚；袁世凯镇压义和团，他能干。这一年袁世凯只有 42 岁，作为北洋大臣和直隶总督，毫无疑问他是最年轻的。看看袁世凯的三位前任混到这个职位时的年纪：荣禄 62 岁，李鸿章 47 岁，王文韶 65 岁。除了李鸿章，袁世凯都足够给另外两人当儿子了。

在赴任之前，袁世凯做了一件事，那就是给段祺瑞娶妻。吴氏去世以后，段祺瑞没有续弦，家里没有一个当家的女人终归说不过去，袁世凯就把自己的义女张佩蘅介绍给了段祺瑞。

张佩蘅是江西巡抚、都察院左副都御史张芾的孙女，家世自然比段祺瑞要好很多，但段祺瑞是青年才俊，前途不可限量，张家自然也乐得攀上新贵。

5 月 31 日，段祺瑞正式迎娶张佩蘅，满朝权贵无不派人登门道贺，袁世凯更是亲自主持婚礼。

11 月 7 日，袁世凯任直隶总督的时候，则保奏段祺瑞"以知府仍留原省补用，并加三品衔"，"兼充武卫右军各学堂总办"。袁世凯没有带着段祺瑞一起北上，而是把段祺瑞和自己的老搭档徐世昌留了下来。山东是新军练成之后开辟的大后方，而武卫右军各学堂则是日后新军不断扩大的基石，袁世凯留下自己的军师和重将，显然是为自己的退路和未来制订了周全的计划。

段祺瑞留了下来，他没有提出什么异议，他自然明白山东对于袁世凯的价值和意义，而且身边有徐世昌陪着，他自然知道袁世凯并没有抛弃他。在随后的时间里，段祺瑞兢兢业业地主持着武卫右军各学堂的事务，更为袁世凯所器重和赏识，而几乎在同时，武卫右军学堂里毕业的年轻人，则在无形之中壮大着皖系的势力，甚至可以说，当袁世凯的北洋系才见萌芽的时候，段祺瑞的皖系已经同时生根，恰在此时，段祺瑞遇到了他一生中最为重要的人。

还是在袁世凯没有上任直隶总督的时候，一个叫徐树铮的人到济南向袁世凯上书，陈述"经武之道"。这个徐树铮字又铮，自号则林，是江苏萧县（今属安徽省宿州市）人，自幼聪颖过人，三岁识字，七岁能诗，十三岁中秀才，十七岁补廪生，人称"神童"。但是，这个"神童"的上书并没有打动袁世凯，他没有留用这个有些自大的年轻人，而是把他打发到段祺瑞那里做了记室。记室这个职位，就相当于秘书，工作也就是帮领导写个报告或者抄录个文件什么的，跟打杂的没有什么分别。

对于孤高自傲的徐树铮来说，这样一份工作几乎就是对他的侮辱，他立刻就想拍屁股走人。但是命中注定，他遇到了段祺瑞，段祺瑞看过徐树铮的"经武之道"后，大为赞赏，力劝徐树铮留下担任他的幕僚。徐树铮也是日后皖系的"四大金刚"之一，但他对皖系真正的影响，远要比段祺瑞、靳云鹏来得深远，甚至可以说是他一手创建了皖系，构建了皖系"帝国"。

袁世凯在直隶总督的位置上干得风生水起，段祺瑞也没有在山东待太久。1902年，直隶广宗县（今属河北省邢台市）武举出身的景廷宾在巨鹿县（今属河北省邢台市）厦头寺聚众起义，竖起"官逼民反""扫清灭洋"的大旗，被推为"龙团大元帅"，随后与附近各县的农民联庄会以及鲁、豫边界的义和团力量取得联络，形成了一支横跨直、鲁、豫三省二十四县的起义军，人数也达到了十六万。清军"围剿"起义军不力，接连遭遇大败，不得已，直隶总督袁世凯只得搬出家底，命令段祺瑞即刻由山东开赴直隶，镇压起义军。

5月，景廷宾在向河南临漳（今属河北省邯郸市）转移时兵败被捕，随后在威县（今属河北省邢台市）被凌迟处死。因为镇压起义军有功，段祺瑞被任命为北洋军政司参谋处总办，并且全面主持编练新军。

7月9日，段祺瑞升"道员留直隶补用，并加二品衔"，8月9日，经袁世凯保奏，准赏戴花翎，加"奋勇巴图鲁"勇号。

二、陈兵江北：总统"北军"皖系开山

在中国古代，有"天、地、君、亲、师"的说法，就是说这五种身份对于一个人来说是最为重要的。而且其中，"师"的身份最为复杂，所谓"一日为师，终生为父"，就是说老师在某些时候跟父亲的地位是相同的。"天、地、君"这三种身份，说实话距离都有些远，不如父亲和老师更亲近，而一个人幼年时代跟老师在一起的时间往往超过跟父亲在一起的时间，所以老师的影响有时要甚于父母。因此，师生关系是复杂的，从小站练兵到武卫右军学堂，再到日后的黄埔军校，近代史更像是一段军校史。

（一）

在袁世凯担任直隶总督之后，武卫右军早已经被取缔，从新军中成长起来的将士，也逐渐分散到各地。1901 年袁世凯担任北洋大臣后奏请改革军制，拟定《新军募集操练规则十九条》，获准后即派王英楷、王士珍到各地精选简募壮丁六千人，从武卫右军各学堂的毕业生中选派五十人到日本陆军士官学校深造，又在保定设立督练公所，把军权集中在参谋、教练、兵备三处，每处设一位总办，派段祺瑞为参谋处总办，冯国璋为教练处总办，刘永庆为兵备处总办，王士珍为步兵第一协统兼直隶全省操防营务处督理，王英楷为总参议。袁世凯则自任全军总统，正式改名为"常备军"。

1902 年，清廷挑选了三千余人的八旗士兵编成一协，定名为"京旗常备军"，袁世凯派出"北洋三杰"中的"龙"王士珍担任协统。后又将从各地招募回的壮丁编为第二协，由冯国璋担任协统，从而构成常备新军左镇。1903 年 12 月 4 日，清廷成立

练兵处，庆亲王奕劻为总理大臣，直隶总督袁世凯为会办大臣，铁良为襄办大臣，徐世昌为总提调，而段祺瑞则被任命为练兵处军令司正使，加副都统衔。1904 年，常备军左镇改为第一镇，先由凤山代担任统制官，后由何宗莲接任。随后又将右镇改为第二镇，由王英楷担任统制。

为了"用人唯才"，袁世凯规定军中所有高级将领必须通过考试选拔，成绩最佳者才能出任高的职位。问题就在这个时候出现了，王士珍和冯国璋分别取得高分，担任协统，但段祺瑞的成绩却并不是最出类拔萃的，眼看着第三镇成立又要进行考试，堂堂原武卫右军总办、练兵处军令司正使，却考不到第一名，这似乎有点儿说不过去，而且这样也不利于"北洋三杰"的平衡发展。没有办法，袁世凯只好在考试前把试题偷偷告诉给段祺瑞，这样才让段祺瑞考上了第三镇的统制。

也就是在 1904 年，段祺瑞的妻弟吴光新从日本陆军士官学校毕业回国，除了徐树铮之外，段祺瑞的身边又多了一个智囊。除此以外，皖系日后的当家人此时都已经逐渐成为北洋系中的重要角色，靳云鹏担任着浙江新军标统，段芝贵担任天津南段巡警总局总办，田中玉担任山东兖州镇总长，卢永祥担任第二镇标统，倪嗣冲总理北洋营务，傅良佐也在常备军担任要职，此时的皖系已经颇具雏形。1905 年，段祺瑞又调任第四镇统制，第三镇统制由段芝贵担任，此后段祺瑞又出任第六镇统制。而在这一年，徐树铮暂时离开了段祺瑞，他被保送到日本陆军士官学校步兵科，要在那里"充电"。

1905 年到 1906 年间的段祺瑞，毫无疑问是北洋系将领中生活最抑郁的一个，他是袁世凯嫡系中唯一还在担任统制握有实权的，王士珍与冯国璋此时都已经升为高级干部，只有段祺瑞还在军事第一线。而此时的清室贵胄们正处在"排汉"最激烈的时期，段祺瑞无疑成为他们的首要目标。1906 年的 10 月，常备军在河南省彰德（今河南省安阳市）举行秋操，即南北新军大演习，出任"北军"总统官的就是段祺瑞。清政府派兵部大臣铁良、直隶总督袁世凯为阅兵大臣，王士珍为总参议，冯国璋为南军审判长，良弼为北军审判长，各省派来的观操大员，一律为审判员。这种安排的深意已经毋庸赘言，南军审判长是汉人，北军审判长是满人，而铁良又是当时清室贵胄中排汉最激烈的。

可以说，当时清室贵胄们对袁世凯的不满，几乎都会直接体现在他们对待段祺瑞的态度上。1906 年 2 月，段祺瑞复任第三镇统制，驻保定，兼督理北洋武备各学

堂。3 月 17 日，补授福建汀州镇总兵，仍留北洋原任。5 月 8 日，清廷在保定创办
"陆军行营军官学堂"，段祺瑞又兼任该学堂督办，很多北洋系将领都纷纷投到他的麾
下，成为他的故吏门生。

（二）

　　光绪三十年，也就是公元 1904 年，又遇上了慈禧太后的寿辰，为了能够博老佛
爷一笑，袁世凯愣是训练出了一只鹦鹉，在寿宴上对着太后用满口京腔说出了："给
老佛爷请安，老佛爷万岁万岁万万岁！"

　　当天的慈禧太后自然被这只乖巧的鹦鹉逗得乐不可支，袁世凯也因这只鹦鹉出尽
了风头。但从另一个角度则能够看出，袁世凯为了讨好清室贵胄可以说是煞费苦心。
袁世凯视曾国藩和李鸿章为偶像，常常借鉴他们成功的经验，不论是"文人知兵"还
是"驭人之术"都颇具曾、李的风范。但是和之前的汉人前辈们一样，袁世凯也不得
不面对同样的麻烦，那就是无论他们为清廷做了多少贡献，最终都无法得到清廷统治
者的信任。所以，不管在什么时候，袁世凯都不得不保持高度的警惕性，对清室贵胄
们卑躬屈膝的同时，谨小慎微地维系着自己的官宦仕途。

　　不论是哪朝哪代，手握军权的人总是最招人非议，不管是宋太祖的"杯酒释兵
权"，还是朱元璋时候的"蓝玉案"，无疑都是对功高盖主者的约束和警醒。不断膨胀
的新军让清室贵胄们眼红，袁世凯自然知道利害关系，所以主动交出第一镇、第三镇、
第五镇和第六镇的兵权，几乎是让出了一半以上的兵权。1906 年，袁世凯在清室贵胄
"排汉"最激烈的时期，又主动辞去各项兼差，自此袁世凯的权力开始逐步缩小。

　　伴随着袁世凯的放权、让权，段祺瑞在仕途上也跌入低谷。这个时期里的段祺
瑞，既无实务也无实权，因为第三镇、第六镇均已被清廷陆军部收去，加上清室贵胄
对段祺瑞的排斥，使他几乎处在赋闲的境地。但段祺瑞并没有就此完全投入到赋闲的
生活里，他开始将主要精力集中到对各学堂的督办上，既然无法主宰现在就去把握未
来，而把握住未来往往就会拥有现在，因为未来终归会变成现在。

　　不过，北洋系的低谷期还没有过去，1907 年 5 月 7 日，段芝贵行贿案发被免职，
本来就遭受清室贵胄排斥的北洋系遭受重创。袁世凯让出四镇兵权以后，本来想将势
力巩固在东北，将东三省作为自己的大后方，但是段芝贵出事，等于是拱手让出黑龙
江巡抚的职位，北洋系的后方倏然变得风云莫测。

对于段祺瑞来说，段芝贵是他的亲信，随着北洋系在各地受到打压，皖系的势力也在一定程度上受创。这一年秋天，袁世凯调任军机大臣兼外务部尚书，表面上看起来是升职，其实却是被削去了兵权。10月16日，段祺瑞被授予镶黄旗汉军副都统，专意督办陆军各学堂。这样一来，等于是把段祺瑞摁死在了讲台上，不让他接触实际军务。

因为担心汉臣手握大权出现"功高盖主"的情形，慈禧太后在这段时间里也有意打压汉臣的气势，清室贵胄们则利用这段时间大举"排汉"，让很多汉臣离开军队，只给予他们一些并无实权的工作。但对于段祺瑞来说，塞翁失马，焉知非福？他回到了学堂里，不断笼络着这些帝国未来的将领，将自己的力量迅速扎根在了军队的最基层中。清室贵胄们只顾着争夺眼前的军权，完全忘记了"十年树木，百年树人"的老话，等若干年后他们回过味来，帝国的万里之堤已经被他们自己破坏了。

1908年10月17日，段祺瑞出任会考陆军留学毕业生主试大臣，这样一来，大量依附于他的学生得到了出国深造的机会，他也借此悄无声息地壮大着自己的力量。加上与日本陆军士官学校合作，使得段祺瑞结交了不少日本官方人士，这也为日后皖系与日方的合作打下了基础。对于皖系这棵树来说，如今正在浇水施肥的过程中，但这也是北洋系内部逐渐分化的开端，王士珍、冯国璋在这段时间内和袁世凯一样相对沉寂，也使他们失去了迅速崛起的基础，而段祺瑞则很好地利用这段时间巩固着自己的势力。

毫无疑问的是，北洋系正处于创立以来最为沉寂的时期，随后更为沉重的打击也接踵而来。1908年11月，光绪和慈禧先后逝世，慈禧太后在逝世前没有如袁世凯所愿，选定庆亲王的长孙为嗣，而是选择了醇亲王载沣的儿子溥仪。慈禧太后病逝之后，载沣以摄政王的身份辅佐溥仪登基，而这位摄政王载沣恰巧就是光绪帝载湉的弟弟。在戊戌变法失败后，光绪帝被慈禧太后幽禁在瀛台，原因就是袁世凯的出卖。而偏巧在这个时候，民间又流传着一个故事，说在光绪帝逝世之前，曾把一张字条交给自己的弟弟载沣，上面只有四个字："杀袁世凯。"

（三）

在溥仪登基以后，戊戌变法失败后流亡海外的康有为又上了一道《上摄政王书》，里面说："有为僻居海外，遥听所得，佥谓逆臣袁世凯蓄谋篡弑，已历岁年，今次大丧，又适与大行太皇太后之丧后先衔接；稽诸前史，从所未闻，举国汹汹，杯弓蛇影之痛，怀莫能释，自推原祸首，莫不集矢于逆臣袁世凯之一身……"不仅把慈禧太后和光绪帝的死都推到袁世凯身上，而且扣了一个"蓄谋篡弑"的罪名在袁世凯的大脑袋上，字里行间无不透着对袁世凯的深仇大恨，横竖撇捺都是凛冽的杀气。袁世凯再也坐不住了，急忙召集自己的智囊和嫡系将领们开会。这一晚气氛注定压抑，但却是决定北洋系生死存亡的关键时刻，在经过一夜的商议之后，段祺瑞提出了自己的意见，那就是用内外势力同时对清廷施压，迫使载沣放弃杀掉袁世凯的计划，而只要袁世凯能够安然离开北京，"留得青山在"自然就"不怕没柴烧"。

段祺瑞做的事情非常简单，那就是渲染兵变。当时"杀袁世凯"的呼声虽然高涨，但也不乏清室贵胄在暗地里煽风点火。段祺瑞则来了个"以彼之道还施彼身"，利用自己手中的职权，迅速接见一些基层的北洋系将领，要求他们到军营里去散播"如杀掉袁宫保，则可能引发兵变"的传言，同时，他也"遥控"当时手握兵权的北洋系将领，如曹锟、张怀芝、吴凤岭等，散播同样的传言。这样一来，袁世凯的生死就变得敏感起来。载沣也感觉到事情棘手，于是找来了几个人问话。首先，是内阁总理大臣奕劻，奕劻给出的回答非常耐人寻味："杀袁世凯不难，不过北洋军如果造起反来怎么办？"随后，他又找来了张之洞，这位素来跟袁世凯不和的老臣说："国有大丧，不宜诛戮大臣。"而那些手握兵权的北洋系将领给载沣的回复更直接："请勿诛袁，如必诛袁，则先解除臣等职务，以免兵士有变，致辜天恩。"除了武将，文臣们也对载沣要杀掉袁世凯表示反对，"宪政"红人杨度尤其激烈，他不仅拒绝帮助载沣拟诛戮袁世凯的手谕，并且声称就是砍头他也不怕。高高扬起的屠刀眼看就要落在老袁的脖子上了，可却死活下不了手。

1909年1月2日，载沣下了个手谕让袁世凯"回籍养疴"。"疴"是什么呢？就是腿脚上有毛病，不利索。有的将军肠子都打出来还坚持在战场上杀敌，腿脚上有点儿毛病算什么呢？这就是找的借口，潜台词就是：我看你不顺眼，但是又杀不了你，那就给你留条命，你快回老家去，别在这碍眼了！收到手谕的时候，袁世凯正在天津，他赶快跑到英国驻清公使朱尔典那去了。因为载沣的这个手谕是以皇上名义给袁世凯的，等于是让他带薪休长假，基于当时的规定，袁世凯得先上京去谢恩，向皇上辞行才能走，否则就是欺君之罪。袁世凯找到朱尔典，就是要朱尔典给载沣施压，保住他袁世凯的小命，英国人当然知道袁世凯在北洋系中的地位，当时的北洋军散布在全国各地，北洋系军人又手握重权，护着袁世凯就等于是讨好了北洋系，因此朱尔典拍着胸脯保证袁世凯平安无事。

英国人放话了，袁世凯心里多少有了点儿底，但还是很担心，忐忑地跑去谢恩，然后载沣一点头，袁世凯就仓皇地逃离北京。不过在离开北京之前，朝不保夕的袁世凯还是做了一件非常重要的事，那就是把新购置的价值三十万的北京府学胡同私宅赠给了段祺瑞。对于北洋系来说，这是一件在日后被大书特书的事情，正是这件事情，在一定程度上表明了段祺瑞在北洋系中的地位。袁世凯比谁都明白，自己之所以能保住项上人头，和段祺瑞所做的工作有着密不可分的关系。

袁世凯先是到了项城，又在项城的卫辉城外"购屋数十楹"。1909 年，袁世凯又搬到了彰德府北门外的洹上村，袁世凯在这里购置了一处"养寿园"，自号"洹上钓叟"，过起了泛舟垂钓的生活。段祺瑞经常会便衣抵达彰德，与袁世凯商讨事务，此时的北洋系不再是"单核"而成了"双核"，段祺瑞的地位迅速提升。12 月 29 日，段祺瑞再度担任第六镇统制。次年 12 月 18 日，又被加侍郎衔，外放任江北提督，驻江苏清江浦。这说明，载沣需要段祺瑞，但是又害怕段祺瑞，他希望把袁世凯和段祺瑞的距离尽量拉开，同时需要段祺瑞来制衡其他的北洋系将领。

三、一造共和：进京逼宫留名青史

1905 年 7 月 30 日，孙中山在东京赤坂区桧町黑龙会会所召开中国同盟会筹备会，从此，资产阶级革命浪潮开始席卷中国这片古老的东方土地。在同盟会成立之后，革命党就以各种方式谋求资产阶级革命在中国的实现，刚刚把袁世凯遣回老家的清室贵胄们，又得面对这来势汹汹的革命党。在焦头烂额的情况下，载沣虽然大肆打压汉族官员，但是又不得不任用汉人官员镇压四处流窜的革命党，因此，袁世凯虽然回到了洹上，但是北洋系的将领们依然在仕途上顺风顺水。

（一）

在袁世凯隐居洹上以后，汉人组成的军队大多被外派到南方驻扎。一来是因为清室贵胄们大肆排挤汉人，二来则是因为南方革命党活动较为频繁。远离了北京，远离了权力斗争的中心，反而让段祺瑞得到了扩大自己在北洋系中影响力的契机，在驻兵江北的时间里，他一边加紧与袁世凯的联系，一边笼络着其他北洋将领。1910 年，段祺瑞再次将妻弟吴光新送入陆军大学就读，同时徐树铮自日本学成归国，而另外一位皖系的重要人物也来到了段祺瑞的麾下，这个人叫曾毓隽。

曾毓隽原名以烺，字云霈，祖籍福建省长乐县，后迁居闽县（今属福建省福州市）孝义巷，早年就读于福建船政学堂，后被选送出国留学。1898 年回国后参加乡试得中举人，曾担任知县。1908 年，奉邮传部委派，勘测川汉铁路线。1910 年冬，曾毓隽慕名拜访段祺瑞，成了段祺瑞的幕僚，此后被段祺瑞保荐为道员，任邮传部参事。实际上主要还是为段祺瑞出谋划策，只不过谋个闲职，让政府替段祺瑞发放幕僚的薪酬罢了。曾毓隽此后也位列皖系"四大金刚"之一，只是在其他三位的显赫声名下，他似乎有点儿过于低调，但也正是他的这种处世态度，让他成为段祺瑞不可或缺的左膀右臂，而且他的作用和价值，要到八年之后才真正凸显出来。

此时的清王朝已经处在末日余晖之下，革命的风暴随时到来。知觉迟缓的八旗子弟们还在为着眼前利益争执不下，1911 年 10 月 10 日，武昌起义终于爆发，革命党人于两天后攻克武汉三镇，从此革命之势一发不可收拾。清室贵胄们天天叫嚣"排汉"，可真刀真枪地打起来，他们完全没有了从前的气焰。摄政王载沣不喜欢袁世凯和北洋系，但是要打仗就必须依靠北洋军，没有办法，他只好再度起用罢黜两年多的袁世凯为湖广总督。但袁世凯根本没有理会清廷的旨意，他以"足疾未愈"为借口，推辞了湖广总督的任命。袁世凯不肯就范，载沣只好督促廕昌即刻南下。圣命难违，廕昌只好硬着头皮南下。此时冯国璋的第一镇在前，段祺瑞的第二镇在后，两支部队行到今天的河南信阳和湖北孝感之间就不再向前行动了。段祺瑞按照袁世凯的指示，把自己的部队分布在鸡公山的武胜关一带，将兵车阻塞住道路，让士兵们在原地待命。一直到 10 月下旬，段祺瑞的部队都没有离开武胜关，而革命的声势却越来越大，迅速在南方蔓延，并且扩展到北方。10 月 25 日，革命军在汉口发动攻势，推进到三道桥，载沣闻讯大惊失色。27 日，清廷向袁世凯做出让步，解除廕昌的督帅职务，派袁世凯为钦差大臣，节制冯国璋和段祺瑞，以及水陆各军。

就在两军对垒的关键时刻，山西巡抚吴禄贞被杀，当时有消息称袁世凯指使周符麟用两万元收买了吴禄贞部下马步周和几个军官。吴禄贞早年在日本留学，是著名的"士官三杰"之一，与蔡锷齐名，时有"北吴南蔡"之说。袁世凯自知事情重大，因为吴禄贞所统辖的第六镇原本属于段祺瑞统率，所以袁世凯急忙令段祺瑞前往山西善后。事情似乎并不简单，吴禄贞的爱将何燧后来曾有一段话："1924 年国民军占领北京时，有一次我和段祺瑞的长子段宏业谈到马步周，段宏业称赞说：'马蕙田是英雄，够朋友，他的行动省了不少的事。'"可见袁世凯委派段祺瑞前往善后，或许另有隐情。段祺瑞北上以后，北洋军随即陷入苦战，袁世凯不得已于 11 月 18 日又急令段祺瑞南下，兼任第一军总统官，并署湖广总督，官居正二品。11 月 27 日，在袁世凯的授意下，北洋军攻克汉阳，但又再度停滞不前。因为就在此时，自南京传来消息称，如果袁世凯能够反清，则公举袁世凯为中华民国临时大总统。袁世凯听到这个消息以后，立即命令北洋军停止进攻，并且派人前往武昌议和。与此同时，蔡锷、李根源等在云南昆明发动新军起义，靳云鹏在昆明五华山与起义军交战，兵败后化装成轿夫逃到了湖北，找到段祺瑞。段祺瑞并没有过多责怪靳云鹏，而是将他留在麾下，任命他为总参赞官。

就在此时，袁世凯与冯国璋产生了误会，为了震慑冯国璋，袁世凯于12月14日将冯国璋的军权移交给段祺瑞，令其驻师于湖北孝感，全权主持前线和革命军的作战任务，以武力阻击革命军。一个人的命运或许就是如此，冯国璋的大意失荆州，让段祺瑞坐拥北洋系第二把交椅。自此以后，段祺瑞成为北洋系中仅次于袁世凯的第二号人物。他手握重兵，掌控实权，后来逐渐成为北洋系中最具实力的人物，正是在这种情形下，跟随着他的将领们也跟着走上了各自权力的巅峰。

（二）

在段祺瑞掌握大权的同时，皖系中的另一个人物也迅速崛起，这就是绰号"倪大炮"的倪嗣冲。倪嗣冲原名毓桂，字丹忱，安徽省阜阳县倪新寨三塔村（今属安徽省阜南县三塔集）人。倪嗣冲生于官宦人家，其曾祖父会曾、祖父杰之都是清朝官吏，其父倪淑是清末举人，曾受聘于袁世凯做家庭教师，后任四川知县和知府，官居四品，晚年成为袁世凯的亲信幕僚。倪嗣冲三辈以上都获赠光禄大夫，曾祖母、祖母和母亲都被封为一品夫人。可以说，倪嗣冲的家族自来就有当官的基因。

少年倪嗣冲曾考中秀才，但却始终没有更进一步考中举人，于是花钱捐了个分部郎中，后迁升为山东陵县（今属山东省德州市）知县，此后又加入淮军，历任记室、佐杂、监司。1895年倪嗣冲到天津小站加入新军，得以与段祺瑞结识。1900年春，倪嗣冲继母徐氏亡故，他在奔丧途中参与镇压义和团，并上书要求严查义和团，当时正出任山东巡抚的袁世凯看到他的上书以后，对其"所言立论甚感为奇"，于是邀请倪嗣冲督办德州九县义和团善后之事。倪嗣冲随即对义和团展开血腥镇压，因此得到袁世凯的赏识，认为他"深器伟才，谓堪大用"，随即保荐他为恩县（今属山东省德州市）知县。袁世凯接任直隶总督后，倪嗣冲也随袁世凯到达直隶，统领京师执法营处，后调到天津参与练兵，先后总理北洋营务行营、发审和执法三处，保升为知府。1907年，徐世昌任东三省总督，袁世凯又将倪嗣冲推荐给徐世昌，徐世昌保举倪嗣冲为过班道员、东三省民政司长，后倪嗣冲又担任奉天提法使、黑龙江布政使兼巡防军翼长，主管军政、垦荒和盐务。袁世凯以足疾隐居后，倪嗣冲因为在捕剿土匪时大肆搜刮财物被弹劾，此后他用重金贿赂清室贵胄，才算得以从轻发落，只是"即行革职，并勒追赃款""永不叙用"。

革职后的倪嗣冲与袁世凯、段祺瑞保持着密切联系，后来武昌起义爆发，袁世凯再度被起用，袁世凯即密召段祺瑞、倪嗣冲等商议，借机进图安徽。倪嗣冲随后奉命自姜桂题的毅军中抽调数营，以"武卫右军行营左翼翼长"的名义率队进驻河南周口。袁世凯组阁后倪嗣冲官复原职，并帮办河南军务，随后袁世凯将北洋军第三镇的过山炮队一队、马队一队和第六镇的陆地炮队和骑兵队各一队划归倪嗣冲，命他兼安徽布政使，伺机入皖。1911 年 11 月 1 日，安徽爆发了淮上军起义，倪嗣冲借机占领安徽颍上，随后攻占阜阳，并在城内进行了大屠杀。清廷因为倪嗣冲镇压革命党有功，赐予他头品顶戴、"额尔德穆巴图鲁"勇号，兼安徽清乡督办、办理豫边事宜。倪嗣冲则趁机在阜阳、豫东等地大肆招兵买马，将所部扩充到四十营之多。

倪嗣冲的崛起，一方面增强了皖系的实力，更为重要的是控制了安徽这个皖系真正意义上的大本营，随着军队中皖系将士的增加，皖系力量在北洋系的主导地位也随即得到提升。但是，倪嗣冲本人的性格又决定了他最终的败局，他性格粗鲁、残忍、奢侈，"素有武健严酷之名"，在他统治安徽的十年时间里，他所率领的"安武军"军纪败坏、为祸乡里，并且借兴办皖北水利之名横征暴敛，以骄横跋扈出名。虽然他的军队人多势众，但战斗力却平平，说白了就是空有架势，其实没有什么真本事。

在北洋军不断扩充势力的同时，袁世凯与革命党的谈判也加紧进行，孙中山向袁世凯发出电报，表示只要袁世凯能推翻清朝，他愿以总统一席相让。在和革命党取得了秘密协定之后，袁世凯就着手逼迫清帝退位了，当时摄政王载沣在袁世凯组阁后不久就已经隐退，临朝的是溥仪和隆裕太后。隆裕太后是光绪帝的表姐，也是他的皇后，载沣隐退后由她辅政，不过她可不是慈禧太后，溥仪在《我的前半生》中写道："我给太后请安时，常看见她在擦眼泪。"美国作家赫德兰在《一个美国人眼中的晚清宫廷》一书中则说隆裕太后"长得一点儿都不好看。她面容和善，常常一副很悲伤的样子"。可见，面对摇摇欲坠的帝国，这个形销骨立的女人除了以泪洗面，并无其他办法。此时的清廷其实已经完全控制在北洋系的手中，清室贵胄们面对破碎的山河手足无措，争权夺利的功夫有的是，但要他们像先辈那样靠骏马和弯刀守卫帝国是不可能了。袁世凯找到了段祺瑞，此时北洋系的军权几乎已经系于段祺瑞一身，段祺瑞业已成为袁世凯后北洋系的第一势力。袁世凯和段祺瑞需要一个唱红脸、一个唱白脸，段祺瑞没有多说话，当着老上级的面表示："英雄你来做，黑锅我来背。"

（三）

1912年1月22日，段祺瑞向内阁、军谘府、陆军部发来了第一封电报：

"昨夜四镇参谋忽电传来谓施统带云：二营目兵鼓噪特甚，求立即调往后方，以免意外。一、三营亦有染等语。今晨陈统制来，求即调开，有刻不容缓之势。询其所以，吞吐不言。瑞见其情急，当准将该标调至李家寨，即派员密访情形。据称：该标目兵已与革命军沟通，约今夜叛去，四镇亦有云云。侧闻共和思想，近来将领颇有勃勃不可遏之势，征之今日事，益信其然。但瑞职责所在，惟有旁引远喻，力为维持，未知能持久否？惟十九标又去，力益单弱，彼若环攻，惟有尽其力之所有，成败利钝未敢料也！"

第二天，段祺瑞再次致电内阁，电报的内容与22日所发的电报内容颇为相似：

"恭读上月初九日懿旨，政体付诸公决，以现在人民趋向，何待再卜，不禁沸泣久之。迩来各将领不时来言，人民进步非共和不可；且兵无饷补，饷械俱匮，战守无具，败亡不免，稍一迟回，东、皖、豫亦无完土，即皇室尊荣，势必因之而减，瓜分惨祸，将在意料之中。我辈死不足惜，将何以对皇室？何以对天下？已与各路将领熟商，始则责以大义，令其镇静，而竟刺刺不休，退有后言。昨闻恭王、泽公阻挠共和，多愤愤不平，要求代奏，各路将领亦来联衔，压制则立即暴动，数衍亦必全溃，十九标昨几叛去，业经电陈，是动机已兆，不敢再为迟延，拟即联衔，陈请代奏。"

这两封电报言辞恳切，但核心内容只有一个，就是当兵的和老百姓都要求共和，这仗没法打了。1月26日，经过内阁貌似焦急的商讨，以徐世昌、袁世凯、冯国璋、王士珍的名义发出了一封回电：

"忠君爱国，天下大义；服从用命，军人大道；道义不存，秩序必乱，不为南军所停，便为乱军所胁，利害昭著，万勿误歧。我辈同泽有年，敢不忠告。务望剀切劝解，切勿轻举妄动。联奏一层，尤不可发，亦不能代递，务望转请诸将领三思。涕泣奉复。昌、凯、璋、珍。"

　　清廷内阁发出的这封电报，与其说是安抚段祺瑞，不如说是一颗信号弹，因为在这封回电发出不久，真正要求清廷让国的催命符就来了。几乎就在这封电报发出的当天，由段祺瑞领衔，清军将领联名致电清内阁、军谘府、陆军部并各王公大臣，要求清廷"明降谕旨，宣示中外，立定共和政体"，这封电文是由段祺瑞手下第一幕僚徐树铮撰写的，电文充斥着拥护共和的语句，"以期妥奠群生，速复地方秩序，然后振刷民气，力图自强，中国前途，实维幸甚"。

　　这封电文一出，清室贵胄们早给吓得魂飞魄散，纷纷收拾细软携带家眷逃往天津、青岛、大连租界，向洋人寻求庇护，实在跑不掉的就去求袁世凯。于是当1月27日隆裕太后召集御前会议的时候，王公亲贵们到的只有寥寥几人，袁世凯更是称病不再上朝。见清廷迟迟不做决定，段祺瑞又联合王占元等九人发出了逼退的第二封电文，这一次的措辞更为激烈，并且以率军北上相恐吓："……三年以来，皇族之败坏大局，罪难发数，事至今日，乃并皇太后皇上欲求一安富尊荣之典，四万万人欲求一生活之路而不见允，祖宗有知，能不痛乎……瑞等不忍宇内有败类也，岂敢坐视乘舆之危而不救？谨率全军将士入京，与王公痛陈利害，祖宗神明，实式鉴之。"

　　该说的话说到了，那就得来点儿真实行动了。2月10日，段祺瑞将司令部从湖北孝感迁到了河北保定，这一次他不是在开玩笑，而是要实实在在地逼宫了。11日，见隆裕太后迟迟不做决定，心存侥幸的王公亲贵们依然不愿就范，段祺瑞带兵进入北京，实实在在地将武力逼宫的戏码唱到了紫禁城下。隆裕太后面对着北洋军的枪炮，意识到清王朝已经走到了穷途末路，于是在退位诏书上加盖御宝。在1912年2月12日，隆裕太后率同宣统帝退位，并颁布了退位诏书。从努尔哈赤在塞北的猎猎风里撑起大旗，到多尔衮挥兵入关定鼎中原，再到隆裕太后带着幼小的宣统帝退出乾清宫，296年的清王朝从此化作云烟。该去的总会过去，该到来的必定会到来！

四、青云直上："小扇子"规划皖系

在隆裕太后宣布退位的三天之后，南京临时参议院正式选举袁世凯为临时大总统，至此，袁世凯顺利窃取了辛亥革命的胜利果实。但是依据《中华民国临时约法》，改总统制为内阁制，从而大大削减了袁世凯的权力，南京方面力邀袁世凯南下就职。但袁世凯并不愿意离开自己的大本营，于是，段祺瑞在袁世凯的授意下指挥曹锟所率的北洋第三镇发动兵变，从而帮助袁世凯顺利在北京就职。袁世凯就任临时大总统之后，就委任段祺瑞署理陆军部总长，有训练、调遣军队和提拔军官的权力。此时，忠于清廷的王士珍选择退隐，冯国璋任直隶省都督兼民政长，段祺瑞则执掌了军权。

（一）

当上陆军总长之后的段祺瑞，更加卖力地为袁世凯卖命，当时革命党人对袁世凯出任临时大总统颇有微词，北洋系不得不面对南方革命党力量的威胁。所以，在这个时期，袁世凯与段祺瑞之间有着共同的利益链条，他们被捆绑在一起，革命党成为他们共同的敌人。正是在袁世凯和黎元洪的授意下，段祺瑞派人于1912年8月16日杀害了武昌起义的元勋张振武，消息传出之后举国震惊，孙中山和黄兴接连致电北京政府。

因为张振武被杀，副总统黎元洪不得不自湖北发来长电，提出由陆军总长段祺瑞在参议院就该案进行答复。8月22日，参议院对段祺瑞提出弹劾，翌日要求他到参议院答辩。段祺瑞登台答辩时，声称按照黎元洪副总统来电，只从质问案所提七个方面予以作答。段祺瑞以军法为由，绕过了国法，认为张振武所犯罪责均在其任职军务部时所为，无一不关军务，所以他是以军法从事。当时的军法会议是在武昌开的，证据齐集，而且判决手续也已经在武昌通过，只不过最后由中央执行而已。

28 日，多名参议员提出弹劾国务院总理、陆军总长案，同日，又有多名参议员提议咨请政府查办参谋总长黎元洪。因为此事，参议院的国民党和代表袁世凯的共和党两大派议员大起冲突，参议院议长也无法控制形势。黎元洪在辛亥革命初期曾被革命党抬出来客串了几天湖北都督，此后就借助这个客串得来的名分在湖北巩固势力，在南北和议期间，曾与孙武、刘成禺、张伯烈等组织"民社"，任理事长，鼓动武昌和南京分裂，虽然此后逐渐依附袁世凯，但袁世凯和段祺瑞对他仍然心存芥蒂。在张振武案答辩的过程中，段祺瑞始终咬紧"系根据黎副总统密电执行"，加之在答辩过程中段祺瑞破绽百出，更使得革命党和民众对黎元洪产生怨恨，灰头土脸的黎元洪在湖北再难过得舒坦。

随后，袁世凯颁令段祺瑞为陆军上将，又特予授勋，给予二等嘉禾章。在此期间，革命党人仍然不满袁世凯担任临时大总统，而袁世凯也始终提防着革命党人。于是在 1913 年 3 月 10 日，袁世凯授意段祺瑞与德国捷成洋行签订二亿两借款合同，用于购买军火镇压革命。3 月 20 日，国民党领导人宋教仁遇刺，后不治身亡，国务总理赵秉钧受到牵连，段祺瑞随即以陆军总长代理国务总理。5 月 5 日，就之前与捷成洋行借款，众议院对段祺瑞提出质询，段祺瑞公然带着很多全副武装的士兵出席众议院，面对议员们的质询，他只干脆地留下了八个字："木已成舟，毋庸再议。"

在以强硬态度面对众议院的质询后，段祺瑞于 7 月 17 日卸任代理总理，算是完成了"喊杀"的戏码之后回归原位。不久孙中山领导的"二次革命"爆发，只卸任两天的段祺瑞再次回到国务院，指挥北洋军进行镇压。8 月下旬，北洋军已经逐渐掌握战争主动，加之新任国务总理熊希龄到任，段祺瑞随即卸任代总理，回到陆军总长的位置上。"二次革命"被镇压之后，12 月 8 日，段祺瑞接受袁世凯的命令，以"磋商要政"为由南下"迎接"副总统黎元洪入京。段祺瑞的这一出戏像极了"关云长单刀赴会"，孱弱的黎元洪在这只猛虎的威慑下毫无还手之力，9 日晚黎元洪带着数十人的随行人员在陈宦押解一样的"陪同"下北上，而段祺瑞则留在湖北暂时接替黎元洪湖北都督的职务。

就在 1913 年的秋天，在北方忽然出现了一支神秘武装：白朗军。白朗军神出鬼没，在河南一带面对北洋军的围追堵截如入无人之境，河南都督张镇芳因此被撤职。

于是，袁世凯急忙调另一位皖系将领段芝贵署理湖北都督，召段祺瑞回京并兼河南都督，调集河南、湖北以及安徽等地的军队镇压白朗军。1914 年 4 月 3 日，袁世凯召段祺瑞进京重新担任陆军总长，让田文烈出任河南都督。这段时间应当算是袁世凯与段祺瑞的"蜜月期"，袁世凯在紫禁城里唱红脸，段祺瑞则四处奔走唱白脸，两个人一柔一刚、一内一外、一唱一和，中国政坛几乎成了袁世凯与段祺瑞纵横捭阖的舞台。而段祺瑞已成为了北洋系的实际领导人，想做皇帝的袁世凯自然明白段祺瑞对自己的威胁，至此两人的"蜜月期"也就到头了。

（二）

权力对于政客和军人来说，就如同是农夫手里的锄头、樵夫手里的斧头，没有了权力的政客和军人甚至还不如农夫或樵夫。袁世凯是靠北洋军起家、靠北洋军升迁、靠北洋军抵达政治巅峰的，但如今，北洋军却不再听任他的摆布，纵然身居临时大总统这样至高的职位，心里到底不是滋味。袁世凯的身份说到底，依然是一个军人，枪杆子和米袋子是关键，没有真金白银，学着读书人讲宪法有什么用？他的天下是打出来的，不是靠说出来的，没有了枪没有了炮就是当上总统、当上皇帝，也终归会被人赶下来。于是，这位北洋系现任的"精神偶像"不想再待在神坛上，他要重新掌握军权，因为此时他的目标已经不仅是大总统，而是千秋万代。

1914 年 5 月 8 日，袁世凯设立了"陆海军大元帅统率办事处"并以此为政府最高军事指挥机关，将陆军部的权力也收归己有，这样一来，陆军总长实际上就只是办事处的一个小办事员而已，名头依然响当当，但是已经没有实权。对于段祺瑞来说，这是无法接受的，他已经不再是十年前跟在袁世凯屁股后面的拎包小弟，也不再是"北洋三杰"中的"虎"，而是北洋系新的带头大哥。对以前的段祺瑞来说，袁世凯所代表的是北洋系的利益，他为袁世凯出力就是为北洋系出力，曾几何时，袁世凯个人对段祺瑞的影响力早已经散去。

而袁世凯也没有意识到，此时的北洋系已经不是当初的模样，皖系力量在这个时候已经成为北洋系中的主要力量，换言之，就是皖系力量在主导着北洋系的发展。袁世凯与段祺瑞的分裂，已经不再是个人之间矛盾的激化，而成为袁世凯这个精神偶像与整个北洋系矛盾的激化。在权力被架空之后，段祺瑞经常借故缺席会议，更将公务交由陆军次长徐树铮处理。段祺瑞对袁世凯的不满，也逐渐衍化为北洋系将领对袁世凯的不满，但此时的袁世凯已经做起了皇帝梦，他的首席幕僚杨度甚至写出《君宪救国论》，鼓吹"君主立宪"来扶持袁世凯登上帝位。

对于北洋系的将领们来说，他们不怎么喜欢革命党人，但是对"君主立宪"也绝不感冒。就这些军人来说，他们其实对所谓的宪法、革命并没有太深入的了解，他们自小接受的都是私塾教育，后来加入新军才接触了点儿皮毛，能够逐渐壮大，靠的不过就是烟土、银元和时常的打打杀杀。所以很多军阀功成名就以后，就开始把传统礼教那套东西搬出来，弘扬传统道德，希望靠这个拉拢住自己的下属，防止以下犯上的情况发生。

总而言之，彼时很多人可能并不知道要把这个世界革命成什么样子，但是却知道因为什么而革命。对于段祺瑞来说，他受过私塾教育，所以对袁世凯忠心耿耿，但同时，他也留过洋，受到西方进化论逻辑的影响，此时的他纵然还不完全清楚中国需要怎样的政体，但至少知道现在绝对不需要怎样的政体，总统专权的政体要不得，倒退回封建帝制那更是万万要不得。但此时段祺瑞虽然不满，还没有直接冲撞袁世凯，于是就做起了寓公。这个时候，徐树铮开始真正走到了前台，对于日后的中国政治来说，这个人所做的事情将会举足轻重。

在皖系内部，徐树铮有个绰号，叫"小扇子"。古时候很多官员身边都会有师爷，师爷其实就是智囊和军师，这种人并无官职，往往都是拿着一把纸扇站在边上，而徐树铮在段祺瑞身边所担当的就是此类角色。此时的段祺瑞身边，外有倪嗣冲、靳云鹏等手握重兵的将领，内有徐树铮、曾毓隽这样的军师，而在这些人中，以徐树铮与段祺瑞的关系最为亲密。徐树铮是秀才出身，但是却对"武力治国"有着浓厚的兴趣，尤其是留日期间受到日本尚武思潮的影响，使他"武力统一"的思想更为根深蒂固。但对于徐树铮来说，当下最重要的事情不是这些，什么陆军部的职权根本不重要，当时整个北洋系最紧要的事情是树立新的精神偶像。

（三）

说到树立精神偶像这件事，其实自民国以来，每个地方的军阀都在做。因为封建传统思想被革命革掉了，以前靠孔夫子语录和"君权天授"就能糊弄了事的洗脑工作，现在就变得异乎寻常的重要。回顾历史就知道，每到乱世，思想工作往往都很难开展，因为秩序混乱，只要手上有人就能称王称霸。军阀混战时期更是如此，只要能搞到几支烂枪、聚拢几个人，能拉起队伍，就能称霸一方。倪嗣冲给清室贵胄们折腾得成了光杆司令，然后拿着袁世凯的口谕跑去安徽，转眼就成了军阀里的暴发户。徐树铮是读书人，自然知道思想工作对于军事工作的意义，北洋系之所以强大，就是因为有袁世凯这个偶像，如果袁世凯衰败了，北洋系群龙无首，很可能就会给革命党制造机会。

好在这个时候段祺瑞的对手是正在自掘坟墓的袁世凯，而袁世凯的长子袁克定也是个有名无实的储君，段祺瑞要做的事情非常简单，就是选择与袁世凯相反的路：支持共和。虽然当时袁世凯仍然极力拉拢段祺瑞，但是段祺瑞与袁世凯之间的矛盾几乎已尽人皆知。段祺瑞是纯正的北洋系出身，所以北洋系的人信赖他；段祺瑞支持共和，所以革命党对他的印象也不错；再加上段祺瑞有着留学德国的背景，外国人也对这位军人出身的政治家颇有好感。这样一来，袁世凯越忙活称帝就越是江河日下，段祺瑞越反对称帝就越是冉冉升起，此消彼长的形势让段祺瑞在北洋系中的影响力迅速超过了袁世凯。

而徐树铮为段祺瑞所塑造的，并不仅仅是他个人的影响力，而是围绕在他身边一帮人的影响力。此时与段祺瑞交好的人中，靳云鹏督领山东军务，段芝贵是湖北都督，吴光新也在陆军中担任师长，除此以外，段祺瑞多年担任军校总办，他的学生早已经遍布北洋系。和当年以袁世凯为核心建立的北洋系类似，徐树铮所塑造出的，就是以段祺瑞为核心的一个团体，随着这个团体的不断扩大，段祺瑞在北洋系中的影响力也就越来越大。虽然此时的陆军部在指挥军事上已经没有实权，但仍然可以对军队起到一定作用，徐树铮开始紧锣密鼓地加强段祺瑞这方力量的渗透和扩张。在急需一个偶像人物出现以稳定人心的时候，段祺瑞出现得恰到好处，这个北洋嫡系、陆军总长也是一造共和的首功之臣，因此迅速得到了北洋系将领们的认可。这个时候担心无法震慑士兵们的将领，就把功臣段祺瑞以偶像的方式搬了出来，恨不得将所有的光环都套在段祺瑞的身上，这样一来，求功名的人知道段祺瑞位高权重，在北洋系中说一不二，"跟着他有肉吃"，而那些满腔热血的仁人志士，则推崇段祺瑞共和元勋的名堂，加上段祺瑞对袁世凯称帝极端不满，更得到了他们的信赖。

毕竟袁世凯已经是年过半百的人，袁世凯少年时代也曾经是舞枪弄棒的练家子，但是当上北洋大臣以后，开始沿袭封建士大夫那些倚老卖老的习惯。尤其是在五十岁以后，凡是有客人他需要见的时候，都要人搀扶着。有的人说老袁这是在倚老卖老，可有的人也不免怀疑是老袁身子骨确实不太好了，但不管他的身体如何，他们都必须要选择一个继任者跟随，如今摆在他们眼前的选择对象，只剩下了两个人：北洋系首脑段祺瑞，袁世凯的长子袁克定。袁克定，字云台，是袁世凯的原配于氏所生，因为骑马时不慎摔断了腿，人们都称他为"袁大瘸子"。辛亥革命爆发后，他曾受父亲之托拉拢汪精卫，在袁世凯复辟帝制的时候他更是一马当先。作为袁世凯的长子，袁克定一直把自己当储君看待，对下属素来傲慢无礼，据说清朝结束以后，冯国璋和段祺瑞见袁世凯时行跪拜礼，袁世凯都要急忙将二人扶起，但这位袁大公子却坦然接受。在袁世凯复辟帝制时，他四处鼓吹，还派人每天伪造《顺天日报》送呈袁世凯，在上面只收录赞成帝制的文章忽悠他老子。更为重要的是，这位袁大公子在北洋系中毫无影响力，论资历、论能力都排不上号，加上性格傲慢，北洋系的将领们对他都颇有微词，反而在无形之中帮了段祺瑞一把。

五、回绝袁氏：洪宪声中隐退西山

对于段祺瑞，袁世凯是又爱又恨。爱他，是因为他关键时刻从不怯场，能够独当一面，几次面对参议院和众议院的质询，段祺瑞都是面不改色、笃定从容；恨他，是因为他越来越自作主张，不把老上级放在眼里，而且时常跟袁世凯对着干。1914年6月30日，袁世凯迈出了复辟帝制过程中的关键一步，在北京建立了将军府，并且设立了很多将军名号，其中赐予段祺瑞的是建威上将军，负责管理将军府的事务。10月8日，又赐予他一等文虎章。袁世凯对段祺瑞可以说是极尽拉拢，但段祺瑞对袁世凯却依然是不冷不热，领了这么多赏赐，甚至连个"谢"字也没有说。

（一）

北洋系的军官多是天津武备学堂和北洋各学堂的毕业生，此前这些学校的事务都是段祺瑞负责，北洋系的年轻军人大多都是段祺瑞的门生故吏。等到袁世凯当上总统之后，段祺瑞的势力更是超过冯国璋，袁世凯自然知道自己在北洋系中的影响力在逐渐递减，于是指示他选定的"储君"袁克定另创一支生力军，把兵权掌握在自己手里。而冯国璋认为自己的势力不如段祺瑞，也觉得袁克定能够对段祺瑞起到制衡作用，因此也从旁推动。

最初，袁克定准备成立一支模范军，预定先组建两个模范师，中级军官尽量用留学生，下级军官则用军官生和速成生。但是袁世凯不愿意目标太大，从而刺激到北洋系旧部，所以把模范军缩小为模范团，然后又专意委派北洋系中颇有威信的"北洋三杰"中的"龙"王士珍来担任筹备处处长。袁世凯自兼团长，以曾任赤峰镇守使的陈光远为团副，王士珍、袁克定、张敬尧、陈光远为办事员。模范团成立以后，团址设在西城旃檀寺，本部则设在北海。袁世凯当初是靠北洋系起家，如今天下还没有平定就忙着摆脱北洋系，无疑让北洋系将领顿生"飞鸟未尽良弓先藏，狡兔未死走狗先烹"的感觉，于是，北洋将领纷纷转头去亲近段祺瑞。有了北洋系在背后撑腰，段祺瑞的腰杆硬了、脊梁直了，面对袁世凯的态度更加强硬。

1915年1月间，中国向日本发出照会，要求日本撤出驻留在山东的部队，但日方未予理会。1月18日，日方以交还青岛以及自山东撤兵为由，附列交换条件等，向袁世凯要求秘密谈判，而日方附列的条件，就是后来所谓的"二十一条"。"二十一条"共分为五号：第一号要求继承德国在山东的一切权利并扩大之；第二号要求扩大在南满、东蒙的各种利权；第三号企图控制汉冶萍公司；第四号要求中国沿海港湾岛屿概不租借或让与他国；第五号要求中国中央政府聘用日本人为顾问，等等。这份条约一旦签署，那清末的所有条约就都成了浮云，袁世凯也深知其中利害，但此时革命军盯着他，如果日本再开战，别说是皇帝，就是这个总统也当不下去。

于是，关于"二十一条"的诸多条款"适时"地泄露出去，各大报纸都刊登出日本向中国要求秘密谈判的消息，甚至外国报纸的驻京访员也纷纷撰写长电回国。美国、俄国、英国都致电该国驻日公使，要求日本外务省提供中日秘密谈判的内容，尤其是日方提出的具体条款。日方在国际压力下，只好将其中较为普通的十一条以正式文书的形式通知各国。几乎就是在同时，段祺瑞对于日本的这次秘密谈判做出及时回应，他的回应非常简洁：不谈，开打。2月1日，段祺瑞联合冯国璋等十九省将军致电北洋政府："有图破坏中国之完全者，必以死力拒之，中国虽弱，然国民将群起殉国。"2月2日，外交总长陆徵祥、次长曹汝霖等与日本驻华公使日置益、日本公使馆参赞小幡酉吉等人开始秘密谈判，在谈判过程中，日方不断使用外交讹诈、武力恫吓等方式相威逼，谈判一度陷入僵局。袁世凯不得不在3月19日召开对日会议，在会上，段祺瑞依然态度强硬，表示"二十一条"的所有条款均不能接受。4月26日，日方代表提出"最后修正案"，但也只做出了些微让步，此时国内反对"二十一条"的呼声日渐高涨，段祺瑞也更加公开地反对"二十一条"，于是，袁世凯和段祺瑞两个对比鲜明的政客形象开始出现：一个唯唯诺诺，一个振臂高呼。谈判进行得拖拖拉拉，5月2日，参谋总长黎元洪、陆军总长段祺瑞、海军总长刘冠雄率部远赴关岳庙宣誓，以示军人誓死卫国。

5月7日，失去耐心的日方向中方发出最后通牒，并且限9日午后6时之前给出答复。第二天夜里，袁世凯召集了各机关首长、参议院议长、府院秘书长、陆军次长、外交次长等召开全体大会，陆军总长段祺瑞和陆军次长徐树铮也一起赴会。据曹汝霖后来回忆，当时段祺瑞的部队"晚间运输彻夜不停，已三星期"，可见段祺瑞不仅是说一说，而是准备转化为行动。就段祺瑞的能力来说，调动部队或许不乏作秀之嫌，但无疑成为巩固他在北洋系中的地位的再次助力。而面对日方的"最后通牒"，段祺瑞的强硬口吻依然不改："这样迁就，何能立国？宁为玉碎，不为瓦全。"倘若曹汝霖的记录有几分真实，那么段祺瑞说话的口吻已经不仅是强硬，对袁世凯来说，其中多少已经透出质问和责难的意味。

（二）

陆徵祥是民国历史上最有名的外交官之一，但伴随着这位外交官的只有一份一份丧权辱国的条约。在中日谈判之前，他本来已经引咎离职，但面对"二十一条"这样棘手的事务，袁世凯只好再次请他出山与日本人周旋。在与日方代表讨价还价的五个月里，陆徵祥精疲力竭，5月25日，袁世凯最终妥协，与日方签订了《民四条约》，在签订条约之后，陆徵祥对袁世凯说："我签了字，也签了自己的死案了。"三十年后，当陆徵祥回忆起当时的情景，他告诉去采访他的中国记者，"弱国无外交"。

当时的中国正处于非常困难的时期，自清末一系列的割地赔款，到民国时的借贷和内战，国力已经非常衰微。就袁世凯来说，一旦发生交战，南方势力肯定会借机发难，到时候就会陷入腹背受敌的地步。袁世凯想得到这些，段祺瑞未必就想不到，而且段祺瑞与日本人的关系也并不见得多么剑拔弩张。经过"二十一条"这么折腾，袁世凯在民众心中的形象几乎跌至谷底，而段祺瑞的形象却得到了提升。段祺瑞自然知道自己的军队有几斤几两，要跟日本人打起来，难保南方军阀不会趁机发难，但是他却依然该说什么说什么、该做什么做什么，显然是他算准了坐在总统府里的袁世凯根本别无选择，投鼠忌器。再者说，老袁是准备要当皇帝的，当时就连北京城里卖糖葫芦的都知道，既然要当皇帝就得既攘外也安内，日本人不帮自己也就算了，万一他们去帮助南方军阀，那就等于是引火烧身。

袁世凯想要称帝的时候，光明正大跟他唱对台戏的人不多，王士珍和冯国璋这个时候也都持比较中立的态度，北洋军中很多将领，甚至如皖系将领靳云鹏、倪嗣冲、段芝贵，以及田中玉、卢永祥、张勋等，也支持袁世凯复辟，因为只要袁世凯登基称帝，他们就是开国功臣，按照封建帝制可以享受世袭罔替的勋衔和俸禄。这些人中的靳云鹏、倪嗣冲、段芝贵彼时都是段祺瑞的心腹，他们和后来才加入皖系的田中玉、卢永祥等不同，是早期就已经和段祺瑞站到一个战壕里的战友。这帮人站出来拥护帝制，多少有点儿组团忽悠的意思，撞上了就是世世代代的荣华富贵，失败了反正还有段祺瑞给他们兜着。换个角度来看，这未尝不是段祺瑞的意思，如果腹黑一点儿看，这简直就是在把袁世凯往绝路上送。当时的袁世凯身居总统府，身边围绕着的尽是杨度、梁士诒、刘师培这样拥护帝制的人，看到的也是他儿子袁克定编造的《顺天日报》，每天接到的也是北洋旧部拥护帝制的电文，也就是说他每天看到的、听到的都是些歌功颂德的溢美之词，就算是再清醒的人也难免会脑子发热。

　　拿定主意的袁世凯决定复辟称帝，一边指挥"洪宪六君子"到处摇旗呐喊，一边清理异己。清除的首要人物就是段祺瑞，拉拢也拉拢了，奉承也奉承了，既然敬酒不吃，那就让你吃罚酒。自《民四条约》签订之后，袁世凯就彻底抽空了段祺瑞的权力，同时撤销了徐树铮的职务，识趣的段祺瑞随即于 5 月 30 日称病辞职。31日，袁世凯让王士珍署理陆军总长职务，并给段祺瑞养病下抚慰令，准予段祺瑞两个月的病假。

　　民国这出戏唱到这里，是真正到了高潮迭起的部分，袁世凯忙着复辟帝制，皖系将领们纷纷支持复辟，段祺瑞则乐得远离这是非之地。段祺瑞隐居西山，但是却丝毫没有损及自己的党羽，看起来是隐居幕后，其实台前的风吹草动还尽在他的掌握之中。其实要说以退为进，袁世凯也是此中高手，当年归隐洹上，左右时局，最终推翻清朝当上了临时大总统。而后面的事实证明，相比袁世凯，段祺瑞更是以退为进的高手，他坐在西山的琐椤流檐下，指挥着皖系将领们翻江倒海。就在段祺瑞隐居西山后不久，一家日本报纸刊登了一篇报道，就袁世凯与段祺瑞之间的紧张关系进行了深入报道，并指出段祺瑞之所以到西山养病，是因为他与袁大总统产生了不可调和的矛盾。8 月 3 日，段祺瑞通过日方友人了解到这件事之后，第一时间发出通电，斥责该报纸挑拨离间。但就是在通电发出的半个多月以后，袁世凯即下令免去了段祺瑞陆军总长的职务，这个时候段祺瑞再信誓旦旦地出来解释说两个人依然相敬如宾，恐怕也没有人相信了。但也正是袁世凯的这个举动，将两个人的矛盾放到了阳光下，既然如此，老袁撕破了脸皮，老段也就不再遮遮掩掩了。

（三）

段祺瑞退隐西山以后没有多久，拥护帝制的积极分子们就迫不及待地开始大张旗鼓地行动了。鼓吹"以专制之权，行立宪之业"的杨度在 1912 年 8 月 14 日联合严复、孙毓筠、刘师培、李燮和、胡瑛等人共同组织筹安会，任理事长，主张君主立宪。袁世凯对杨度倍加赞赏，亲自赐匾题字，称之为"旷世逸才"。时任财政部次长的梁士诒也不甘落后，除大力筹措经费支持袁世凯称帝外，还发起全国请愿联合会向参政院请求变更国体。杨度等人鼓吹帝制的行径遭到全国上下的声讨，曾与杨度"天下之至好也"的梁启超也站出来痛斥其为"下贱无耻、蠕蠕而动的嬖人"，读书人喷脏话，这算是重的了。

放到中国近代史上，袁世凯也是个丑态百出的人物，他所做的最大功绩逼清帝退位，也被定义为卖主求荣、忘恩负义。其实在袁世凯早年的履历里，到处都有段祺瑞的影子，从小站练兵开始，作为"虎"的段祺瑞就一直跟在袁世凯身边。北洋军东征西讨，也正是段祺瑞东奔西走的戎马生涯，甚至是篡夺辛亥革命胜利果实的过程中，段祺瑞也担当了非常重要的角色。说到底，段祺瑞终归是个旧式军人，这不是减掉辫子、在德国上两天洋课、会说几句鸟语就能够改变的，传统的等级观念根植在他的脑海里，不是三天五日就能够拔除的。对段祺瑞来说，袁世凯对他至少是有"知遇之恩"的，不能说是情同父子，至少也有师生之谊。段祺瑞感激袁世凯，哪怕是民国建立之后，段祺瑞去拜望袁世凯时，依然行的是传统的跪拜之礼。即便是后来两人罅隙渐深，段祺瑞见袁世凯时，也从不会失了礼数。至于两人交恶的原因，说来说去也不外乎两方面：一是袁氏的疑心；二是周边力量的推动。

袁世凯要做皇帝，自然就要效仿前朝的经验，历朝历代的皇帝开国，首要事情就是回收权力。汉高祖刘邦杀掉韩信，宋太祖赵匡胤杯酒释兵权，明太祖朱元璋屠戮功臣，清世祖顺治贬黜多尔衮，无不是恐惧重臣作乱。袁世凯称段祺瑞为"重将"，一个"重"字突显出段祺瑞在袁世凯心中的位置，乱世的时候是砍向他人的刀，治世的时候就可能成为砍向自己的刀，所以，开国皇帝袁世凯必须要让段祺瑞刀枪入库，否则就算他登基成功，他的子子孙孙也难以维持帝业，难免会像秦朝、隋朝那样落得二世而亡。除了袁世凯排斥段祺瑞，袁世凯身边的人也排斥段祺瑞。头一个就是袁世凯的长子袁克定，袁克定作为袁世凯的长子，自然希图继承袁世凯的权力，但他并无战功，在北洋系中根本没有威望。再者袁克定性格傲慢，甚至连自己的智囊团也没有。杨度、梁士诒等人都只是趋附于袁世凯，在这一点上，袁克定还不如自己同父异母的弟弟袁克文，袁家二少爷因为反对父亲复辟帝制被逐出家门，结果跑到天津花钱买了个青帮大佬，整日拜香堂收徒弟，俨然成了北方青帮的头面人物。不管怎样，对袁克定来说，段祺瑞就是他最大的敌人，甚至可以说是"眼中钉、肉中刺"。

当然，造成袁世凯和段祺瑞之间矛盾激化最主要的原因，还是跟随在段祺瑞身边的人，也就是逐渐成型的皖系军阀。袁氏父子不仅对段祺瑞缺乏信任，对整个北洋系都不再信任，即便是对最为忠心的将领也不再坦诚相待，因此，段祺瑞与袁氏父子之间的矛盾，很快就演化成了皖系与袁氏父子的矛盾，到复辟帝制前后，也就逐渐演变成了北洋系与袁氏父子的矛盾。对皖系将领来说，这关系到他们的切身利益，他们因段祺瑞而崛起，也就与段祺瑞休戚与共，就算段祺瑞对袁世凯念着旧情，他们却不一定会念着袁氏父子的好，尤其是袁克定，在他们看来完全是"扶不起的阿斗"。正是因为这些错综复杂的关系，使得袁世凯与段祺瑞之间的关系越发紧张，而时移世易，两个人也不可能再像以前一样坐下来掏心挖肺地交流。袁世凯信不过段祺瑞，段祺瑞也不再相信袁世凯，随着轰轰烈烈的帝制复辟到来，他们两个人，一个走向自己政治生涯的穷途末路，一个却将迎来属于自己的时代，就像是一条岔路口，两个人再无法回到共同的路上来。而袁世凯与段祺瑞两个人的合作关系结束以后，袁世凯固然逐渐走向末路，段祺瑞的皖系也始终没有能够完成"武力统一"，反而促成了一个军阀割据、混战的真正乱世。

二 政客游戏

　　文人和武夫的游戏，其实有着共通点，那就是离不开打仗。文人手无缚鸡之力，就摆出棋盘博弈，手中无刀枪，胸中怀甲兵；武夫们手里都是真刀真枪，自然不用在棋盘上指手画脚，月黑杀人夜，风高放火天。但要把这两种游戏混合到一起，那就得是政客的游戏，既有博弈时的惊心动魄，也有沙场上的你死我活，纵然你是棋坛圣手，或者是百战功成的名将，在政客的战场上也很难全身而退。民国的政坛就更为复杂，因为这些从政的人往往既是书生，也是军人。

序篇：蛰伏与喘息

远离了政治斗争旋涡的段祺瑞躲在西山做起寓公，像他的老上司袁世凯一样，段祺瑞也摆足了"采菊东篱下，悠然见南山"的惬意劲儿，似乎就算是北京城里山呼海啸，他也不再过问了。段祺瑞甚至时不时地向袁世凯催促一下工资，毕竟是带薪养病不是停薪留职，而袁世凯则完全没有心思去答理段祺瑞，就在 1915 年的冬天，他的登基大典已经准备完毕，只等着演完最后一出戏，就在早已选定的黄道吉日落下最后一笔。

（一）

1915 年 8 月，段祺瑞和徐树铮刚一离开，杨度和梁士诒就迫不及待地成立了筹安会和请愿会，帝制复辟藏着掖着很多年，终于堂而皇之地开锣了。同时，袁世凯还找到了公府政治顾问美国人古德诺博士和公府法律顾问日本人有贺长雄博士。古德诺以精通政治学闻名于世，他认为共和制不适合中国国情，影射中国只能施行帝制；而有贺长雄主张中国改行帝制，施行君主立宪，只要中国效仿日本，就能跟日本一样成为亚洲强国。如果中国人自己说你们不信，好吧，那就听听人家洋博士的，毕竟，外来的和尚会念经嘛！

如果气势烘托得还不够足的话，那么就演一场历史剧：1915 年 12 月 11 日，在袁世凯的指挥下，各省选出的"国民代表"向袁世凯上书，文中对袁世凯的称呼由"我大总统"更改为"我圣主"，这几乎就跟史书上写的一帮文臣武将跪下去对着头领说"请为了天下苍生，速速继承大统"的情景一模一样。心领神会的袁世凯推让了一番，这些"国民代表"随即又拿出一篇更加恢宏的"推戴书"，这篇用了五分钟完成的两千六百字的推戴书，极尽歌功颂德之能事，算是把袁世凯捧上了天。已经迫不及待的袁世凯，草草走了个"我本来不想当，是你们非让我当"的过场，就赶紧进行称帝的程序了。

几乎只隔了一夜，中华民国就变成了中华帝国，大总统袁世凯就变成了大皇帝袁世凯。12月13日，袁世凯在居仁堂接见了简任以上文武官员两百余人，由内史监阮忠枢率领，公府大礼官黄开文做司仪，文官在东，武官在西，整齐划一地向袁世凯三鞠躬。结束之后，袁世凯发表了简短的演说，内容遵循着"为了救国救民，我就勉强先当个皇帝"的旧模式。在当上皇帝以后，袁世凯大赦天下、大封群臣，跟他鞍前马后多年的老部下都给封了爵位，却唯独没有算上段祺瑞，在袁世凯的心里，段祺瑞与他的梁子算是结大了。

还是在1913年的时候，南方爆发了李烈钧的讨袁运动，史称"二次革命"，北洋军虽然最终取得了战争的胜利，却使袁世凯对于那帮身在"天高皇帝远"的西南且拥兵自重的将领心生疑忌。在西南的诸多将领中，讨袁最积极的首推镇守云南的蔡锷。

蔡锷早年曾进入长沙时务学堂，受教于梁启超和谭嗣同门下，后来东渡日本，曾在日本士官学校学习。1905年蔡锷应湖南巡抚的邀请，担任湖南新军教练处帮办，兼武备兵目两学堂教官。之后又接受了广西巡抚李经羲的邀请前往桂林。后来蔡锷抵达昆明，担任新军总参谋官兼总教练官兼随营学堂总理官。这年8月，又兼新练常备军总教练官和巡抚部官部参谋官。后来还在广西陆续创办了测绘学堂和陆军小学。蔡锷先后办了四期陆军小学，毕业学生数百人，其中蔡锷的得意门生有白崇禧、李宗仁、黄绍竑、李品仙等日后的风云人物。李经羲升任云贵总督后不久，又调蔡锷为第三十七协协统。

辛亥革命爆发以后，蔡锷响应共和，带兵攻占昆明城，被推举为云南都督。"二次革命"失败以后，北洋系势力开始向西南推进，袁世凯电邀蔡锷进京。按当时的情形，如果蔡锷不走，袁世凯就很有可能进攻云南，而当时蔡锷的实力还不足以和强大的北洋军抗衡，权衡之下，蔡锷选择了进京。

蔡锷到了北京以后，被袁世凯任命为陆军部编译处副总裁。成了京官以后，蔡锷就过起了醉生梦死的生活。当时八大胡同中的头牌妓女当数"京津群芳领袖"小凤仙，蔡锷几乎立马就拜倒在小凤仙的石榴裙下，天天跟着小凤仙在北京城出双入对。

蔡锷的夫人看不下去了，一气之下跟蔡锷闹了离婚。蔡锷的风流事连杨度也看不下去了，骂他是"假道学难逃美人关"，可蔡锷依旧我行我素。"帝制运动"爆发以后，蔡锷还担当起了拥护袁世凯称帝的先行官，不仅帮着袁世凯去天津劝说梁启超，还在云南会馆将校联欢会发起军界请愿改行帝制时，第一个提笔签名，以示拥护帝制。

蔡锷的表现让袁世凯很满意，就在袁世凯对蔡锷放下心来的时候，蔡锷忽然在北京失踪了，等袁世凯了解到蔡锷的行踪时，蔡锷已经站在了横滨的土地上。蔡锷从日本发来的明信片袁世凯还没有看完，蔡锷已经又回到了老巢云南。袁世凯这才恍然大悟，蔡锷是玩了个"金蝉脱壳"。12月25日，蔡锷、唐继尧通电全国，宣布云南独立，反对帝制，轰轰烈烈的"护国运动"开始了。

（二）

蔡锷在写给友人的书信上曾有一句话：以菩萨心肠，行霹雳手段。正是其为人的写照。这一次支持帝制的"老古董"梁启超也换了一副强硬的面孔，坚决跟蔡锷站在一起讨袁。云南地处西南一隅，蔡锷虽然是个将才，但是要和袁世凯作对，拿云南一省的军队来对抗北洋军，还是有点儿螳臂当车的意思。就在这节骨眼儿上，贵州和广西的将领还向袁世凯发电报，要粮饷和枪械，表明了要帮助袁世凯剿灭蔡锷、唐继尧的决心。袁世凯当然乐不可支：李烈钧都禁不住我北洋军的攻击，更何况是蔡锷？这世界上还是识时务的人多啊！

但是护国军很快就打下了四川的大部分地区，袁世凯正急得跳脚，哪知道贵州和广西的将领也都是白眼狼，拿了袁世凯的粮饷和枪械以后，立马紧跟着云南起来反袁。本来接受袁世凯的密电"假意独立"的广东，在其他省份的要挟下，也不得不举起"反袁"的大旗。1916年4月12日，浙江也宣布了独立，这就表明，"反袁"不再只是西南省份的"犯上作乱"，而成为全国人民的共同心愿，是大势所趋。

看着形势危急，袁世凯就想把镇压"二次革命"时的故技重施：用船只通过水路运北洋军南下增援。于是命令海军总长刘冠雄运兵到广东，命令刚下，广东就独立了，没有办法，改成浙江吧！什么，浙江也独立啦？没有办法，奔福建去吧！可是人倒霉了真是挡也挡不住，袁世凯的好运已经到头了，奔着华东战场去的船队在温州海面遇到了一场大雾，两只船舰居然撞在了一起，同时沉没，淹死了官兵700多人，损失了大量的军械物资。

才当上洪宪皇帝没有几天的袁世凯，顿时陷入了四面楚歌的境地，那些北洋系将领虽然嘴里头皇上长皇上短，却压根儿不听调派。更重要的是，袁世凯遍视身边的这些心腹，要么是杨度、梁士诒这样的文人，要么是袁克定这样的半吊子军事家，而北洋之"龙"王士珍呢？搬出来当个吉祥物还行，要真让他去震慑北洋系的其他将领，根本起不到任何作用。袁世凯这个时候才发现，自己靠北洋系起家，靠北洋系夺权，如今依然还得靠北洋系，于是，他找来与段祺瑞关系比较融洽的阮忠枢去一趟西山。

阮忠枢抵达西山以后，段祺瑞自然是好茶好酒好招待，叙叙旧情，谈谈闲话，带着阮忠枢观赏一下自己的菜园和花圃，吃罢饭了酷爱围棋的段祺瑞难免邀请阮忠枢手谈一局。那边的段祺瑞从容惬意，这边的阮忠枢却是身怀重要使命，哪有时间陪着段祺瑞赏花赏月的，趁着左右无人，就拿出了袁大皇帝的手谕。不过，看到所谓的圣谕，段祺瑞并没有三跪九叩高呼万岁，只是淡淡一笑。要我去打仗吗？好啊！以什么身份去打仗？是大将军还是陆军总长？

阮忠枢讪笑着回应，只要您出兵，不管是大将军还是陆军总长，怎么都行。段祺瑞这个时候忽然收起了笑脸，义正词严地跟自己的老朋友说，我老段态度是明明确确的，我绝不做洪宪朝的大将军，我绝不支持帝制复辟；如果是陆军总长，那是民国的陆军总长，只有民国宪法选举出的总统才能签发调派命令。阮忠枢是怎么也没有想到，自己来劝说段祺瑞不成，反而让段祺瑞反将了一军，噎得他半晌说不出话来。最终，阮忠枢垂头丧气地回去见袁世凯，把段祺瑞的话原原本本地告诉给了袁世凯。袁世凯气得差点儿把假牙咬烂了，"北洋三杰"中的"虎"将，他最为倚重的"重将"，自小站练兵起就跟随他的段祺瑞，在他最需要别人拉一把的时候竟然也不愿意仗义伸手。对袁世凯来说，这个打击太重了，以当时的情形，段祺瑞是带兵的第一人选，既然段祺瑞不出手，老袁只能退而求其次，给他的另一名老部下冯国璋发去了电令。结果，这封电令如石沉大海，老冯借抱病为名赖在南京不动弹。

事到临头，袁世凯忽然发现自己已经是孤家寡人，满目山河虽然近在眼前，自己却恍然如在梦中。他叫来自己的儿子袁克定，将那一份份《顺天日报》劈头盖脸地砸在他的身上：你们说老百姓都希望我当皇上，为什么等我当上皇上，就有这么多人来反对我？袁克定终于低着头跪在袁世凯的面前，直陈是自己制造假象让袁世凯以为民心可用，才造成了今日今时的困境，把袁世凯气得捶胸顿足，直呼袁克定是"欺父误国"。

（三）

1916年1月，蔡锷率护国军第一军攻入四川，在叙州、泸州、綦江之间与守军展开激战。李烈钧则率领护国军第二军进入广西，与桂军的陆荣廷部联合，进逼广东。就在护国运动轰轰烈烈展开的同时，贵州、广西都相继宣布独立，四川、湖南、广东等省的形势则日趋紧张。

在西山养病的段祺瑞也没有闲着，此时与他关系较为亲近的将领不时发来电文，向他请教该如何应对前线战事。段祺瑞让徐树铮告诉前线的将领，打仗有什么请教的，以前怎么打现在就怎么打，只不过，要照顾好身体，尤其是双腿，所以他特地多叮嘱了几次：慢慢走，别着急。护国军在南方越打越顺，去镇压的北洋军却屯兵不前。袁世凯急了，派下去的官员也急了，可是段祺瑞不急，北洋军的将士们那就更不急。

所以到2、3月间，护国军和北洋军并没有展开真正的决战，但是宣布独立的省份却越来越多。只要开会一讨论起出兵平叛，北洋军的将领们倒是都口口声声誓死效忠，但背过身去还是该干什么干什么。就是天天叫嚷着唯袁世凯马首是瞻，动辄就要带兵攻打护国军为"圣主"效命的倪嗣冲，除了不断要求扩编和军火，也没有真正冲到前线去和蔡锷拼命。"人心散了，队伍不好带了"，是袁世凯眼下的切身体会。后来有历史学家认为，正是因为袁世凯去世才造成了日后军阀割据的情况，原因是袁世凯死后北洋军群龙无首。其实在袁世凯去世之前，甚至是洪宪称帝之前，北洋系内部的矛盾就已经非常明显，只不过为外部环境所迫，加上段、冯两大系之间互相制衡，才使得北洋系内部依然保持着表面上的团结。

在军阀混战的年代，每个军阀都希望将自己树立为偶像，保证部下不会犯上作乱。四川军阀刘湘请来了刘神仙给手下讲道，湖南的唐生智让全军都剃度受戒，就连冯玉祥也找来了传教士用水龙头给自己的部队受洗，如今说起来觉得荒唐，但也是当时旧秩序被打破之后，新秩序尚未建立，各军阀病急乱投医带来的结果。但不管怎么忙活，在那样一个武夫当国的时代，都是不可能完全制造出一个偶像，能够让下面的将士们打心眼儿里顶礼膜拜的。中国古代的战争文化从来都是最功利的，"了却君王天下事，赢得生前身后名"，有钱念得起书的可以去考取功名，念不起书的人自然就靠着外出征战建立功勋，不论千里为官还是千里行军，都是为求利求名，不过是文官和武官的区别。

就北洋军而言，他们也没有偶像，一开始跟着袁世凯，是因为袁世凯能让他们当大官，加上很多人还跟老袁有一层师徒关系。可是逐渐衰老以后，袁世凯逐渐失去了这种能力，一旦失去这种能力，人们自然开始远离他、抛弃他，只是袁世凯自己没有发觉，以为自己还是北洋军的龙头老大，于是轻易挥霍掉了自己攒下的人品。段祺瑞和冯国璋本来是旗鼓相当的，但段祺瑞身在北京，又是陆军总长，加上他的性格优势，自然胜过冯国璋一筹。

自洪宪称帝到四面楚歌，只过了八十多天，而这八十多天可以说是袁世凯毕生感觉最煎熬的日子，也自此落入了人生的低谷。感到已经走投无路的袁世凯，再也没有心思继续做皇帝梦了，1916 年 3 月 21 日，袁世凯亲笔写了密函，派人分别送给徐世昌、段祺瑞、黎元洪，请他们到公府参加当天下午的紧急会议。这次紧急会议要商讨的问题非常简单，那就是取消帝制。在场的人对于取消帝制的决定都没有意见，只有安徽将军倪嗣冲还在嚷嚷着要誓死效忠，但袁世凯已经懒得再理会他。

做中兴之臣匡扶清朝皇室，做开国之君让中国成为像日本一样的强国，这是袁世凯一生中曾拥有过的两个宏伟梦想。但清朝皇族的腐化让他绝望，而他最后的梦想也被时代所遗弃。当瑞蚨祥的老板为满屋的龙袍官服无处打发愁得无计可施时，袁世凯硬着头皮再次找到段祺瑞，现在的情形，似乎只有靠这只安徽来的猛虎才能稳得住。

一、再造共和：逼袁退位大权在握

袁世凯复辟帝制的时候，还有一个现成的皇帝在紫禁城里待着，那就是清朝的末代皇帝溥仪。虽然袁世凯在晚清几乎一手遮天，在民国初年也是有头有脸的实力派，但是说起"皇帝"，大家首先想到的还是紫禁城里的溥仪。袁世凯当了皇帝以后，反而有很多人不适应：人们干脆称呼袁世凯为"总统皇帝"，以便和溥仪区别开来。袁世凯当初之所以能够成为临时大总统，是因为他一手结束了两千多年的封建帝制，而不是让清帝退位，只是袁世凯并不知道这两者之间的区别。于是等到他完成了洪宪称帝，出来反对他的不只有革命党，还有很多的北洋旧部，袁世凯登基，并不是"顺应民心"，他所选择的恰恰是与民心截然相反的方向。

（一）

1916 年 2 月 25 日，袁世凯下令缓办帝制，并且撤销"帝制大典筹备处"，3 月 22 日终于宣布取消帝制，并废除"洪宪"年号，此后仍以大总统的名义发布命令。在取消帝制以后，袁世凯随即在 3 月 25 日以黎元洪、徐世昌、段祺瑞的名义致电蔡锷、唐继尧、梁启超、陆荣廷等，在电文中再三声明"帝制取消，公等目的已达，务望先戢干戈，共图善后"。4 月 2 日，护国军代表蔡锷给黎元洪、徐世昌、段祺瑞回了一封极为缓和的电文："默察全国形势，人民心理，尚未能为项城曲谅。凛已往之玄黄乍变，虑日后之覆雨翻云，已失之人心难复，既堕之威信难挽。若项城本悲天悯人之怀，为洁身引退之计，国人轸念前劳，感怀大德，馨香崇奉，岂有涯量？"

袁世凯再次请出段祺瑞，两个人的处境已经截然不同。对袁世凯来说，他的偶像地位已经崩塌，加上复辟帝制这么一闹，他的负面形象几乎已经深入人心。而段祺瑞呢？则正处于事业的上升期，国内外的各方势力都对他寄予厚望。更为重要的是，之前都是段祺瑞跟在袁世凯后面亦步亦趋，如今却变成了袁世凯需要段祺瑞来排忧解难，以前是段祺瑞离不开袁世凯，现在却变成了袁世凯离不得段祺瑞。但当年段祺瑞离不开袁世凯的时候，袁世凯也需要段祺瑞，如今袁世凯离不开段祺瑞，但段祺瑞却不一定再需要袁世凯。

4月22日，徐世昌请辞国务卿，袁世凯不得不请时任陆军总长的段祺瑞兼任国务卿，让段祺瑞挑起内阁大任的同时，更想让他凭借在北洋系中的地位来钳制冯国璋。可段祺瑞也不是善类，他刚一上任就向袁世凯提了三个要求：一、废除政事堂，恢复国务院；二、撤销大元帅统率办事处；三、让段祺瑞的得意门生徐树铮出任国务院秘书长。

对段祺瑞的第一条意见，袁世凯在表面上表示完全接受，随即发表申令，说："依照《约法》第二十一条，制定政府组织法，树责任内阁之先声。"但这到底不过是一张空头支票，此时袁世凯的帝制梦已经破灭，但他并不想轻易丢掉自己的权力，所以他对段祺瑞采取"拖"字诀。段祺瑞此时的态度却非常坚决，声称如果没有实权他就放弃国务卿及陆军总长的职务，袁世凯最害怕的事情就是段祺瑞拍拍屁股走人，这样无异于告诉别人他请段祺瑞出来只是装装样子，万般无奈之下只好在5月8日下令，废除政事堂，恢复国务院。

面对段祺瑞的第二条"撤销大元帅统率办事处"，袁世凯却不想让步，他只在呈文上批了一句"君能每日到部办公乎"。随后，段祺瑞又请求让陆军部接收袁氏父子一手创建的模范团和拱卫军，袁克定自然对这件事极力反对，袁世凯则用当年对付清廷的那套办法，来了个置之不理。就在此时，梁启超给段祺瑞来了一封信，信中写道："今日之有公，犹辛亥之有项城。清室不让，虽项城不能解辛亥之危；项城不退，虽公不能挽今日之局。"

真正让段祺瑞和袁世凯的关系决裂的是国务院秘书长的任命问题。在段祺瑞心目中，他的首席智囊徐树铮是这个位置的不二人选，但袁世凯素来不喜欢徐树铮，段祺瑞也不想因为这件事跟袁世凯闹僵，于是转而委托王士珍去请求袁世凯。王士珍是个黄老派，他当然知道袁世凯有多厌烦徐树铮，但是又不好拒绝段祺瑞，只好拖延下去。段祺瑞看王士珍没有动静，只好又去找张国淦帮忙。张国淦，字乾若、仲嘉，号石公，湖北蒲圻（今湖北省赤壁市）人，武昌起义前在北京担任内阁统计局副局长，后以"参议"身份随北洋要员唐绍仪参加南北议和，从而得到了袁世凯的青睐。

张国淦是个老好人，尤其擅长在北洋系各派之间周旋，到处和稀泥。但他在北洋系中的地位自然无法和王士珍相比，也就不能像王士珍那样糊弄段祺瑞，明知道袁世凯对徐树铮非常厌烦，还得硬着头皮去碰碰运气。

张国淦找到袁世凯吞吞吐吐地说出了段祺瑞的意思，袁世凯果然脸色一沉，恨声说："真是笑话，军人总理，军人秘书长，这里是东洋刀，那里也是东洋刀。"最后也只同意让徐树铮继续担任军事次长。张国淦把袁世凯的话告诉段祺瑞以后，哪知道段祺瑞的脸色比袁世凯还要难看，段祺瑞拍着桌子大骂："怎么，到了今天，还是一点儿都不肯放手吗？"到这个时候，袁世凯和段祺瑞已经是水火不相容，兔子逼急了都会咬人，更何况是一头猛虎呢？

（二）

袁世凯对段祺瑞的态度再明显不过，段祺瑞对袁世凯来说，就是来解围的"救火队员"，两人之间罅隙早生，袁世凯并没有想要长期留这只猛虎在自己身旁。清朝末年，武昌起义爆发以后，清廷明知道请袁世凯出山有"饮鸩止渴"之险，仍然不得不铤而走险。袁世凯在全国民众的反对声中坚持复辟帝制，结果北洋旧部纷纷离他而去，他才不得不起用段祺瑞来渡过难关，但他又怎么会不知道段祺瑞这味猛药，既有药到病除的奇效，也可能要了他的命呢？但此时处于危急关头，也只能兵行险招。段祺瑞虽然在势头上盖过了袁世凯，但到底不欲背上迫害恩师的罪名，一边仍然让袁世凯指定的王式通担任秘书长，一边任用徐树铮为帮办秘书，也就是副秘书长。

段祺瑞受命于危难之际，在北洋系中的地位又扶摇直上，于是在组阁之初就想大展身手，而要收拾残局就必先整顿财政。但是段祺瑞不懂财政，于是他只好去请教民国初年的财政巨头梁士诒。梁士诒是袁世凯的心腹，鼓吹复辟帝制的急先锋，也是交通系领袖。梁士诒将当时的财政内幕全盘托出，当时最大的两家金融机构中国银行和交通银行流行市面的钞票有七千余万元，而库存却只有两千余万元，放出的商贷有两千余万元，历年贷给政府的有四千万元，目前如果要维持政府的各项支出，而又无法借到内债或是外债，就只有增发钞票这一个办法，但是增发钞票可能带来通货膨胀，从而发生挤兑，局面将混乱不堪。段祺瑞权衡再三，最终也只有冒险尝试，在5月12日通令停兑，调整出一定时间后再整理兑现。

停兑的命令抵达上海以后，上海中国银行经理宋汉章立即邀约股东开会商讨应对方案，决定拒绝停兑，这也使得上海商场保持稳定，此后各省的中国银行也多有效仿。停兑风潮出现，对于袁世凯政府影响甚大，可以说是雪上加霜，多数人都认为政府财政出现亏空是袁世凯复辟帝制所致，是梁士诒怕交通银行周转不灵才出此下策，另外还有人传言袁世凯准备逃走，于是先期将中国银行和交通银行的现款偷运到了国外。但不管怎么说，银行停兑导致袁世凯政府的信用完全破产，袁世凯之前所有的功勋在这短短几年消耗殆尽。

自蔡锷护国军起兵，袁世凯就事必躬亲，集中权力，但处境却愈发艰难，独立电文和劝退电文不断发来，他的门生故吏都公开谴责他。袁世凯素来养尊处优，当上总统后更是很少运动，另外因为他妻妾众多房事频繁，经常进食大补大热的药品，使得他的健康状况一日不如一日。5月9日，陕西陈树藩宣布独立，5月22日，陈宧发出"与袁个人断绝关系"的电文，接连遭受打击的袁世凯心力交瘁，终于在5月27日病倒，其家人急忙找来中医刘竺笙、萧龙友会诊，但并没有什么效果。5月29日，袁世凯发表了《宣布帝制案始末》，在这篇文章里，他将复辟帝制的责任推诿给了各省公民，极力将自己塑造成一个维持共和、容易受蒙蔽的老实人，最后还威胁说要把各省区军民长官要求变更国体和先后推戴、请早登大位的文电公布。可就在同一天，他的宠臣湖南靖武将军汤芗铭宣布湖南独立。

世人常说"众叛亲离"，袁世凯身处的正是这样的境地，他的故交唐绍仪、徐世昌离他而去，门生段祺瑞、冯国璋都反对他，连陈宧、汤芗铭这样的亲信也背叛他，他已经无路可走。时人谈及袁世凯的死，有"病起六君子，命送二陈汤"之说，"六君子"是指"洪宪六君子"严复、杨度、孙毓筠、刘师培、李燮和、胡瑛，"二陈汤"则是指陈树藩、陈宧、汤芗铭，同时，"六君子"和"二陈汤"也都是中药名，可以说是一语双关。

6月2日，袁世凯终于撑不下去了，他叫来张一麐，让他打电话给一个人，一个他在生命的尽头最想见的人：徐世昌。

袁世凯终于等来了徐世昌，他伸出颤抖的双手："菊人，来得好，来得好，我已是不中用了。"

看到袁世凯这样的景况，徐世昌也不禁老泪纵横："总统不必焦心，好好养几天就会好的。"

袁世凯摇了摇头。好了，该见的人见到了，四十年的老朋友，在人生最后的阶段，为自己流下了眼泪，他释怀了，至少在人生最后的阶段，还有一个真心为他流泪的朋友，一个几乎与他交恶但终于谅解他的朋友，他知足了。

1916年6月6日清晨3时，袁世凯终于撒手人寰，一代枭雄，黯然谢幕。

（三）

袁世凯虽然是在6月6日的清早去世，但其实在6月5日就已经不省人事。袁世凯弥留之际，段祺瑞、王士珍、张镇芳、徐世昌和袁克定陪侍左右，其中尤以段祺瑞和袁克定二人的心思最为复杂，毫无疑问，袁世凯的接班人将在这两个人之间选出。徐世昌看到袁世凯气息奄奄，于是轻声向他询问还有什么交代，袁世凯当时已经很难说清楚话，只是念出了"约法"两个字，可民国的《约法》有新有旧。

旧的《约法》规定总统不能行使职权的时候，由副总统继任总统，这是护国军方面坚持的，但这个《约法》已经被袁世凯废止；新《约法》是袁世凯自己制定的，关于继任总统问题，规定由现任总统提名三个人，写在名单上藏进金匮石室，等现任总统去世以后取出。就在人们感到困惑的时候，袁克定抢着补充一句"金匮石室"，袁世凯点了点头，已经说不出来什么。

6月6日早晨，袁世凯在昏迷中去世，家人围着哀哭，只有袁克定一心牵挂着金匮石室中的总统候选名单。因为袁世凯在嘉禾金简上列出三个总统候选人的时候，袁克定就在旁边，当时袁世凯写的是黎元洪、徐世昌、袁克定，等于说老袁一死，他这个小袁就要承袭父位。可是等到袁世凯去世，众人打开金匮石屋的时候，袁克定却傻了，因为嘉禾金简上并没有他的名字，上面的排列顺序是：黎元洪、徐世昌、段祺瑞。毫无疑问，就是在去世之前，袁世凯瞒着自己的儿子改动了这份名单，他把自己儿子的名字划去，改成了之前最让他厌烦的段祺瑞。

袁世凯为什么会这样做呢？其实这正是袁世凯的高明之处，后人看到此处，也不得不佩服袁世凯的心机。袁世凯在生前自然知道袁克定对大位的渴望，而他也一直将袁克定作为未来的储君培养，甚至刻意为袁克定培养嫡系的模范团和拱卫军。但是到袁世凯死生俄顷之际，他心里非常明白，自己已经是众叛亲离，那些早已翻脸不认人的门生故吏又怎么会扶持他的儿子？帝梦的覆灭已经告诉他，袁氏一族"家天下"的夙愿不过是黄粱一梦，他尚且不能左右自己亲手创建的北洋军，遑论本来就不受北洋系待见的袁克定！于是，他在死前及时修改了名单，也是给自己的儿子留了一条退路。

6月7日，袁世凯遗体大殓，北京城内国务院通令全国均下半旗志哀，学校停课一天，全国人民停止娱乐一天，文武官停止宴会27天。但是就在同一天，西南各省却高悬旗帜，到处欢欣鼓舞，云南、贵州更是燃放鞭炮庆祝，与哀乐弥漫的北京城相反，全国其他地方的民众则是皆大欢喜、奔走相告，这不能不说是莫大的讽刺。

6月28日，袁世凯的灵柩由居仁堂移出，从前门外车站上车，径赴彰德。同时，袁世凯的家人也从居仁堂搬出，他们的家当装满了好几口大箱子，由拱卫军士兵押解到彰德。

在为袁世凯筹备葬礼的几日内，在袁世凯生前与他几乎水火不相容的老部下段祺瑞显得毕恭毕敬，大小事务几乎都由段祺瑞张罗安排。段祺瑞神色黯淡，对于袁世凯的去世伤心得难以平复。对袁克定来说，当然看不惯段祺瑞的这种惺惺作态，自他成为"太子"的那一天起，他最反感的就是段祺瑞，时常在袁世凯面前诉说段祺瑞的不是。他本以为自己胜券在握，会继承父亲的地位，不承想到底输给了段祺瑞。但是就段祺瑞本人来说，他的伤心不能说都是虚情假意，之前就说过，段祺瑞归根结底是一个旧式军人，他与袁世凯的关系既是上下级关系，也是师生关系，兼有父子之情，因此当袁世凯去世时，他内心终究会有难以抑制的悲伤和难过。

但是袁世凯的死，说到底都在一定程度上成就了段祺瑞。段祺瑞的羽翼已经丰满，甚至早已经超过了袁世凯，如今袁世凯一死，整个北洋政府的实权就已经完全落在了段祺瑞的手里，段祺瑞在送别老上级的灵柩后，接着就要来开创属于他的时代。袁世凯死去时，身后的北洋系已经四分五裂，他的嫡系早已经叛他而去。而段祺瑞的崛起，却并不是他一个人，因为早在小站练兵时期，以段祺瑞为中心的军人团体就已经逐渐成形，所以袁世凯去世之后，崛起的其实并不是段祺瑞个人，而是他所代表的一个军人集团。

二、皖系主国：手段迭出掌控北京政权

袁世凯时期的北洋系，就像是一个独资企业，老袁出钱建厂，下面是他聘请的管理人员和工人。但正应了"不想当老板的员工不是好员工"这句话，在袁世凯一人独大的时候，下面最早有觉悟的一批将领早就开始扎堆琢磨怎么出去自主经营。但是他们中任何一人都不如袁世凯财大气粗，没有独立开厂的资本，于是几个人合计着入股建厂，大家都有股份，股份最多的当董事长。独资企业和合资企业相比，独资企业的老板一出事，下面打工的人就作鸟兽散，而合资企业股东多，即便是首席执行官经营不善，后面也有董事会支撑着，轻易不会出现树一倒猢狲就急忙奔散的情形。

（一）

1916年6月6日，袁世凯去世以后，自金匮石室中取出了总统候选人的名单，上面列的人名是：黎元洪、徐世昌、段祺瑞。但是这三个人里面选谁却是个问题，按照《约法》是从里面挑一个，但其实黎元洪和徐世昌都没有实权，北京城里说话算数的只有段祺瑞，北洋系的将领们各怀心事，一致请徐世昌发表意见。徐世昌也知道这个主意不好拿，他把黎元洪推到前面，但还是把最终的决定权交给段祺瑞。黎元洪并非北洋系，所以袁世凯重病的时候，他只是稍事探望，没有敢在袁宅待太久。

从心里说，段祺瑞并不是很待见黎元洪，黎元洪这个人之所以能够起家，是因为辛亥革命时稀里糊涂当了两天革命党的傀儡。这样的人，既非真才，也无实学，更没有带过兵打过仗，论文是半吊子，论武是三脚猫，让段祺瑞拥护黎元洪当总统，他内心里很难接受，但此时形势所迫，又不得不拥护黎元洪。6月7日，黎元洪在东厂胡同私宅举行了总统就职典礼。同一天，陕西都督陈树藩宣布取消独立，并通

电全国表示"树藩仅举陕西全境奉还中央，一切悉听中央处分"。陈树藩，字柏森、柏生，是安康（今陕西省安康市）人，早年曾在段祺瑞主持的保定陆军学校就读，辛亥革命时光复西安，此后在陕西击败袁世凯的心腹陆建章，控制陕西。段祺瑞对陈树藩的行动非常满意，认为值得鼓励，于是任命陈树藩为将军府汉武将军，后又委任为陕西督军，而陈树藩也深感段祺瑞的赏识，此后便投靠段祺瑞，成为皖系军阀的一员。

第二天，"二陈汤"中的四川都督陈宧也宣布取消独立，并且致电北京国务院，但是陈宧却没有像陈树藩那样博得段祺瑞的好感。因为陈宧这样做，是受到黎元洪的策士金永炎、哈汉章等人的劝诱，陈宧只道是黎元洪当了大总统，所以为了讨好黎元洪，也没有和护国军方面联系，就通电取消独立。可是陈宧并不知道，黎元洪不过是一个光杆司令，北京城里吐口唾沫是个钉的人是段祺瑞，陈宧这种讨好黎元洪的做法最让段祺瑞不舒服。而且陈宧素来和段祺瑞没有什么交情，倒是和北洋系的另一个大佬冯国璋来往密切，段祺瑞对陈宧的不满就可想而知。所以陈宧宣布四川取消独立以后，段祺瑞并没有指派他为四川将军并督理军务，这样一来陈宧就陷入尴尬的境地，他已取消独立，但北京政府也不给予他任命，一时陷入两难的境地。

段祺瑞把陈宧晾在一边以后，就着手处理北京政府的事情，他首先于6月10日裁撤了陆海军大元帅统率小事处，这个名称冗长啰唆的机构是袁世凯以总统身份抓军权之后设立的，当初段祺瑞与袁世凯关系僵化就缘于此，袁世凯在世时段祺瑞曾多次试图裁撤这个机构都未能如愿，如今黎元洪当上总统，段祺瑞更加不能让这个机构存在下去。

13日，段祺瑞又任命徐树铮为国务院秘书长，袁世凯在世时未能同意段祺瑞的两件事，段祺瑞终于在他死后迅速完成。同日，广东都督龙济光电达中央，称广东已于本月9日取消独立，而段祺瑞给龙济光的评价也非常高，说他"具有世界眼光，急谋统一，热诚爱国，深堪嘉慰"。19日，段祺瑞又下令裁撤京畿军政执法处，这是袁世凯仿效古代所设立的特务机构，也最为各方所痛恨。

黎元洪这个人，原本是个各方都不讨好的人：北洋系的人看来，他没有什么功勋，实在不值得拥戴；国民党人看来，黎元洪多次叛变革命，是个势利的伪君子。但是，黎元洪身上也有优点，而且在此时显得尤为重要，他在做人方面占了优势，谁也不得罪，夹在中间做个老好人，加上他又是副总统，顺理成章就继任总统。黎元洪就职以后，又如同辛亥革命时被选为鄂军大都督一样，不论大小事情均没有决定权，能做的事情也就是在公文上签字盖章，完全成了段祺瑞的政治傀儡。

但是让黎元洪当上总统以后，麻烦的事情还没有结束，《约法》的问题仍然没有得到妥善解决。因为当时有两个《约法》，一个是公布于民国元年（1912年）的旧《约法》，一个是制定于民国三年（1914年）的新《约法》。在6月10日，西南军务院抚军长唐继尧曾通电提出四大条件，分别是恢复旧《约法》、解散旧政府、惩办帝制祸首、议决善后军事问题。西南军务院的通电发出以后，上海的唐绍仪、梁启超、伍廷芳等联名通电呼应，而国会议员谷钟秀、孙洪伊等在上海登报召集议员自行集会拥护新《约法》，新旧《约法》之争迅速在全国蔓延开。

（二）

6月22日，段祺瑞通电各省，在这封电文里，段祺瑞直言"半月以来，举国上下所断断致辩争者，《约法》而已"，但随后就开始陈述更改新《约法》的弊端，"……今日命令复之，明日命令废之，将等法律为何物？且甲氏命令复之，乙氏又何不可命令废之？可施之于约法者，又何不可施之于宪法？如是则元首每有更代，法律随为转移，人民将何所遵循乎？"这封电文洋洋洒洒有将近一千字，既没有什么拿得出手的理由，也没有什么义正词严的借口，通篇就是絮絮叨叨地表示现在修改《约法》很突然、民众不接受之类，根本就说服不了任何人。

很快，唐绍仪、梁启超、伍廷芳等就致电驳复："……夫我总统正位，而国内外共仰为合法者，无他焉，以三年《约法》之不成为法也。又如我公今所长之机关为国务院，国务院者，元年《约法》上之机关，三年《约法》所未尝有也。三年《约法》若为法，元年《约法》定非法，公所长之院何由成立？今发布院令而中外共许为合法者，无他焉，以三年《约法》之不成法也。揆诸法理如彼，征诸事实如此，则三年《约法》之非法，确成铁案。"

虽然段祺瑞上过几天私塾、徐树铮也曾是天才儿童，但是和真正的读书人打起笔墨官司，他们的功力还是差点儿，唐绍仪、梁启超、伍廷芳等人的这封电文，不过两三百字，但是有理有据，完全把段祺瑞那封冗长的狡辩之词给驳倒了。段祺瑞一看再辩下去也讨不到什么好处，干脆就闭目塞听，哪怕外间吵得不可开交，他也不予理会，依旧照着新《约法》过日子。可是段祺瑞把问题看得太简单了，此时的《约法》

之争已不单是几派势力之间的口水战了。6月25日，上海海军宣布独立，驻沪海军总司令李鼎新、第一舰队司令林葆怿、练习舰队司令曾兆麟发表联合宣言，"誓为一劳永逸之图，勿贻姑息养奸之祸，庶几海内一家，相接以诚，相守以法，共循正轨而臻治安矣"，表示因拥护旧《约法》而宣告独立。

　　当时中国的海军共分为三个舰队，而驻守在上海的第一舰队可以说是海军的主力，上海海军的独立不仅仅威胁到了沿海各省的北洋系势力，如果海军运送护国军北上，那可能对北京政府带来灭顶之灾。慌了神的段祺瑞哪里还敢再抱着新《约法》不放？急忙请出林长民、张国淦第一时间安抚海军，同时于6月29日由黎元洪正式申令，表明政府将会遵循民国元年公布的旧《约法》，同时废国务卿名义，恢复国务院总理，并裁撤掉参议院和平政院所属的肃政厅。至此，争议不断的法统问题才算是暂时平息。

　　就是在上海海军宣布独立的6月25日，四川也发生了一件大事，原四川督军陈宧被重庆镇守使周骏击败，逃亡成都成了逃亡将军。在陈宧宣布独立的时候，袁世凯就急忙提升川军第一师长兼重庆镇守使周骏督理四川军务，周骏随即率军进驻成都，驱逐陈宧。在袁世凯死后，段祺瑞授意当时还依附于他的北洋军驻川统帅曹锟暗中支持周骏。周骏在曹锟的支持下接连攻克永川、隆昌、内江，并派旅长王陵基率兵进抵资中，从而切断成都与叙府之间的联系，同时高呼"川人不打川人"的口号，以博取护国军方面川籍将领刘存厚、熊克武等的同情。周骏兵临成都城下，陈宧急忙向蔡锷告急，但此时蔡锷的喉结核症非常严重，只好电请唐继尧补充兵员和武器，又抽调刘云峰的一个梯团由叙州开赴自流井，然后向内江和资中出击。但一切为时已晚，6月25日，周骏兵临城下，陈宧只能让出成都。

　　但是，周骏也没有在成都待多久，仅仅过了四天，护国军刘存厚就打进成都，北京政府只好任命蔡锷为四川督军兼省长以节制护国军，把周骏召回北京候用。在《约法》之争告一段落之后，段祺瑞必须着手对付南方的护国军了，虽然袁世凯病逝在陈树藩、陈宧、汤芗铭等宣布独立的时候，但谁心里都清楚，真正让袁世凯殚精竭虑、劳虑成病的是南方的护国军。对于北洋系来说，他们也不能允许护国军不断扩张势力，段祺瑞此时召集自己的幕僚，不得不煞费苦心地商议如何瓦解护国军。

（三）

6月30日，段祺瑞率先进行了政府改组，这也算是以实际行动告诉外界人士，北京政府承认并且确实已经在按照旧《约法》工作。改组完成后以唐绍仪为外交总长，许世英为内务总长，陈锦涛为财政总长，程璧光为海军总长，张耀曾为司法总长，孙洪伊为教育总长，张国淦为农商总长，汪大燮为交通总长，段祺瑞自兼陆军总长。唐绍仪未到任以前陈锦涛暂兼外交总长，张耀曾未到任前，以张国淦兼司法总长。

而这个时候，黎元洪想要笼络护国军以牵制段祺瑞，于是致电护国军名将蔡锷的老师梁启超，先用"泰山北斗，景仰为劳"拍了一通马屁，又"欲以本府秘书长相屈，既无嫌乎夺情，且可资乎论道"。但梁启超是聪明人，随即婉言谢绝。但黎元洪与梁启超两人的通电往来，毕竟没有逃过段祺瑞的视线，他不得不加快解决护国军这件最棘手的事。

彼时护国军势力发展最快的当数云南、四川和广东，云南是护国军的老巢，蔡锷、唐继尧等经营多年，树大根深，难以根除。蔡锷虽然任四川督军兼省长但并没有完全掌控四川，北洋系的曹锟当时驻军在四川，刘存厚与北京政府也是眉来眼去，所以四川的形势更为乐观。而当时最混乱的要数广东，广东督军龙济光在袁世凯逝世前也宣布独立，不过他的独立是被迫的，因为他的邻居广西都督陆荣廷宣布独立了，而护国军的李烈钧又到了家门口，他只能选择独立以自保。

于是北京政府委任龙济光兼任广东巡按使，指使他阻击护国军。在得到北洋政府的支持以后，龙济光随即让驻扎在龙州的嫡系部队以坚壁清野的方式对抗李烈钧部，甚至在城楼上炮击滇军，并密电请求段祺瑞调派北洋军分三路入广东增援。但让龙济光想不到的是，护国军截获了这份电报，代理抚军长随即通电揭晓，李烈钧随即攻克韶州，又击败了龙济光派来的援军。同时，桂军将领莫荣新由西路攻入三水，龙济光被迫困守广州。龙济光再三邀援，段祺瑞急忙电令江西督军李纯开赴赣南，福建督军李厚基开赴闽南，萨镇冰率领海军开赴广州。但是，李纯和李厚基都对广东不怎么感兴趣，对段祺瑞的命令也是阳奉阴违，所以龙济光左等右等，就是没有等到北京政府的援兵。

龙济光困守孤城，其实已经丢掉了对广东全境的掌控。来硬的不行，段祺瑞只好来软的。7 月 6 日，段祺瑞对各省军政长官的名称进行了修改，在官制未定以前，各省督理军务长官改称督军，民政长官改称省长。令张作霖为奉天督军，孟恩远为吉林督军，张怀芝为山东督军，赵倜为河南督军，阎锡山为山西督军，冯国璋为江苏督军，张勋为安徽督军，李纯为江西督军，李厚基为福建督军，吕公望为浙江督军，王占元为湖北督军，陈宧为湖南督军，陈树藩为陕西督军，蔡锷为四川督军，陆荣廷为广东督军，陈炳焜为广西督军，唐继尧为云南督军，刘显世为贵州督军。令朱家宝为直隶省长，郭宗熙为吉林省长，毕桂芳为黑龙江省长，田文烈为河南省长，沈铭昌为山西省长，齐耀琳为江苏省长，倪嗣冲为安徽省长，戚扬为江西省长，范守佑为湖北省长，张广建为甘肃省长，杨增新为新疆省长，朱庆澜为广东省长，罗佩金为广西省长，任可澄为云南省长，戴戡为贵州省长，胡瑞霖署福建省长，孙发绪署山东省长，张作霖兼署奉天省长，吕公望兼署浙江省长，陈宧兼署湖南省长，陈树藩兼署陕西省长，蔡锷兼署四川省长。令朱家宝兼署直隶督军，毕桂芳兼署黑龙江督军，张广建兼署甘肃督军，杨增新兼署新疆督军。令湖南督军陈宧迅速赴任，未到任前以陆荣廷暂署，广东督军陆荣廷未到任前以龙济光暂署。另授李烈钧勋二位，陆军中将加上将衔。

借着这次修改各省军政长官的名称，段祺瑞想要逐渐瓦解掉广东省内的护国军力量。段祺瑞把李烈钧调到北京，是调虎离山之计。而调陆荣廷为广东督军，又暂署理湖南督军，这是缓兵之计，将桂军调入广东，但桂军与粤军并不像李烈钧对龙济光那么激烈，而将陆荣廷暂时调往湖南，可以延缓他进入广东，虽然龙济光名为两广矿物督办，但暂时却可以继续拥有广东督军的实权。这个任命一下达，就遭到了以唐绍仪、梁启超、王宠惠为首的各党各派代表的反对，纷纷致电要求罢免龙济光，但段祺瑞借口"粤事真相不明"，加派汤芗铭为广东查办使，并派萨镇冰出任粤闽巡阅使向李烈钧等施压。

三、府院之争：以退为进黎元洪就范

在从副总统被扶正以后，最初的一段时间内，黎元洪像辛亥年的时候一样，乐意当段祺瑞面前的幌子。可时间长了，情况就变了，此时的黎元洪已经不是辛亥年那么颤颤巍巍的"黎菩萨"，从辛亥革命一路走来，在政坛上摸爬滚打多年，他已不再甘愿总是当他人的傀儡。段祺瑞在北京刚刚掌权时，南方的形势依然不够明朗，虽然在北京独揽大权，但是在广东和湖南却接连碰了钉子。段祺瑞碰钉子，对黎元洪来说却是好事，于是他开始尝试着用南方势力压制段祺瑞，从而提升总统的权力，但"远水解不了近渴"，反而加深了他与段祺瑞之间的矛盾。

（一）

府院之争就是总统府与国务院之争，也就是黎元洪与段祺瑞之争。府院之争的导火索是徐树铮与丁世峄之间的冲突，而二人冲突的导火索还是湖南和广东的问题。前面讲到段祺瑞想要调李烈钧进京，调陆荣廷去湖南，派汤芗铭和萨镇冰到广东协助龙济光，但是李烈钧和陆荣廷都没有在意他的指派，萨镇冰率海军进入广州也没有太多作为，汤芗铭就更是尴尬了。

广东人明显不喜欢这个由北京政府指派来的外乡人，更兼滇军、桂军都不太欢迎汤芗铭，接受了北京政府任命的汤芗铭一时也不知道该何去何从。

汤芗铭离开了湖南，陆荣廷也无意插足湖南的事情，又让湖南的形势变得很微妙。对陆荣廷来说，湖南距离他的老巢广西有些远，其财源也不及广东，而且湘军也不欲外省人来干涉他们的事务，两相权衡，陆荣廷也觉得与其来湖南给自己添堵，不如回去趁火打劫龙济光无法掌握的广东。段祺瑞也知道陆荣廷在湖南待不久，再者他本来用的就是缓兵之计，一边拖延陆荣廷，一边任命陈宦出任湖南督军兼省长。段祺瑞讨厌陈宦这几乎不是什么秘密，但对段祺瑞来说，湖南这样的战略要地必须控制在北洋系手中，陈宦虽然不招人待见，但也是北洋系将领，加上陈宦撤离四川时手上还剩了两个旅的兵力，派他进入湖南既可以敷衍黎元洪，又可以用北洋系的势力控制湖南，算是两全其美。

可是和汤芗铭在广东遇到的情形一样，陈宦在湖南也遇到了麻烦。首先，湘军并不想北洋系的势力进入湖南，所以非常反对陈宦的到来；其次，桂军的陆荣廷也不欢迎陈宦，湖南是北洋系与南方军事力量的缓冲地带，等于是桂军的前沿哨所，如果被北洋系控制住湖南，就是把大炮架在了桂军的门口。当时湖南各界推举年已七旬的刘人熙出任湖南督军，其他党派的人士希望调蔡锷回到湖南，国民党则希望由黄兴担任湖南督军，但是刘人熙年纪太大，蔡锷和黄兴均无意返湘，黄兴随即推荐谭延闿，谭延闿这个人和各方的关系都不错，而且也不属于北洋系。

段祺瑞这时才意识到湖南问题十分严峻，看起来不能过于着急。于是在7月12日，段祺瑞再次进行局部改组，以孙洪伊为内务总长，范源濂为教育总长，许世英为交通总长。7月14日，黎元洪下令惩治帝制复辟的祸首杨度、孙毓筠、顾鳌、梁士诒、夏寿田、朱启钤、周自齐、薛大可八人，这样就满足了护国军之前所提出的条件，同日，唐继尧、岑春煊、梁启超、刘显世、陆荣廷、陈炳焜、吕公望、蔡锷、李烈钧、戴戡、刘存厚、罗佩金、李鼎新等联名通电撤销西南军务院，声明国家事务静听元首、政府和国会主持。

为了暂时稳定湖南局势，陈宦自动辞去湖南督军一职，段祺瑞在7月16日改派刘人熙为湖南督军。但是段祺瑞并没有放弃控制湖南，他本来想派曹锟率部替代陈宦进入湖南，但当时他在北京刚站住脚，曹锟也还没有投靠皖系，随即留下曹锟为直隶督军，而转派自己的亲信吴光新率部接防岳州。段祺瑞派吴光新进入湖南，本意是想让吴光新先在湖南落脚，然后慢慢壮大势力最后继任湖南督军。但他的心思湘军将领怎么能看不出？湘军将领自然激烈反对吴光新入湘。

恰恰就在这个时候，回到广西的陆荣廷整顿兵马，准备按照段祺瑞之前的任命，进驻广东继任督军。段祺瑞闻讯以后大惊失色，他这一招本来是缓兵之计，哪知道陆荣廷他当成了真的，这样一来，湖南还没有抓稳，广东又要丢掉。万般无奈之下，段祺瑞在7月29日以国务院名义发出密电，征求各省军阀对广东问题的意见。另一方面，由于李烈钧没有接受北京政府的调令，徐树铮便在阁议时主张电令闽、粤、湘、赣四省会剿李烈钧，但是内务总长孙洪伊主张去电和解，双方争执不下。在阁议结束之后，徐树铮竟然擅自将会剿李烈钧的电报发出，等到四省督军复电国务院时，阁员们才得知此事。

在阁议席上，孙洪伊质问徐树铮为什么在阁议未定的前提下，就擅自做主向四省发出会剿李烈钧的电文，徐树铮仗着段祺瑞撑腰反唇相讥，双方拍着桌子吵得难分难解。8月1日，段祺瑞改派谷钟秀为农商总长，张国淦转任总统府秘书长，用老好人张国淦调停各方力量，同时削弱总统府势力在阁议中的影响，等于是公然偏袒徐树铮。

（二）

对于湖南督军的职位，当时湘军与护国军方面都非常敏感，只是北洋军已经控制了岳州，就等于形成了一个默契，只要北洋军不越过洞庭湖，双方的矛盾就暂时不会激化。段祺瑞意识到湖南这个地方太过敏感，目前情况下不宜过多刺激，加上广东的局势也不明朗，刘人熙的年纪偏大，于是在8月3日改派谭延闿为湖南省长兼署督军。这里段祺瑞又留了个心眼，署督军的"署"字意为暂代，就是说只是暂代督军，以后还可能会派一个督军。谭延闿在反袁时竭心尽力，所以在湖南很有威望，至少桂军和护国军方面对于谭延闿接任湘督都没有太大意见。

转过头来，北京政府在8月11日发表了处理广东问题的命令："龙济光未交卸以前，责在守土，自应约束将士，保卫治安。李烈钧统率士卒，责有攸归。着即严勒所部，即日停兵。此后如再有抗令开衅情事，定当严行声讨，以肃国纪。"这条命令可以说是混淆视听，将龙济光说成是守土有责，而把李烈钧说成违反国纪，意在为各地军阀会剿李烈钧寻找到合适的借口。段祺瑞是以中央的威信向李烈钧摊牌，如果李烈钧再次违抗他的命令，他就号召全国共剿李烈钧。他的如意算盘打得好，但此时陆荣廷已经带兵到了肇庆，李烈钧的滇军无意继续攻击龙济光，陆荣廷却是想尽快吞下广东这块肥肉。

8月17日，李烈钧通电解除职务，在广东境内的滇军交由张开儒、方声涛两位师长统辖。20日，谭延闿正式就任湖南省长兼署督军，湖南的局势暂时稳定。22日，李烈钧和滇军告别，于27日到肇庆会晤陆荣廷后取道香港去了上海。李烈钧离开广东以后，陆荣廷则在肇庆装病，指挥桂军继续逼迫龙济光尽快离开广东。25 日，萨镇冰抵达广州，和广东省长朱庆澜调停广东的局势，但陆荣廷依然以养病为借口待在肇庆，龙济光知道自己已经没有选择的余地，于是在讨到饷款后退到琼州（今海南岛）。而陆荣廷则担心形势有变，一直拖到当年的 10 月才在肇庆就任广东督军。

广东和湖南的事情算是暂时解决了，但总统府和国务院却依然在为这件事争吵不休。其实徐树铮这个人，不仅袁世凯，连黎元洪也不喜欢，徐树铮有才气有能力，但却有个最大的缺点，就是跋扈。当时段祺瑞提议由徐树铮出任国务院秘书长，黎元洪就很不满意，张国淦知道黎元洪的心思，只好去请教徐世昌，徐世昌恐怕黎元洪、段祺瑞闹僵，就奉劝黎元洪："我以为你一万件事都可以不依从他，这一件非依从他不可，不要怕树铮跋扈，芝泉已经够跋扈的了，多一个跋扈也差不了多少。"黎元洪自然知道段祺瑞离不开徐树铮，虽然同意徐树铮为国务院秘书长，但规定国务院秘书长会见总统时须和总统府秘书长同时入见。

时任总统府秘书长的是张国淦，张国淦素来以擅长调和矛盾著称，有他在身边，黎元洪多少有些底气。但即便如此，徐树铮对黎元洪依然没有任何尊敬，只是将这个总统当成盖公章签字的摆设，黎元洪有时问起某一件公务的时候，徐树铮往往很不耐烦，说："现在是责任内阁制，有总理负责，总统不必多问。"哪知道徐树铮的脾气过丁骄横，连老好人张国淦也没有办法忍受，辞去了总统府秘书长的职务，而改由丁世峄继任。

丁世峄和张国淦不同，他性格坚韧，对徐树铮绝不轻易让步，提出国务院办事手续草案，建议"大总统得出席阁议发表意见，但不得参加表决；大总统对国务自由行使其职权。如用人不同意，得拒绝盖印。阁员应随时向总统面商要政，国务会议前须将议事日程呈报，会议后须将议事纪录呈阅"。丁世峄到黎元洪的身边之后，黎元洪的幕僚哈汉章、金永炎、黎澍、蒋作宾等很快也围聚到他的身边，段祺瑞非常恼怒，于是徐世昌再度出面调和，才使得段祺瑞做出稍许让步。经过徐世昌周旋，黎元洪和段祺瑞最终明确了府院各自的职权，将府院职权划分开来。

但是这样一来，国务院的大权几乎都集中在了徐树铮一个人的手里，不仅孙洪伊对此不满，其他阁员也非常不满。不久，在任命郭宗熙为吉林省长和查办福建省长胡瑞霖案的时候，徐树铮又只是得到段祺瑞的同意，在没有经过阁议，也没有主管内务总长副署的情况下擅自做主，以国务院的名义咨复国会。孙洪伊随即在阁议席叱问徐树铮与段祺瑞，并于 8 月 30 日辞去内务总长的职务。段祺瑞派许世英挽留孙洪伊，同时对内阁办事程序进行了调整。

（三）

10 月 1 日，黎元洪在总统府召见孙洪伊，在这次交谈中，黎元洪和丁世峄拉近了孙洪伊与总统府之间的距离。没有多久，祝书元等二十八人到平政院提出控诉，原因是孙洪伊当初在裁汰内务部员司时，对他们的裁汰不符合文官任免休职条件，平政院决定受理祝书元等人的控诉，并要求孙洪伊五天内给出答复。孙洪伊则认为平政院是当初袁世凯设立的，平政院的存在本身就和旧《约法》的规定不符，所以对平政院的要求置之不理，10 月 7 日，平政院裁定内务部非法，取消内务部做出的一切任免令，并且向大总统呈请执行。孙洪伊站出来怒斥平政院是非法机构，和平政院发生了激烈争执。

孙洪伊和平政院各自代表的府院力量针锋相对，而徐树铮与丁世峄也是互不相让。10 日，黎元洪选择"双十节"这天，因为共和重建，特颁发大批授勋令，首授孙中山大勋位，蔡锷、唐继尧、陆荣廷、梁启超、黄兴、岑春煊六人以勋一位，段祺瑞、王士珍、冯国璋三人以一等大绶宝光嘉禾章……这次授勋所颁发的勋章之多，几乎到了数不胜数的地步，除了西南护国军和北洋系的各地军阀，甚至连前清的很多遗老遗少也得以授勋。黎元洪这次大肆授勋，一来为了主动缓和府院之间的紧张关系，二来希望拉拢各派势力。

但花样繁多的勋章并没有换来府院的和平，反而从阁潮演变为了政潮。18 日，徐树铮忽然拿着"孙洪伊着即免职"的命令来找黎元洪盖章，黎元洪看到这个命令骇然不已，说什么也不肯盖章。此后徐树铮一连到总统府四次，最后一次甚至公然宣称，如果黎元洪不盖章，他就不允许孙洪伊出席国务会议。黎元洪此时愤懑难平，不管徐树铮如何威胁恫吓，始终没有盖章。这件事随即引发府院之间的巨大争议，国会议员王玉树认为要罢免一个总长，应该由国会提出弹劾，而不该由国务院总理独断专行。

24 日，段祺瑞亲自来到总统府，请黎元洪在给孙洪伊免职的命令上盖章，但黎元洪仍然拒绝。眼见双方相持不下，黎元洪的幕僚出了个主意，既然双方都不让步，不如去把隐居的徐世昌请到北京来组阁以代替段祺瑞。黎元洪的幕僚们认为，段祺瑞的资本是北洋系，徐世昌的威望在北洋系中远高于段祺瑞，加上"辫帅"张勋又与徐世昌关系好。当时已经过了好长时间憋屈日子的黎元洪，完全给幕僚们想当然的想法忽悠住了，竟然想到派王士珍去请出徐世昌。

徐世昌和王士珍这两个不太服老的北洋老人，就这样又被黎元洪架上了神坛。徐世昌是多么精明的人物，他虽然拉不下面子被王士珍接进了北京，但对眼前的局势再清楚不过。

11月16日他抵达北京之后就住进了五条胡同，黎元洪来拜见徐世昌，也给他糊弄过去。但黎元洪的幕僚们显然还没有明白他们的处境，丁世峄甚至认为"半推半就是人之常情，徐世昌不会爽爽快快地表示自己愿意做总理"，于是，他们不顾黎元洪的反对，悄悄给当时在江苏督军的副总统冯国璋发去电文，假造"菊老已允出山"，请冯国璋发电捧场。

丁世峄的这招棋算是彻底走错了，袁世凯去世以后，冯国璋本来以为段祺瑞是要当总统的，结果段祺瑞将大总统的位置交给黎元洪，将副总统的位置交给了他，一下子让他的官衔超过了段祺瑞。虽说平常冯国璋对段祺瑞超过他有些不甘心，但是段祺瑞一抬举他，还真让他有点儿局促，正想着找个机会应酬一下段祺瑞，就碰上了丁世峄发来的电报。徐世昌有多少斤两冯国璋自然心知肚明，他急忙回了一封电报，希望内阁仍然保持原状，意思就是老徐别折腾了，还是让老段来吧！

黎元洪和他的幕僚们这可傻了眼、慌了神，这回倒是徐世昌淡定下来。17日，徐世昌到总统府提出兼顾府院双方威信的办法，就是同时将孙洪伊、徐树铮两个人免职，推荐老好人张国淦再次出山。结果这一次，段祺瑞倒是给了徐世昌一个面子，同时也为了维护自己的威信，让徐树铮和孙洪伊双双去职。

但是1917年的1月14日，步军统领江朝宗突然派兵到羊肉胡同孙洪伊的宅院里进行搜查，说孙洪伊的家里藏有"危险分子"八人，还有"阴蓄死士进行暗杀"的嫌疑，段祺瑞和徐树铮到底没有打算放过孙洪伊，一根筋的孙洪伊吓破了胆，急忙收拾家当逃往南京向冯国璋寻求庇护。

四、掺和一战：向日借款对德绝交

德国和近代中国的关系是非常亲密的，李鸿章在德国与"铁血宰相"俾斯麦会晤之后，大批的德国军官涌入中国，可以说中国近代的军事改革与德国有着密不可分的关系。1914 年，第一次世界大战全面爆发，由于主要战场在欧洲，所以被时人称为"欧战"。因为中德两国自清末以来的特殊关系，虽然当时中国并没有参与欧战，但很多人也都是站在德国所代表的同盟国一方。直到随着第一次世界大战的发展，美国、日本等中立国家相继卷入，作为远东重要国家的中国必将面临抉择。

（一）

1917 年 2 月 3 日，美国正式宣布与德国中断外交关系，第二天美国照会各中立国政府，欢迎中立国和美国采取一致的行动。美国驻华大使芮恩施也是极力劝告中国政府响应美国的号召，加强中美合作关系，抵制日本的入侵，从而在战后国际和平会议上取得发言权。但是段祺瑞却是亲德的，他平常吃西药也只吃德国药，每当论及欧战的局势，更是坚信德国陆军必胜。不过当时日本的大隈内阁倒台，新上台的首相寺内鼓吹日中"亲善"，与段祺瑞走得很近。段祺瑞既然与日本关系亲近，而日本也已经向德国宣战，因此在 2 月 7 日，段祺瑞以国务院名义致电驻日公使章宗祥询问若中国对德绝交日本政府的态度，章宗祥回复：日本外相本野表示不反对中国对德绝交。

虽然段祺瑞支持对德绝交，但徐树铮和梁启超却是极端的亲德派，国会议员则大多同情协约国，抨击德国的黩武政策。但是荒诞的一幕在这个时候出现了，段祺瑞原本反对对德绝交，而黎元洪则支持对德绝交，待到段祺瑞站到支持的一方时，刻意要和段祺瑞唱反调的黎元洪却站起来反对对德绝交。

段祺瑞和黎元洪还分别就对德问题密电各省军政大员及全国名流征求意见，结果得到的答复多是反对对德绝交，北洋系的冯国璋、张勋、倪嗣冲、王占元等坚持中立反对对德绝交，孙中山、唐绍仪、章炳麟、康有为、马君武等名流也认为应该坚决中立。中国政府为了答复美国的照会，专门由外交部向美国公使芮恩施询问，于2月8日得到"美国必将设法援助中国，使中国能负起对德绝交的责任，而不致影响中国对于军事设备及一般行政的统制权"的回复。9日，段祺瑞内阁阁议通过，中国政府向德国致送通牒，要求德国取消潜艇政策，否则中国将和德国绝交，同时，又向美国公使发出照会，声明中国将和美国采取一致行动。对中国政府的反应，日本外相本野在支持之余也表示有些遗憾，因为中国之所以考虑对德绝交，是受到美国的影响而非日本。

尽管如此，国会对是否对德绝交依然争执不下，议员李肇甫赞成绝交，马君武则持反对意见，双方为此甚至险些大打出手。双方都很难说服对方，只好电请在南京的副总统冯国璋北上。冯国璋原本是亲德的，但因为张国淦再三劝说，并多次强调对德绝交的有利之处，使得冯国璋逐渐转变为赞成对德绝交。在北上途中，冯国璋先是在津浦路上会见了亲德的倪嗣冲、张勋和张怀芝，在22日抵达天津时，亲德的朱家宝又上车陪送到黄村。

冯国璋于1917年2月22日晚抵达北京，北京政府为欢迎他举行了盛大的欢迎仪式，总统黎元洪邀请冯国璋到总统府下榻，但冯国璋怕引起段祺瑞和其他北洋系将领的误会，执意下榻禁卫军司令部，于是，黎元洪只好到禁卫军司令部答拜。24日，自美国公使馆传来秘密消息，说英国截获了一封德国外交大臣发给德国驻墨西哥大使的秘密电报，电报上称，如果墨西哥站到同盟国一方并且对美国宣战，德国将会协助墨西哥，将美国西南部还给墨西哥。消息传来，美国与德国的关系更为紧张，第一次世界大战的局势也变得更为复杂。这件事对冯国璋的影响也非常大，使得他在对德问题上的主张又再次偏向赞成对德绝交。

到了这个时候，黎元洪的幕僚们终于意识到形势不容乐观，即便是丁世峄也不得不承认，所谓的资历在政治上根本没有多大用处，实力才决定谁说话算数。此时，段祺瑞依然对黎元洪方面责令徐树铮去职耿耿于怀，既然国务院秘书长去职，总统府秘书长丁世峰也必须去职，偏偏在这个时候，张勋发来一封电报痛斥丁世峰，徐世昌、王士珍和冯国璋表示出对此事不闻不问的态度，识趣的丁世峰只好退出总统府，25日由夏寿康继任秘书长。

当天晚上，冯国璋在五条胡同徐世昌的私邸里和北洋系巨头徐世昌、段祺瑞、王士珍进行了会晤，这是北洋系内部的一次重要碰头会议，徐世昌和王士珍当时已经毫无实权，所以只是充当中间人，冯国璋当时态度虽然出现动摇，但是已经渐渐倾向于赞成对德绝交。但是经过会谈之后，发现段祺瑞和黎元洪的意见处于两个极端，于是他便没有发表意见，只是说他进京只是为了疏通府院矛盾，对德问题也只是研究研究不下定论。冯国璋摆出一副高深莫测的模样，而段祺瑞却多了一个意想不到的盟友，那就是之前和段祺瑞一样亲德的梁启超。梁启超变成反德派之后，甚至自我解嘲说自己是不惜"以今日之我与昨日之我"宣战，以至于招致他的老师康有为发函谴责。

（二）

冯国璋就对德问题并没有表态，但其实就等于是表了态，对黎元洪一方来说，他本来寄希望于冯国璋，因为冯国璋是当时除段祺瑞以外北洋系中的第二号实力派人物，他若是表态反对对德绝交，段祺瑞必然有所顾忌。可如今冯国璋不表态，首先证明段祺瑞的影响力已经完全凌驾于北洋旧人徐世昌、王士珍、冯国璋之上，其次也侧面说明冯国璋如今也可能已经站到支持对德绝交的一方。同时，德国驻华公使辛慈也在中国拼命活动，三番五次向冯国璋发出邀请，请他到德国公使馆赴宴，但冯国璋均予以婉拒，这更让黎元洪意识到，冯国璋已经转向支持对德绝交。

1917 年 2 月 28 日，段祺瑞命令陆徵祥以总理代表名义与驻京的协约国公使商谈中国参战后的权利与义务。在权利方面，段祺瑞提出逐步提高关税、缓付庚子赔款、废止《辛丑条约》中部分内容等；在义务方面则根据日本政府的指示，提出不会向欧洲派兵，但是会提供原料及劳工给协约国。英、俄、法、日、比、意、葡七国公使进行了会谈后，公推法、比两国公使为代表回复陆徵祥，各国表示对中国政府所提出的各条款均持赞同意见，具体办法另行研究，并催促中国政府尽快对德宣战。同时，日本政府则派专门代表会晤中国在野人士徐世昌、梁启超等，鼓动中国尽快对德宣战。另外一方面，日本寺内首相的"私人代表"西原龟三也与段祺瑞方面秘密协商"经济援助"。

3月1日，就对德绝交问题，段祺瑞及内阁所有成员在总统府举行最高国务会议，在会议上黎元洪提出这个问题需交由国会讨论才能确定。于是，段祺瑞在2日以国务院总理身份邀请参众两院议长和国会中各政党领袖进行座谈，此前因为嚣张跋扈在国会中颇多非议的段祺瑞，这次非常难得地依靠自己有理有据的发言取得了议员的支持。3日，国会通过对德绝交的法案，并草拟出致日本政府的节略，交由驻日公使章宗祥交给日本政府，但是这个电稿呈到总统府以后，却被黎元洪搁置下来。4日，段祺瑞带着内阁成员到总统府，请黎元洪在政府向国会提出对德绝交案的咨文上盖章，同时请黎元洪将给驻日公使的电报发出。

之前段祺瑞做事跋扈惯了，尤其是徐树铮在的时候完全不把国会放在眼里，很多草案在国会通过时都是磕磕绊绊。黎元洪主动提出把对德绝交案交由国会审理，哪里知道国会居然通过了段祺瑞的提案，本来总是把"国会"放在嘴边的黎元洪，这一回没有办法，只好把段祺瑞最爱念叨的军人放到嘴边，表示"各省军人都反对对德宣战，对德绝交就是宣战的先声，应当先统一全国军人的意见，然后才能决定"。以前总是攻击段祺瑞的阁员们，这一次把怒火对准了黎元洪，教育总长范源濂甚至拍着桌子说："总统虽有特权，责任则在内阁。总统既不对国会负责，又可推翻内阁的决议案，这样的总统，简直像专制皇帝一样了。"早已按捺不住的段祺瑞，更是直接提出辞职，随即带着全体阁员退出总统府。

段祺瑞没有通知任何人，在当天晚上就要乘坐专车离开北京，正在出席陆军军官欢迎会的冯国璋扔下碗筷直奔火车站。冯国璋到底是老大哥，他劝段祺瑞不要负气，要以大局为重，但段祺瑞此时对黎元洪的忍耐已经到了极致，他说黎元洪"这个人太不好共事了，他口口声声说宣战和媾和是大总统的特权，殊不知今天是责任内阁制，总统既然有特权，内阁还有什么事情可做，我何必还要尸位素餐呢"。段祺瑞哪里听得进冯国璋的劝告，一意孤行地坐火车去了天津，随后下榻在意大利租界段芝贵的私邸。

当时总统府秘书长是夏寿康，但他却对府院之事不多过问，总统的要务多是由黎元洪的幕僚哈汉章、金永炎、蒋作宾、黎澍等做主，这些人和丁世峄一样，都是读书人出身，对政治有想当然的想法。对他们来说，段祺瑞离京正中下怀，因此便给黎元洪献计请徐世昌和王士珍出来继任内阁总理。当初徐世昌和王士珍不组阁，是因为段祺瑞在，他们不敢，现在段祺瑞主动离开不正好给他们机会了吗？想来自古读书人做事，都是想当然的纸上谈兵，其实，枪杆子握在谁的手里谁才有说话的资本。黎元洪厌烦段祺瑞已久，不想让他回京，但是时人心里都清楚段祺瑞在中国的影响力，国务院总理那把椅子看着诱人，实则荆棘横生，黎元洪就是用八抬大轿来请也没有人敢坐上去。

（三）

1917 年 3 月 5 日，直隶省长朱家宝向冯国璋告密，说段祺瑞已经拟好了辞职出京的通电，准备把府院之争摆到桌面上交由北洋系军人来评论。段祺瑞的通电还没有发出，各省军阀获悉段祺瑞辞职离京的情形后，纷纷致电北京极力挽留段祺瑞。总统府的那些书呆子幕僚完全傻了眼，黎元洪不得已请来冯国璋、徐世昌和王士珍讨论政局，黎元洪的气焰完全没有了，他转而请求冯国璋亲赴天津劝段祺瑞回京。于是，冯国璋连夜坐专车抵达天津找到段祺瑞，告诉他"只要国会能通过对德绝交案，总统当会依法执行，决不会加以干涉"。

冯国璋和段祺瑞在第二天一起回到北京，冯国璋到总统府向黎元洪报告任务完成，而段祺瑞则径直回到府学胡同的私邸。

7 日，段祺瑞回到国务院办公，头一件事便是发出致章宗祥的电报，下午在冯国璋的陪同下到总统府见黎元洪。见面时段祺瑞和黎元洪都是一脸严肃，段祺瑞详述对德绝交有利于中国的理由时，黎元洪也始终只是听着，却未置一词。

10 日，段祺瑞出席众议院，正式提出对政府外交政策的信任案，众议院以 331 票对 87 票表决通过。

11 日，段祺瑞又出席参议院，参议院以 158 票对 35 票表决通过。参议院做出表决的当天，在北京被府院之争搅得心灰意懒的冯国璋离京南返。

14 日，北京政府正式公告和德国断绝外交关系，并且发布外交照会，黎元洪同时布告全国。在对德绝交以后，中国政府随即收回天津和汉口的德国租界，解除中国境内的德军武装，并且停付德国赔款和欠款。

所谓"君子绝交不出恶声"，在对德国侨民的问题上，中国政府依然秉承友好的态度，除了继续留用在中国各部门中服务的德国人，各地的德国商人依然照常经营，德国传教士也可以照常进行宗教活动。德国公使辛慈回国时，黎元洪还专门送给他很多礼物。

政府宣布对德绝交之后，梁启超率先发表《绝交后之紧急问题》一文，但是问题还没有结束，虽然府院之争以黎元洪的妥协宣告结束，但当时各地反对对德绝交的还大有人在。自清末以来，中国军事教育深受德国的影响，很多中国人心中早已经烙刻下"德国陆军天下无敌"的思想，康有为获悉对德宣战之后，就效仿伍子胥发出"请悬吾目于国门，以视德舰之入"的悲观感叹。

11 日，回到南京的冯国璋发电反对参战，段祺瑞随即电问冯国璋为何出尔反尔，原来，这封电文居然是冯国璋新聘秘书伍宪子拟稿发出的，而伍宪子则是康有为的门生，为了怂恿冯国璋反对参战，在康有为的指使下竟然擅自以冯国璋的名义发出了电报。不过，随后反对参战的电报则不断涌入北京，14 日张勋寒电，16 日王占元谏电，不久上海商界联合会也通电反对参战，全国各地商会纷纷响应。

当时的人都知道，绝交不过个开始，绝交就等于站到了协约国一方，对德宣战恐怕也是早晚的事。对军人们来说，他们很珍惜自己在地方上的军事力量，也不愿远涉重洋去和"天下无敌"的德国陆军作战，那等于是自讨苦吃；至于社会各界，则是自来受到舆论影响，只知道德国陆军多么厉害，就像是玉皇大帝的天兵天将一般神勇，更兼鸦片战争以来也实在是给外国军舰打怕了，因此极力反对对德宣战。黎元洪也坚持认为对德问题只能到绝交为止，坚决反对宣战，而北洋系的元老徐世昌、王士珍也认为对德宣战太过冒险，唯有梁启超坚持对德宣战。其实此时的府院之争虽然已经不在明面上，但更加胶着，总统府幕僚哈汉章极力怂恿黎元洪联合冯国璋压制段祺瑞，蒋作宾则与当时新近崛起的张作霖有密电往来。

22 日，广东督军陆荣廷应邀入京，他也是护国战争之后西南派遣入京的第一个军人，所引发的轰动不亚于冯国璋入京。他先是在南京见过冯国璋，又于 24 日经过蚌埠时会见了倪嗣冲，倪嗣冲陪他到徐州会晤张勋。张勋与陆荣廷早年曾在苏元春的营中共事，与陆荣廷交好多年，亲自到车站来迎接这位西南军事大员。三人在徐州巡阅使署大花厅摆宴，席间倪嗣冲再次提到反对对德宣战，但被陆荣廷敷衍过去。

28 日，陆荣廷抵达北京，先后与黎元洪和段祺瑞见面，随后于 29 日到紫禁城会见末代皇帝溥仪。

但是，陆荣廷一到北京就表示"不贪名、不贪利、不争权位、不要地盘"，做好了"解甲归田"的准备，并且极力推荐部下陈炳焜、谭浩明继任广东、广西两省督军，同时示意北京政府能尽快撤换广东省长朱庆澜。为了拉拢陆荣廷，北京政府随即于 4 月 10 日发布任命陆荣廷为两广巡阅使，并任命陈炳焜为广东省督军，谭浩明为广西省督军。利用府院之争讨到便宜的陆荣廷不欲继续蹚北京的浑水，随即没有和任何人告别便悄然南返。

五、张勋进京：徐树铮围魏救赵

在陆荣廷被封为两广巡阅使以后，北洋政府就有了两位巡阅使，另外一位就是长江巡阅使张勋。武昌起义爆发以后，张勋被清政府授为江苏巡抚兼署两江总督、南洋大臣，为表示忠于清廷，他本人及其所部都留着辫子，他被称为"辫帅"，所部定武军则被称为"辫子军"。后来到袁世凯称帝，张勋虽然极力拥护，但却仍然表示忠于清廷。但因为他不属于北洋系嫡系，所以不管是袁世凯还是段祺瑞都利用他来制衡其他北洋系将领。但是和陆荣廷不同的是，陆荣廷是陈兵两广握有实权，张勋虽名为长江巡阅使，但在冯国璋眼前也不敢太过造次。

（一）

1917 年 4 月 6 日，美国正式对德宣战，至此第一次世界大战的形势愈发明朗。12 日，日、美两国公使先后照会中国政府，声明中国如因为对德宣战引发内战，愿意借款给中国政府进行援助。此时的段祺瑞已经下定决心对德宣战，他对黎元洪和国会中反对参战的声音毫不重视，所虑的仅是北洋系以及北洋系附属军将领们的意见。因此，段祺瑞在 4 月中旬急电召集各省督军进京讨论外交问题，因故不能进京的督军务须派全权代表参加。段祺瑞本意是想把冯国璋、张勋和陆荣廷请到北京来，冯国璋是北洋系中的第二号人物，张勋是北洋系附属军将领中的实力派，陆荣廷则可以代表西南派，但是这三个人都不愿卷进北京的政治旋涡里，纷纷装病拒绝会晤段祺瑞的代表靳云鹏。

第一个赶到北京的北洋系将领是倪嗣冲，倪嗣冲从蚌埠动身的时候就声明自己反对对德宣战，途经天津时甚至骂主张对德宣战的梁启超是"亡国文妖"，使得黎元洪对"倪大炮"也刮目相看。可是等倪嗣冲到了北京，黎元洪才看清楚倪嗣冲的真正目的：倪嗣冲之所以顺从黎元洪，是想保举兄弟倪毓棻为陆军中将，保举儿子倪幼忱为陆军少将。感情受到欺骗的黎元洪怒不可遏，把倪嗣冲骂出了总统府。在总统府碰了钉子的倪嗣冲只好去见段祺瑞，倪嗣冲是安徽人，与段祺瑞同属皖系，本以为段祺瑞会因为他亲近黎元洪而心生恼恨，哪知道段祺瑞态度和蔼地接见了倪嗣冲。于是，这位曾到处鼓吹反对参战的北洋系军阀，摇身一变成了支持参战的急先锋，并且为支持参战到处疾呼。

倪嗣冲抵达北京后不久，山西督军阎锡山、河南督军赵倜、山东督军张怀芝、江西督军李纯、湖北督军王占元、福建督军李厚基、吉林督军孟恩远、直隶督军曹锟、察哈尔都统田中玉、绥远都统蒋雁行等先后应召入京，不能入京的其他督军亦委派代表列席。4月25日，军事会议开幕，出席和列席的督军、督军代表二十余人，海军总长程璧光和陆军训练总监张绍曾也都应邀参加。段祺瑞亲自主持会议，声明此次会议主要要讨论军制和外交问题，随即拿出写有"赞成总理外交政策"八个字的签名单请各省督军和代表签名。其实各省的督军在开会之前就已经私下沟通过，只要不让他们带兵出去远征，他们自然愿意站到段祺瑞一边支持对德宣战，随即一致签名。至于统一军制问题，需要规定军官标准和裁军节饷等，督军们自然不愿意，段祺瑞也不勉强，也就不了了之了。

段祺瑞在笼络着各地督军，黎元洪也不想落下，而此时依然坚持反对对德宣战的地方军阀首推张勋。当时正值财政总长陈锦涛因受贿被免职，黎元洪就提议由袁世凯"嵩山四友"之一的李经羲继任财务总长。黎元洪之所以看中李经羲，就是因为李经羲是李鸿章的侄儿，与淮军系统有着历史关系，尤其与张勋关系笃深。黎元洪提议李经羲继任财务总长还有另一层意思，当年他把徐世昌和王士珍请出山，本意是想让他们两个人替代段祺瑞，但两个人都不敢接受，李经羲虽然和北洋系关系泛泛，但在淮军中却有着极高地位。北洋系中很多将领也都是淮军出身，请出这位有实力的老官僚入阁，黎元洪也是希望有朝一日可以让李经羲组阁代替段祺瑞。27日，众议院通过黎元洪的提案，确定由李经羲出任财政总长。

5月1日，国务会议正在举行的时候，二十多个督军和督军代表突然闯入要求参加会议，议员们就在督军团的威逼利诱之下通过了对德宣战的提案。4日，对德宣战案提交国会，但国会各党派意见不一。当日，段祺瑞请各督军在迎宾馆疏通议员，以王占元、张怀芝、孟恩远、李厚基、曹锟、赵倜、阎锡山、倪嗣冲及各省督军代表的名义邀请两院全体议员赴迎宾馆举行招待会。各督军在招待会后又集体前往总统府见黎元洪，想利用督军团的联合声势威慑住黎元洪，但是黎元洪到底是一国元首，他和督军团争吵一番不欢而散。

接连几天，国会始终没有就对德宣战案达成一致，段祺瑞是承袭袁世凯衣钵逐渐在北洋系中树立权威的，袁世凯惯用的手法就是武力威胁和伪造民意，这自然也是段祺瑞的拿手好戏。8日，北京城忽然出现了很多古怪的队伍，他们手拿白布小旗，自称是"五族公民""陆海军人代表"等，在象坊桥附近一带活动。"公民团"成员则包括北京城里的军人和警察，还有乞丐、杠夫和无业游民。众议院的议员被围困了十个小时，最终才在段祺瑞的帮助下离开，但对德宣战案仍无结果。

（二）

1917年5月18日，北京英文《京报》将中日商讨借款的秘密消息登出，原本日本准备借给中国一万万日元，以聘用日本技师和管理人员主持中国军火工业、聘用日本武官训练中国参战军为交换条件。就在同时，孙中山、唐绍仪、岑春煊等人从上海发来电报，要求严惩威胁国会的暴徒，孙中山更是以个人名义电请国会否决对德宣战案，给予段祺瑞内阁沉重打击。

19日众议院再度开会，诸多议员均表达对内阁的不满，自此国会与段祺瑞变得势不两立。督军团担心段祺瑞垮台会使北洋系陷入困境，于是联名请总统提交国会改正宪法草案，如果国会拒绝改正，则呈请总统解散国会，并且声称如总统不解散国会，各督军就会集体辞职，届时将对地方治安不负任何责任。20日，黎元洪邀请国会中的政学会领袖谷钟秀、研究会领袖汤化龙、益友社领袖吴景濂、政余俱乐部领袖王正廷等到总统府谈话，并且表示如果督军团一定要他解散国会，他将会秉承"不违法，不盖印，不怕死"的主意绝不更改。21日，黎元洪召唤督军团呈文上签名居首的孟恩远到总统府谈话，表示坚决不会解散国会，孟恩远离开总统府后，即通知各督军在段祺瑞私邸内开会，各督军商定即刻回到防地以对抗黎元洪。

此时的段祺瑞已经走到了穷途末路，社会各界要求解散段内阁的声音越来越高涨，但是段祺瑞依然希望能够留任。在23日，他派出精于应酬的张国淦到总统府找黎元洪周旋，岂知黎元洪的幕僚金永炎竟然持枪威胁张国淦，要他不得为段祺瑞说话。当天，黎元洪下令免去段祺瑞的国务总理兼陆军总长职务。说起段祺瑞与黎元洪的恩怨其实本有多次峰回路转的契机，但段祺瑞当时携北洋系声势，为人又骄横不肯轻易低头，而黎元洪则完全坏在他的几个幕僚身上。

黎元洪的四大幕僚丁世峄、金永炎、哈汉章、黎澍，后来被皖系称为"黎幕四凶"，虽为幕僚其实都是有勇无谋之辈，黎元洪当时既无势力也无兵力，他的幕僚们却拿个总统的虚名当令箭，以黎元洪孤身一人对抗北洋系，完全就是在帮倒忙。

段祺瑞知道黎元洪决心已下，便于当日乘车前往天津，但临行前还是给黎元洪留了一个伏笔，说总统是以非法手段免去他的总理职务，"将来地方及国家因此生何影响，祺瑞一概不能负责"。段祺瑞离开北京以后，黎元洪却没有办法坐稳自己的位置，因为北洋军还围绕在段祺瑞的身边。这时候，黎元洪那几位"成事不足，败事有余"的幕僚又出了个鬼点子，之前不是拉拢来了李经羲嘛！可以请他去拉拢"辫帅"张勋。其实，张勋对李经羲根本不感冒，他之所以没有跟督军团北上是因为他自视为督军团的盟主，不愿意来充当段祺瑞的马前卒，再一个就是他也在寻找复辟的机会。

逊清以来张勋一直都留着辫子，也从来没有放弃过筹划复辟。张勋对清帝复辟的信心，源于一个叫潘博的大忽悠。这位仁兄是康有为的高足，先是张勋的机要秘书，后担任冯国璋的记室，并且向冯国璋推荐另一位鼓吹复辟的人士胡嗣瑗担任江苏军署的秘书长。还是1916年的时候，陆荣廷的儿子陆裕勋被袁世凯毒死，潘博到南宁吊丧，在陆荣廷面前捏造冯国璋支持清帝复辟，陆荣廷虽然反对复辟，但是却没有任何表示。结果潘博就跑到徐州告诉张勋：陆荣廷赞成复辟。后来张勋见到陆荣廷也多方试探，陆荣廷的确没有表示反对，张勋就以为陆荣廷的沉默就是赞同。后来当督军团进京时，张勋又致电冯国璋探听虚实，哪知道冯国璋素来不大过问公事，就交给胡嗣瑗全权处理，而胡嗣瑗在潘博的授意下就杜撰了一封冯国璋同意清帝复辟的电报回复张勋。

但是，更大的陷阱还在后面，话说还是23日，倪嗣冲、张怀芝、李厚基等一部分军阀乘坐专车抵达徐州，参加由张勋召开的徐州会议，段祺瑞也派出了心腹徐树铮参会。张勋并不太重视段祺瑞，因为段祺瑞并无直接兵权，但段祺瑞在北洋系中的威望却是他不能相比的。张勋便专门会见徐树铮，想从他的口中窥探段祺瑞对复辟的意思，徐树铮告诉张勋，段祺瑞只要将黎元洪赶出北京，至于用什么方法并不在意。志得意满的张勋完全不知道，他是被所有人蒙在鼓里了，其时段祺瑞是众矢之的，正面临全国各界人士的口诛笔伐，此际最重要的就是转移众人的注意力，段祺瑞一方正愁找不到一个冤大头的时候，张勋傻呵呵地站了出来。

（三）

徐州会议开完之后的第二天，也就是 1917 年 5 月 24 日，张勋致电黎元洪，伪装出一副关怀黎元洪的模样，字里行间都透出愿意出面调解黎元洪和督军团关系的意思。这个时候北洋系的元老徐世昌和王士珍都不愿意得罪段祺瑞，黎元洪的幕僚们意识到张勋可能为己所用，就提议由李经羲组阁，借此拉拢张勋。但包括冯国璋在内的多数北洋系军阀却希望王士珍组阁，虽然有黎元洪和督军团的支持，但老谋深算的王士珍实在无意卷入北京的是非，他于 26 日通电表示支持李经羲组阁。27 日，众议院通过李经羲组阁案，28 日，参议院也通过李经羲组阁案。李经羲此时正在北戴河，他自然知道黎元洪和国会把他捧出来组阁的原因，于是致电张勋，张勋给李经羲的回复是"苍生霖雨，允符众望"。

黎元洪任命李经羲为国务院总理的命令发出以后，王士珍专门致电北洋派各督军，希望他们能够支持李经羲组阁，随后以冯国璋为首的直系军阀都对李经羲组阁致贺。但北洋系其他地方的督军就没有直系军阀这么配合了，皖系军阀倪嗣冲首先于 29 日宣布独立，然后河南、浙江、山东、山西、福建、陕西、奉天等省纷纷响应，先后宣布独立，李经羲哪里还敢到北京组阁？一会儿说要在北戴河避暑，一会儿又举荐王士珍组阁，躲在天津租界就是不敢出来。而张勋此时在幕后左右局势，他一边任由各省督军宣布独立，一边致电在天津的段祺瑞，公然用命令的口吻表示"不得于通常名目之外另立名目"。

支持李经羲组阁的直系军阀，此时都纷纷表明自己是中间派。30 日，冯国璋在南京召开的军事会议上表态："我的地位是副总统，应当辅佐大总统，并且服从大总统的一切措施。各省反对中央，我已去电加以劝阻，劝阻无效，只有听候中央解决。"摆明了就是持旁观态度，把无兵无权的黎元洪晾在那里看热闹。只有介于北京与独立省份之间的曹锟选择独立，但曹锟虽名为独立，却并没有对黎元洪有激烈的反对，属于中立化的独立。各省督军在宣布独立以后，都迫不及待地开始驱逐各省的省长，陕西省长李根源首先被陈树藩软禁，山西省长孙发绪忙着讨好阎锡山可还是被赶了出来，李厚基甚至直接派兵把福建省长胡瑞霖押解上船，同时，宣布独立的各省都出现了任意扩充军队和扣留国税的现象。

西南各省则纷纷通电反对军人干政，反对解散国会，孙中山和李烈钧则电促西南六省兴师讨逆。但说好说，做却不容易做，西南六省当时冲突不断，孙中山和李烈钧手上又无直接兵权，只是雷声大雨点小。督军团方面则称独立其实是"兵谏"，如果黎元洪能够接受他们所提出的解散国会、改正宪法、组织健全内阁、摒斥"公府金壬"四个条件，即可以取消独立。但黎元洪此时已经是骑虎难下，李经羲不入京组阁，国会议员则纷纷出京避难，连他的幕僚哈汉章、金永炎、黎澍也在重压之下提出辞呈（没事的时候添乱，出事了就想拍拍屁股走人），连总统府秘书长夏寿康、副秘书长饶汉祥也都通电自请处分。软弱的黎元洪转身再去央求徐世昌和王士珍，两个人都闭门不出，万般无奈之下黎元洪只好求助于徐州的张勋，以总统身份邀请张勋入京调停。

6月7日，张勋通电独立各省，"挈队入都，共规长策。盼坚持原旨，一致进行。各省出发军队，均望暂屯原处，勿再进扎。勋抵京后，当即驰电筹备"，率领辫子军步、马、炮兵共10营约5000人及随员148人由徐州动身。黎元洪听说张勋带大队人马进京吓出一身冷汗，急忙电请徐世昌、李经羲劝告张勋"减从入京，以免京师人心恐慌"。8日，张勋抵达天津，对黎元洪派到天津来欢迎他的总统府秘书长夏寿康提出解散国会，并且限时三日，完全换了一副嘴脸。这下黎元洪可没有了主意，所谓"请神容易送神难"，急忙解散国会。张勋在到天津以后，接连会见当地的遗老遗少，张勋图谋复辟在天津已经成为公开的秘密。

更悲哀的是黎元洪一方，事已至此，黎元洪的幕僚们还是没有搞清楚孰轻孰重，他们甚至认为"宁可断送于张勋之手，不能让姓段的再来欺负总统"，这种想法实在是荒唐可笑。9日，张勋擅自派辫子军先头部队开进北京，进驻天坛和先农坛。14日下午3时，张勋偕同李经羲、张镇芳、段芝贵、雷震春等乘专车到北京，荒诞无比的复辟闹剧就此上演。

三 只手遮天

虽然皖系军阀的形成明显要比其他军阀来得早，但真正让皖系军阀抱成团还是在府院之争以后。府院之争给皖系的股东们带来了真正意义上的危机感，在这件事上，冯国璋的直系军阀和张作霖所属的奉系军阀虽然羽翼未丰，但却表现出了高于皖系的团队意识，彼此之间的照应更为紧密。度过短暂危机的皖系军阀们最终真正意义上站到了一起，但通过危机感而不是因为根本的团队意识走到一起的合作伙伴，往往也会因为危机感的过去，或者是更强的危机感的出现，从而在团队内部催生出更多的矛盾和问题，所以，危机感促成一个团队，往往也会毁掉一个团队。

序篇：再回内阁

张勋和袁世凯其实一样，都是民国初年的第一号悲剧人物。在那个追求国家进步的时代，各种意识都会出现，而他们两个所选择的却是一种倒退的意识。尤其是在张勋看来，洋枪洋炮固然好用，但洋思维却未必行得通，中国几千年的东西，不可能说没有了就没有了，老百姓信了几千年的"五百年必有王者兴"，会因为辛亥革命就湮灭啦？他把现代的军阀割据当成古代的乱世来看，把自己当成扫平乱世、匡扶王室的曹操，可悲的是，他不知不觉已经成为皖系卷土重来的炮灰，而他自己却浑然不知。

（一）

张勋抵达北京以后，黎元洪专门派丁槐、钮传善、方枢为代表，和北京军警长官江朝宗、陈光远、吴炳湘等一起到车站迎接，从前门车站到南河沿张宅，沿途以黄土铺道，军警警戒。张勋头戴镶有宝石的瓜皮小帽，脑后垂着大辫子，身穿套着佛陀金边玄色大马褂的纱袍，脚穿乌缎鞋，以不伦不类的形象进入北京城。1917年6月15日早晨，黎元洪又派夏寿康和钮传善到南河沿的张宅请张勋到总统府赴宴。

张勋于当天致电独立各省，要求"请即取消独立名义，其军队已出发者，即日调回原驻地点"，同日，王士珍、张勋、江朝宗三人又联名致函徐世昌和段祺瑞，请他们劝告独立各省取消独立。16日，张勋头戴红顶花翎，带着定武军的四个统领抵达神武门，随后换乘肩舆进入紫禁城，由紫禁城内务府总管世续导入养心殿见溥仪，张勋见到溥仪以后，行跪拜大礼，并且口称奴才恭叩圣安。溥仪赏张勋为紫禁城骑马，并且赏以古瓷及名画多件。

根据徐州会议商定，张勋是督军团的大盟主，但并不是说其他军阀真的钦佩或是慑服于他，因为大盟主这个称谓自他提出，其他人也不在乎，所以他想当便让他当了。说白了，张勋只是督军团的新闻发言人兼形象代言人，所谓的"大盟主"不过是个空头衔，但张勋入京以后，各省督军随即纷纷宣布取消独立，这更加让张勋产生了幻觉，自以为震慑住了其他军阀，就开始用"大盟主"的虚衔发号施令。张勋进京之后，李经羲正式组阁，名单包括：外交梁敦彦，内务袁乃宽，陆军雷震春，财政张镇芳，海军萨镇冰，教育蔡儒楷，农商李盛铎，司法钱能训，交通杨士琦。其中大部分都是洪宪帝制派和复辟派，北洋系各地的督军显然不满意这样的内阁，曹锟、张怀芝、张作霖、倪嗣冲就联名劝李经羲不要组阁，章炳麟更是指责李经羲"引寇入都，扰乱法纪，如崔胤之召朱温"。

督军团对内阁的意见让张勋也有些手足无措，于是他建议组成一个元老院以总揽国政，并拟定了一份"六巨头名单"，其中包括徐世昌、段祺瑞、冯国璋、王士珍、陆荣廷和自己。与此同时，张勋又联同王士珍发电疏通，17 日，冯国璋、田中玉等回电表示无异议，但倪嗣冲、张怀芝等皖系军阀却颇有微词，而两广更是宣布自主。但很快，大部分督军都不再激烈反对，皖系军阀则默契地降低了声势，李经羲以为时局已经趋于稳定，于是在 24 日任命王士珍为陆军总长兼参谋总长，萨镇冰为海军总长，程璧光为海军总司令，自兼财政总长，同时，将阁员名单进行调整，请赵尔巽出任内务总长，严修出任教育总长，张謇出任农商总长，汪大燮出任交通总长，汤化龙出任司法总长。但赵尔巽、严修都不愿意跳进火坑，李经羲不得已在 29 日改任江庸署理司法总长、李盛铎署理农商总长、龙建章署理交通总长。

不过在这一天，有一件大事迅速转移了人们对李经羲组阁的关注，那就是维新派领袖、保皇党党魁康有为出现在了北京。康有为本来在上海，忽然接到张勋来自北京的电报，随即剃去胡须、化装成农夫抵京。30 日晚上，张勋带着复辟派的陈宝琛、刘廷琛两人悄悄进入紫禁城，举行了一次"御前会议"，晚 11 点，张勋离开紫禁城前往迎宾馆参加宴会。在欣赏完梅兰芳的演出之后，他乘车回到私邸，随即命人邀请王士珍、江朝宗、陈光远和吴炳湘来商讨公事。此时步军统领江朝宗接连接到安定门和西直门守军打来电话，说辫子兵在叫城开门，他已然知道"复辟就在顷刻"，准备立即去报告黎元洪，但还没有来得及动身，张勋派来邀请他的士兵就已经到了门外。

7月1日早晨，警察到各家各户去拍门叫嚷，要求所有家庭必须悬挂龙旗，老百姓没有办法只好用纸糊旗子来应付。整个北京城就像是僵尸窝，许久不见的清朝袍褂出现在街上，遗老遗少们兴高采烈地奔走相告，报馆刊有复辟消息的号外比日报还要贵。张勋、康有为、瞿鸿禨、王士珍、江朝宗、吴炳湘、陈光远、刘廷琛、沈曾植、劳乃宣、阮忠枢、顾瑗、万绳栻等数十人合辞上奏请溥仪复辟，然后溥仪颁布了事先由康有为拟定的复位上谕，复辟宣布后即改五色旗为黄龙旗，官制仍照宣统元年官制。在复辟后的几天里，沉浸在复辟成功的喜悦中的保皇人士好好地忙了一阵，尤其是修改地方官吏名称，颁布各种法典，真是忙得不亦乐乎。

（二）

虽然是黎元洪把张勋导入北京，但张勋却从来没有重视过黎元洪，他觉得黎元洪过于软弱，成不了什么气候。所以在复辟之后，黎元洪的对外活动并没有受到什么限制。在复辟事变之后，黎元洪随即发出三通电报命各省迅疾出师讨贼，由幕僚金永炎持往上海派发。同时派总统府秘书覃寿坤将起用段祺瑞为国务院总理的命令送到天津，免去李经羲国务院总理一职，责成段祺瑞讨伐张勋，并让覃寿坤同时发出请冯国璋代行总统职权的通电。到1917年7月1日晚间，北京城就只剩下一个地方还悬挂着象征民国政权的五色旗，那就是黎元洪所在的总统府。

复辟成功之后，张勋在7月2日通知黎元洪，限其在24个小时内迁出总统府，并且指定王士珍、江朝宗为民国代表，梁鼎芬为清室代表，李庆璋为自己的代表，由他们前往总统府逼黎元洪退位，并且让黎元洪在拟好的奉还大政的奏折上签名盖章。众人到了总统府都不敢说话，只有梁鼎芬不停劝退，梁鼎芬是溥仪的老师、黎元洪的儿女亲家，也是死硬派遗老，自以为可以劝退黎元洪，却被黎元洪顶了回去。另一方面，英、日、美、法、俄各国公使在荷兰公使馆会晤，决定对复辟问题暂时不过问，公推荷兰公使警告伪外交部，要求张勋方面不得伤害黎元洪。在黎元洪那里撞了一鼻子灰的梁鼎芬回来，将黎元洪的反应告诉给帝师陈宝琛和朱益藩，三人随即到毓庆宫见溥仪，陈宝琛要求溥仪下旨让黎元洪自尽。

当时荷兰公使已将务必保护黎元洪的警告通知张勋方面，张勋迫于压力也不敢公然出兵驱逐黎元洪，只好在3日调换了总统府的卫队，加强了对黎元洪的监视。硬的不行只好来软的，溥仪随即"锡封"黎元洪为一等公，称"乱既非本怀，归政尤明大义，厥功甚伟，深孚朕心"。黎元洪知道眼前形势已经非常严峻，就算暂时没有性命之忧，在总统府里也难以住得安稳，于是让总统府侍从武官唐仲寅伪装总统，黎元洪则扮作普通职员与秘书刘钟秀等乘坐蒋作宾的汽车前往法国医院，因为没有医生签字无法入院，黎元洪等人只好转投日本公使馆武官斋藤少将的官舍。

黎元洪的密使覃寿坤抵达天津以后，先找到张国淦把黎元洪的命令交给他，张国淦立刻拿着黎元洪的命令去见段祺瑞。得到黎元洪的命令以后，段祺瑞就有了兴师之名，随即召集皖系将领靳云鹏、段芝贵，以及亲信曾毓隽、梁启超等商讨讨逆事宜。但当时有个问题，就是皖系中有直接兵权的倪嗣冲、田中玉、吴光新等都在较远的地方，要讨逆就需要军队，且最好是能够就近取材。徐树铮认为驻马厂的第八师师长李长泰部和驻廊坊的第十六混成旅冯玉祥部可以作为讨逆军基本武力，同时联络在保定的直隶督军曹锟。

段祺瑞以名利劝动李长泰和冯玉祥，又对曹锟许以副总统之位，就获得了讨逆军所需的武器和人员。加上段祺瑞素来与日本交好，日本方面派出青木中将帮助段祺瑞策划军事，借给军费100万元，同时力促其他国家公使同意在讨逆时期中国军队有行军及运输的自由。段祺瑞随后又在交通银行预筹军饷200万，7月2日晚9时，段祺瑞偕同梁启超等人抵达天津以南的马厂，3日上午，第八师司令部举行讨逆军军事会议，公举段祺瑞为讨逆军总司令，誓师讨逆。段祺瑞委派段芝贵为西路讨逆军总司令，以梁启超、汤化龙、徐树铮、李长泰为讨逆军总部参赞，靳云鹏为总参议。

4日，段祺瑞以讨逆军总司令名义向张勋发出通电，其中写道："为国家计，自必矢有死无贰之诚，为清室计，当久明爱人以德之义……"同日发出由梁启超执笔的"讨逆檄文"，写道："六师之众，佥然同声，誓与共和并命，不共逆贼戴天……"除了这篇檄文，梁启超也和自己的老师康有为站在了对立面，此后他以自己的名义发表反对复辟的电文，称"此次首造逆谋之人，非贪黩无厌之武夫，即大言不惭之书生"。6日，冯国璋通电履行副总统职责，并且通电反对复辟，此后又和段祺瑞联名发电。此时早已逃到上海的外交总长伍廷芳也通电各埠使领，声明自己携带着外交部印信，北京伪外交部文电均无效。

段祺瑞、冯国璋通电当天，讨逆军西路集中在卢沟桥，东路由廊坊开进黄村，张勋只好命令辫子军破坏丰台铁路来阻挠讨逆军。张勋此举招致各外国公使抗议，他们随即派兵修理铁轨，保持通车。7日，张勋派吴长植和田有望带兵开赴丰台驰援，结果这两个人还没有到达目的地就已倒戈，驻南苑的第十一师李奎元旅和十二师刘佩荣旅也掉转枪口攻击辫子军，辫子军只好选择撤退，东、西两路讨逆军在丰台会师。张勋进京时只带了辫子军五千人，对讨逆军根本无法构成威胁，于是急忙致电各地军阀，请求他们停止进攻。8日，张勋命令辫子军全部退入北京内城，集中在天坛、紫禁城和南河沿张宅三处。

（三）

眼见形势急转直下的张勋，急忙派梁敦彦到日本公使馆借兵保护"皇上"，结果梁敦彦在日本公使馆见到黎元洪以后吓得腿都软了。张勋又想效仿李傕、郭汜，纵火焚毁皇宫，挟持"幼主"出齐化门"西狩"热河，但是奉系的张作霖早就跟他闹掰了。南池子张宅门外已经架起了机关枪，张大帅这才惊觉自己已经走投无路。另一边的讨逆军也没有急于进攻北京，一来是怕巷战让古城毁于炮火，二来段祺瑞的皖系部队还没有到，此时的军队以直系为多，这样进入北京也恐有变。1917年7月8日，段祺瑞派汪大燮、刘崇杰入城与各国公使接洽，同时委派皖系将领傅良佐、曲同丰入城办理遣散辫子军的事宜。

张勋知道自己已经是穷途末路，但他仍然梦想能够全身而退，带着自己的辫子军回到徐州。打定主意，张勋就和雷震春、张镇芳联袂向溥仪提出辞呈，随后溥仪按照张勋的意思，发表伪谕，命徐世昌组阁，在徐世昌未到京之前由王士珍代理。张勋仍然希冀就算无法维持"大清帝国"，至少也能保住地盘和部队。但是段祺瑞却无意如此，有阮忠枢和徐世昌求情他固然可以留下张勋的性命，但张勋的地盘和部队是万万留不得了。加上此时，皖系将领段芝贵、靳云鹏、傅良佐、曲同丰、卢永祥等人的部队逐渐聚集到北京城下，可以说把北京城围了个水泄不通。

9日，冯德麟、雷震春、张镇芳、梁敦彦等先后想逃出北京，结果均被抓获，只有善于化装的康有为扮成老农骗过沿途的军警哨卡，离开北京。11 日，外国记者到南河沿采访张勋，张勋痛斥北洋派各军阀的背信弃义，再次声明自己绝不投降。当晚讨逆军决定了作战计划，既然你不投降那我就打进去，这时候段祺瑞的皖系军队接连开至，他说话的底气就更足了。讨逆军拟分两处进攻，一路由永定门、广安门进攻天坛，一路进攻朝阳门，哪知道 12 日拂晓讨逆军与辫子军在天坛刚一交火，辫子军就挂起五色旗表示投降。同时从张勋的徐州老巢传来消息，张勋的部下张文生率领定武军六十四营通电投降，随即剪掉辫子，算是不战而屈。此时讨逆军已经围住南河沿张宅，张勋已经成了孤家寡人。

不久，讨逆军占领了宣化门，随即在城楼上架设了大炮，把炮口对准了南河沿的张宅。12 日中午对着张宅发了一炮，把南河沿张宅的墙头轰出一个窟窿，这一炮算是把辫子军的三魂七魄全给轰没了。护卫着张宅的辫子军纷纷剪掉辫子、扔掉枪械落荒而逃，不过几日，辫子就从横行京城的护身符变成了要人性命的催命符，一时之间北京城的胡同里全是被剪断的辫子，这些辫子被孤零零地抛弃在街头巷口。就在这兵荒马乱的时候，张勋被两个荷兰人挟着上了汽车，急速开入荷兰公使馆。也有说是徐世昌为张勋求情，段祺瑞念在北洋旧情放了张勋一马。

除了开一炮吓瘫了辫子军，段祺瑞还派出南苑航空学校校长秦国镛开着飞机在紫禁城上空盘旋一阵，然后扔下了三颗炸弹。这三颗炸弹一颗落在御花园的水池里，一颗落在西长街隆福门的瓦檐上，还有一颗落在隆宗门外炸死了一名轿夫。

秦国镛的这次轰炸，其实就是敲山震虎，吓唬吓唬那些不知天高地厚的遗老遗少，炸弹几乎清一色奔着开阔空旷的地方去的，炸死那名轿夫也纯属意外。轰炸带来的效果显而易见，用溥仪的话说，"宫中掉下讨逆军飞机的炸弹，局面就完全变了"。遗老们赶紧委托梁鼎芬去求日本人含泽，通过他请求日本公使馆致函讨逆军，要求停止轰炸，溥仪同时宣布再次退位。

讨逆军最终取得胜利，重新控制了北京，段祺瑞在汤化龙、张国淦等人的陪同下进入北京，此时段祺瑞已经成为三造共和的英雄，是何等的意气风发。但这个时候问题就出现了，段祺瑞固然可以当回他的国务院总理，但是谁来当总统是个问题。

段祺瑞固然是不待见黎元洪的，但讨逆时期的代总统冯国璋也不对段祺瑞的胃口，黎元洪虽然让他不满意，但手中并无实权，顶多就是手下几个幕僚煽风点火罢了。但冯国璋可不一样，他是北洋系中仅次于段祺瑞的第二号人物，"两害相权取其轻"，段祺瑞思来想去，还是派江朝宗到日本公使馆去请黎元洪。但黎元洪已经无意再在段祺瑞手下做傀儡，对江朝宗表示自己既然在讨逆期间已通电辞去总统一职，就应由代总统冯国璋署理总统职权。

一、西原贷款：皖系背后的力量

也许是厌烦了尔虞我诈的政治斗争，也许是讨逆军战斗的过程让段祺瑞开了窍，从此以后段祺瑞满脑子想的都是"武力统一"。要打仗就需要军火，要军火就需要钱，但当时的民国政府最缺的就是钱。压垮袁世凯的最后一根稻草其实就是钱，连年的征战加上天文数字的庚子赔款，国库里要能有充足的银子那才见鬼。加上当时军阀割据，各地的督军征上来的银子几乎都揣进自己的荷包扩充军事了，哪里会答理中央？自家荷包里没有什么钱，那就只好跟外人借，恰在这个时候，日本人西原龟三出现了。

（一）

黎元洪不愿意出任总统，冯国璋迟迟不愿北上，总统府就一直空着。段祺瑞本来属意徐世昌，并且准备向亲近他的北洋系将领们发出暗示，哪里知道他的媚眼还没有抛出去，不识趣的北洋系军阀们就纷纷电请代总统冯国璋入京继任大总统，而素来不解风情的倪嗣冲更是在电报中直接我大总统长我大总统短地称呼冯国璋，而把"前大总统"的帽子扣到了黎元洪的头上。其实这也怪不得北洋系的军阀们，对他们来说北洋系在北京占据的权力越大越好，与其把大总统的位置留给别人，不如交给自己人来得放心。

禁不住里里外外众人的撺掇，冯国璋终于决定北上赴任，但是在临行之际，他向段祺瑞提出了两个条件：一是由李纯出任江苏督军，任陈光远为江西督军；二是允许自己带一个师的人马进京。对冯国璋提出的两个条件，段祺瑞欣然允许，当时段芝贵、靳云鹏、傅良佐、曲同丰、卢永祥这些皖系军阀都集中在段祺瑞身边，直隶督军曹锟也没有完全依附到冯国璋一边，加上酣睡在"长江三督"枕畔的安徽督军倪嗣冲，段祺瑞对冯国璋虽然有恃其实无恐，又怎么会在意区区一个师的兵马？

更何况冯国璋带到北京的这一个师战斗力也实在一般，冯国璋在逊清时期担任过禁卫军统领，这支禁卫军是清一色的八旗子弟，据说很多禁卫军士兵直到民国时期还留着辫子，这支部队在逊清时养尊处优，几乎没有打过什么正儿八经的仗。清朝退位后裁撤八旗军，重情义的冯国璋硬是好说歹说保全了这支老爷兵。结果从那以后这帮八旗残兵就算是抱上了冯国璋的大腿，冯国璋到哪儿他们都跟着（当然，别人也不会接收他们）。在北洋将领们看来，这就是一帮好吃懒做天天等冯国璋发养老金的寄生虫。等到后来冯国璋风光不再，从总统的位置上下来，还不得不为这帮老人家筹饷，当然这都是后话了。

确定了谁来当这个总统，接着就是国会问题和对德宣战问题。1917 年 7 月 15日，段祺瑞在北京重新组阁，于 20 日举行讨逆之后的首次国务会议，并且推选梁启超拟电向各省当局征求对于召集临时参议院的意见。当时正值讨逆结束，情形和民国刚成立的时候差不多，已经解散的旧国会当然不该再召集，于是段祺瑞就想出召集临时参议院的方法，临时参议院的议员均由地方当局指派，自然比选举出来的议员要容易控制。通电发出没有多久，各省督军纷纷复电附和，唯有孙中山坚决反对。段祺瑞却完全不理会孙中山的声音，只要北洋系将领没有异议，临时参议院就光明正大地组建起来。

就在国务会议举行的前一天，应两广巡阅使陆荣廷的邀请，孙中山偕章太炎、朱执信、廖仲恺、陈炯明等率海琛舰、应瑞舰自上海出发，经虎门抵达广州，孙中山在广东各界的欢迎会上发表演说，号召护法。21 日，海军总长程璧光和第一舰队司令林葆怿响应孙中山的护法号召，以联名通电提出拥护《约法》、恢复国会、惩办祸首三项主张，随后率第一舰队的十艘军舰南下，护法运动自此开始。

8 月 1 日，冯国璋抵达北京，他先行前往东厂胡同会晤前总统黎元洪，随后宣布继任大总统。就职以后，任命张一麐为秘书长，师景云为侍从武官兼军事办公处长，熊炳琦为侍从武官兼参谋长，张宗昌为侍从武官兼副官处长，殷鸿寿为侍从武官兼执法处长，侍从武官长仍为廕昌，总统府指挥使仍为徐邦杰，随后又与北洋巨头王士珍、段祺瑞见面，冯国璋在见面时力陈要互相团结、重振北洋，但当时的"北洋三杰"各怀心事，早已经是形同陌路。王士珍因为是复辟的附从，早已是心灰意懒，而冯国璋和段祺瑞则是各怀心事。

在临时参议院组建完成、总统也到任以后，段祺瑞就着手对德宣战的事务，于4日将宣战案提交国务会议通过。对德宣战案通过之后，段祺瑞便开始和协约国各公使馆进行交涉，中国驻美国公使顾维钧报告说美国方面表示会借2亿银元给中国，资助中国出兵欧洲。但段祺瑞并不准备去欧洲打仗，他的当务之急是解决西南系的军人，因此在得到美国资助的同时，段祺瑞再次示意曹汝霖等亲日派接洽西原龟三，继续就对日借款进行商讨。让段祺瑞出乎意料的是，日方此次提出借款的条件非常宽松，几乎跟友情赠送差不多，而且日本人一改从前傲慢的脾气，笑脸相迎，段祺瑞一时还以为是在做梦。

（二）

西原龟三是日本寺内内阁的谋士，他和寺内正毅的关系有点儿类似徐树铮与段祺瑞的关系。在寺内正毅早期担任朝鲜总督期间，曾主政朝鲜银行，结果因为管理不善，使得朝鲜银行陷于困境，多亏了西原龟三的帮助才得以解困，所以寺内正毅对西原龟三非常信赖。寺内上台以后，西原龟三主张改变对华政策，按照他的说法，就是在"宋襄之仁"和"强横蛮干"之间走一条折中的路，扶植中国政府中的亲日势力，通过金融途径为日本谋求更大、更广、更长远的在华利益。

关于西原借款，按照西原龟三自己的统计总共有八项，即交通银行借款两次，一次500万日元，一次2000万日元；有线电信借款2000万日元；吉会铁路借款1000万日元；黑龙江、吉林金矿森林借款3000万日元；满蒙四铁路借款2000万日元；山东济顺、徐高二铁路借款2000万日元；参战借款2000万日元。合计1.45亿日元。根据相关资料记载，当时日元跟中国货币的比价为1日元兑换1银元，也就是1.5日元兑换1两银子。除了西原龟三自己所统计出的这些项目，寺内政府还向中国政府提供了与参战借款有关的军械借款，总计3208万日元。

更为关键的是，与袁世凯执政时向日本借款需要以关乎中国命脉的盐税作为抵押不同，西原借款作为抵押的东西就要"廉价"很多，主要包括电线、森林甚至是北京政府毫无信誉可言的国库券，一直研究中日关系的老报人王芸生认为，西原借款对中国而言，是日本"以投资手段使中国殖民化。然自另一种意义言，亦可谓彼等之卖国。盖以二亿巨资，一无切实之抵押，二无高息回扣，结果强半流为无着落之滥债，无怪寺内、胜田诸人受其国人之攻击也"。

但是从长远角度出发，西原借款为多年后日本在中国的军事行动打下了良好的基础。首先，他们通过西原借款得以巩固和扩张在东北的势力，从东北获得更多的有形以及无形资产；其次，获得济顺、徐高铁路的项目，借此将势力延伸到京汉线和京浦线，同时加强了对山东的控制；再次，相关的军事借款让日本实质上掌控了中国军队的武器提供，中国的军火交易订单几乎全落在了日本人手里。同时因为西原借款，日本得以在东北和山东派驻越来越多的军队，这不仅为日后的五四运动埋下伏笔，也为将来的日本侵华埋下隐患。

在西原借款的计划开始运作之后不久，段祺瑞就迫不及待地开始实施"武力统一"的计划了。自第二次组阁开始，段祺瑞就已经不抱依靠政治手段完成统一的念头，转而靠武力统一中国。要统一中国，他的敌人首先就是西南系军人，包括云南、贵州、四川、广东和广西五省，按照段祺瑞与徐树铮的计划，他们准备由四川进攻云南和贵州，由湖南进攻广东和广西。当时四川的局势比较复杂，北洋系的势力已经渗入，所以段祺瑞就把主要精力放在了湖南。湖南距离北洋系的占领区比较近，尤其是距离段祺瑞的皖系势力范围较近，加上湘军的实力不强，经过研究段祺瑞决定由湖北和江西两路夹攻湖南。

段祺瑞本意是派自己的妻弟吴光新为湖南督军，但是吴光新当时正谋求向四川发展，段祺瑞只好转调淞沪护军使、第十师师长卢永祥为湖南督军。卢永祥原名卢振河，字子嘉，是山东济阳（今属山东省济南市）人，幼年时家贫，后进入山海关随营武备学堂，投军后又考入天津武备学堂，毕业后被袁世凯聘为新军军官，在天津小站练兵时与段祺瑞、王士珍等成为密友，在袁世凯去世后投靠段祺瑞成为皖系的一员。此时，在北京的湖南籍名士熊希龄、范源濂等，以及湖南人都喊出"湘人治湘"的口号，段祺瑞根据这个情况，决定选择傅良佐前往湖南督军。

傅良佐，字清节，祖籍江西，出生于湖南省吉首市乾州镇，后在长沙考入梁启超、熊希龄创办的时务学堂，学堂停办后考入天津武备学堂，毕业后赴日本留学，在日本陆军士官学校第三期学习，归国之后加入北洋军。傅良佐曾出任察哈尔副都统兼多伦蓟榆镇守使，还出任过陆军高等军事裁判处长，亦是皖系"四大金刚"之一。于是，段祺瑞仍然命谭延闿出任湖南省长，而以傅良佐任督军，但不带兵入湘。但是对湖南人来说，傅良佐虽然生于湖南，但素来跟随段祺瑞在北方，算不得湘人，更何况就在段祺瑞和傅良佐发誓"不带北兵入湘"的时候，驻守保定的皖系军阀范国璋已经带着他的第二十师进入湖南。

（三）

从段祺瑞的角度来看，西原借款不管怎么说都算是一笔好买卖，但是买卖虽好，交易起来却不容易。因为在 1913 年，中国与英、法、德、日、俄五国银行团协定，不能单独向五国中的一国进行政治借款，更不能向五国银行团以外的国家借款，如今德国算是撤出去了，但是其他四国还在，因此段祺瑞要向日本政府借款，还是得费点儿时间。不过协定是死的，人是活的，想出个主意来也不费什么力气。1917 年 8 月 10 日，日本藏相胜田和中国亲日派的陆宗舆组成了中日合办的中华汇业银行，陆宗舆出任经理，而向中国投资就是这个银行的基本业务。

14 日，对德宣战案以总统命令正式公布，于是中国政府就向五国银行团提出申请，要借 1 亿银元的善后款。当时德国已经退出，其实就剩下四个国家，英、法、俄都在忙着打欧战，哪有那么多钱借给中国政府，可是中国已经加入欧战，尤其是协约国的英、法不能不表示表示吧？但是英、法两国公使面面相觑，欧战正打到如火如荼的时候，他们也应付不了中国政府的狮子大开口。于是，日本公使装模作样地说，既然如此为难，就由我们日方先垫付吧！英、法、俄三国一听都很高兴，表示这笔借款就由日本银行团先拨款，等战后他们再拨还。

段祺瑞忙着借款和向湖南派兵的时候，谭延闿致电陆荣廷，将湖南的形势告诉他，陆荣廷急忙致电冯国璋，希望冯国璋能够遵守先前与陆荣廷商定的在三年之内不更动西南五省军民长官的承诺，并且主张将湖南划为南北两军之间的缓冲地带，维持湖南的现状。但是冯国璋与段祺瑞早已私下立过君子之约，便不好回复陆荣廷。冯国璋把陆荣廷的电报交给段祺瑞，让段祺瑞作答，段祺瑞则以国务院名义回了一个"官腔"十足的电报，表示自己派傅良佐督军湖南是"为军事计，为湘省计，为祖安（谭延闿的号）计，皆以专办民事为宜"，并且是"良非得已"，毫无一点儿私心。

在看过段祺瑞的电报以后，陆荣廷明白已经没有什么商量的余地，于是致电湘军各将领做好武力抵抗的准备，同时表示会派兵驰援。谭延闿接到陆荣廷的电报之后，火速召开秘密军事会议商议抵抗北军，同时致电各省派兵"援湘"。云南督军唐继尧随即也向谭延闿发出电报，建议派遣驻粤滇军日夜兼程开赴湖南，陆荣廷表示同意，同时致电西南各省，"北方疑忌西南之心已昭然若揭，唇亡齿寒，急应力图应付"。

事情已经箭在弦上，但西南系的援军却碰到了问题。唐继尧所指的"驻粤滇军"原本是护国战争时期开到两广准备北伐的部队，袁世凯死后因为云南政府无力承担这支部队的费用，就命令他们驻防在广东北江，唐继尧提出让这支部队北上时，正迎合了广东督军陈炳焜的想法，但是等谭延闿迫切要求滇军出发的时候，陈炳焜却不肯发给滇军所需的军费和军火，而驻粤滇军又不想去打头阵当炮灰，因此事情就耽搁下来。

西南系的援军磨磨蹭蹭的，而段祺瑞的北军则是朝发夕至，湘军内部自然因此而出现裂痕。在谭延闿召开的军事会议上，湘军第二师师长陈复初，第二师第四旅旅长朱泽黄，第一师第一旅旅长李右文对抵抗北军都态度冷淡，加上陈复初此时已经被段祺瑞拉拢，谭延闿所控制的湘军其实不到半数。谭延闿知道这时自己根本无力抵抗北军，只好派零陵镇守使望云亭到北京欢迎新督军早日到任。但是在望云亭启程之后，谭延闿随即派驱逐汤芗铭时由黄兴介绍回湖南的刘建藩代理零陵镇守使。

刘建藩字昆涛，湖南醴陵（今属湖南省株洲市）人，日本士官学校毕业。谭延闿同时开始拍卖大批公产，用以扩充军费，并提出其中一部分馈赠文武官兵，又调第一师第二旅旅长林修梅部接防衡山，表示长沙不设防，实际则是让湘军退守湘南以等待西南过来的援军。

8月25日，孙中山在广州召开"非常国会"，商议与北京政府交战的事宜，西南系军阀参与到护法运动中。段祺瑞随即催促日方尽快完成借款。26日，新任湖南督军傅良佐动身南下，他绕道津浦路，先到南京会晤李纯，随后乘轮船到武汉会晤王占元，才在岳州暂时停了下来，出于对湘军的防备，他命令抵湘的北军向淮阴以北推进，又调驻马厂的第八师王汝贤部开进岳州。

28日，前总统黎元洪安然离开北京，回到天津的私邸过起了寓公的日子，但段祺瑞仍然不放心，密令曹锟派人监视黎元洪。

二、武力统一：傅良佐争夺湖南

　　虽然在袁世凯生前，段祺瑞和袁世凯曾经闹得不太愉快，但段祺瑞素来是以袁世凯的继承者自命，以此在北洋系中得到拥护。袁世凯执政时，西南系军人一直是他的心头大患，只是经过洪宪复辟之后，他对北洋系失去了实际控制权，镇压西南系统一中国就成了他未竟的事情。作为袁世凯的后继，段祺瑞自然也视西南系军人为肉中刺，恨不能拔之而后快，所以在逐渐落实西原借款的同时，他迫不及待地命令傅良佐南下督湘。但是段祺瑞偏偏忘了一件很重要的事情，打仗固然需要钱，但杰出的军事指挥人才也是必不可少的，而他的身边什么都不缺，偏偏就是缺少真正能打仗的人。

（一）

　　1917 年 9 月 1 日，广州的"非常国会"选举孙中山为海陆军大元帅，翌日，选举陆荣廷和唐继尧为元帅，同在 9 月 1 日，回茶陵（今属湖南省株洲市）原籍省亲的谭延闿，忽然通电辞去湖南省长职务，然后化装离开湖南。2 日，群龙无首的湘军将领发表联名通电，表示不再反对傅良佐出任湖南督军，但是希望北军不要进入长沙，同时，陆荣廷也致电冯国璋，希望北军不要开进长沙。此时湘军将领们已经算是服软了，但段祺瑞不予理会，傅良佐还是在 9 日带着北军一营进入长沙，进城当日禁止各机关团体鸣放鞭炮迎接，借此显示自己督军湖南是为了保护地方安全而不是炫耀权势。但湖南人对此并不领情，在他们看来，这位新督军一口北方话，做的也是北洋的官，跟他们没有多少关系。

　　10 日，在广州的孙中山宣誓就职海陆军大元帅，"非常国会"同日通过军政府总部总长名单，伍廷芳为外交总长，唐绍仪为财政总长，张开儒为陆军总长，程璧光为海军总长，孙洪伊为内政总长，胡汉民为交通总长，李烈钧出任军政府参谋总长，章太炎则出任大元帅府秘书长。单就权力分派来说，可以说是做到了尽量均衡革命党人和西南系军人的势力，但是陆荣廷和唐继尧并不想要这样一个元首制的政府，他们想要的是护国战争时期军务院那样的合议制政府，此时手里只有海军支持的孙中山再次犯了理想主义错误，根本没有分析眼前的情况便想当然地排定座次，所以陆荣廷和唐继尧均不愿意就任元帅，而伍廷芳、唐绍仪、程璧光和李烈钧等稳健派人士也赞成合议制，不肯就职，于是孙中山就任命了一批革命党的激进分子代理工作。这样一来，等于是给自己架空了权力，一帮人在厨房里敲着锅碗瓢盆挺热闹，但是等到烧火做饭的时候根本就无粮下锅。

　　等到后来护法运动失败，提起这次惨痛的经历，革命党人总是痛斥地方军阀是何等不要脸，而对自己的天真想法却很少谈及。其实，这是革命党从诞生之初就有的先天缺陷，在革命之初，革命党人都是单打独斗，很少能够唤起社会大众的呼应，因此很多后来被形容得惊天动地的壮举，其实在当时根本就没有几个人知道，辛亥革命前发起的十次起义，有一半以上就跟地方黑社会群殴的级别差不多。其实辛亥革命更多的是来自底层的呼应，和清室贵胄们的作茧自缚，所以最后才会演变成军阀混战。这也就是为什么辛亥革命过去好多年了，遗老遗少反而越来越多的原因，因为"革命"这样的概念对很多人来说，无非就是打几场仗、杀几个人，如果这就是革命，那还不如回到大清朝去。

　　段祺瑞显然已经意识到北军进入湖南必然会遭遇多方阻挠，让傅良佐进入湖南的其中一个原因就是在处理矛盾上傅良佐更熟稔一些。千算万算，段祺瑞就是没有算到，这位脑子活泛的督军一进了长沙就开始犯糊涂，他上任后下了两道糊涂命令：一是将湘军第一师第二旅旅长林修梅撤职，改派邹序彬接任；二是撤销刘建藩的零陵镇守使职务，派陈蘧章为零陵镇守使。等于是在立足未稳之际，就急着将湘军将领替换成北军的将领，瞬时就将湘军将领逼到了绝地。

　　果不其然，林修梅不久在衡阳宣布自主，刘建藩同时在零陵宣布自主。但是傅良佐对此并没有太多惊恐，因为林修梅只有一个旅的兵力，而刘建藩也只有几个营兵力的地方守备队，其他的湘军将领也并没有加入，傅良佐反而窃喜，这样一来就让他师出有名。开始傅良佐并不打算用北军，他派第一师代理师长李右文统率第一旅到衡阳，企图招抚林修梅的第二旅，哪知道偷鸡不成蚀把米，李右文的部队反而让林修梅给招抚了。

既然"湘人攻击湘人"的策略不能实现，傅良佐只好动用北军，段祺瑞主张以强硬态度解决湖南问题，而冯国璋与西南系的陆荣廷来往密切，主张以温和的手段解决湖南问题，段祺瑞和冯国璋两人的矛盾也在此时慢慢浮现出来。湖南局势已经异常紧张，在京的湖南籍士绅随即联名向冯国璋请愿，要求政府不要在湖南用兵，冯国璋直接表示此事与他无关，让他们去找内阁，等于是明白地告诉别人，出兵湖南跟他冯国璋没有关系，是段祺瑞干的。林修梅和刘建藩在湖南宣布自主以后，内阁决定下达讨伐令，冯国璋却不肯在讨伐令上盖章。没有总统盖章，段祺瑞依然命令北军开进湖南，直到战事开始，北京政府依然没有发出讨伐令，有人形容当时的形势是："段内阁对外（指欧战）宣而不战，对内战而不宣。"

（二）

虽然对冯国璋没有在讨伐法令上盖章感到不满，但冯国璋到底不是黎元洪，更何况段祺瑞这次是在湖南动刀枪。冯国璋的直系军阀当时主要控制的就是湖北、江西和江苏三省地盘，而这三个地方偏偏又因为地形分散而不够集中，尤其是江苏，更是在皖系势力的包围之下，和直系领导人冯国璋的命运多少有些相似。但是段祺瑞进攻湖南，是从直系的地盘上过去的，段祺瑞对冯国璋纵有千百个不满，终归还是要取得冯国璋的支持。

讨伐令下不来，仗还是得打。傅良佐任命第八师师长王汝贤为湖南军总司令，第二十八师师长范国璋为副总司令，同时命令第八师和第二十师正面进攻衡山，湘军第二师第四旅为右翼进攻宝庆，从安徽调来的安武军进攻攸县，彻底撕破了"不带兵入湘"的承诺，大张旗鼓地开始了南北战争。被段祺瑞拉拢的湘军第二师第四旅旅长朱泽黄急于立功，率领所部湘军进攻宝庆，在攻占宝庆之后，北京政府随即任命朱泽黄为长宝镇守使，晋升陆军中将。11 日，北军第八师第十五旅王汝勤部攻取未设防的衡山，算是给段祺瑞吃了一颗定心丸。

由于接连遭遇大败，湘军第一师的官兵急忙前往衡山请出辛亥元老赵恒惕，赵恒惕随即前往衡阳与林修梅、刘建藩商讨军事，随即在衡山西南五十里的萱洲河和刘建藩部夹湘水设防。不久，王汝贤和范国璋率部来袭，自此和湘军陷入拉锯战。原来，在湖南的北军多半都是凑出来的部队，并不是皖系的正牌嫡系部队，打起仗来若是顺利还好，稍有磕绊这些士兵便不会舍命应战。统率部队的将领只会纸上谈兵，用钱堆出来的部队人数倒是骇人，但没有经过严格训练、军纪涣散，在湖南到处为非作歹，王汝贤和范国璋光是忙这些琐碎事都顾不过来，哪里还能突破湘军的防线。

鉴于湖南局势严峻，广东督军陈炳焜急邀护法军政府的海军总长程璧光到南宁和陆荣廷会商出兵援湘的事，经过商讨最终推广西督军谭浩明为两广护国军总司令，广西出兵四十五营，广东出兵三十五营，共组成五个军，陆裕光为第一军司令，林俊廷为第二军司令，韦荣昌为第三军司令，马济为第四军司令，林虎为第五军司令。而陆荣廷在会后则继续返回原籍武鸣养病，同时和冯国璋暗中联系。

20日，谭浩明通电就任两广护国军总司令，西南系军阀正式对以段祺瑞为首的皖系军阀宣战。不过，此时的段祺瑞已经有了西原借款撑腰，即便是征湘、平粤、伐桂、讨滇四大战役同时开始也有恃无恐，因此拟派卢永祥为湘粤方面总司令，以驻防山东的第五师师长张树元继任淞沪护军使；抽调倪嗣冲的安武军二十营及张敬尧部第七师开到湖南；另一方面唆使琼州的龙济光反攻广东，收买潮汕镇守使莫乘宇、惠州督办张六骥做内应；并令福建督军李厚基派兵经海道在广东沿海登陆，调奉军、陕军入川协助吴光新、刘存厚攻击滇军。

另一边，直系的长江三督江苏督军李纯、湖北督军王占元和江西督军陈光远也紧急举行会晤，要求停止湖南战事、撤回傅良佐、改组内阁、整顿倪嗣冲部，这等于是直系与皖系正式地针锋相对。直系所提出的前三个条件，完全是在呼应桂系，而最后一个条件则是出于自我考虑，倪嗣冲是皖系的主将，也是皖系中真正的实力派，更是段祺瑞放在长江三督头顶上的一把刀，在张勋复辟失败之后，倪嗣冲趁机收服了江苏北部徐州、海州一带的张勋旧部，更是增强了自己的实力。因此长江三督要求整顿倪嗣冲部。如今桂系和直系串通一气，皖系也就拉拢了奉系的张作霖，21日张作霖致电北京政府，催促其立即出兵讨伐两广。

不过，直系长江三督的激烈态度，让段祺瑞意识到事态日趋严重，只好把皖系大将卢永祥留在上海，以防备江苏、湖北和江西可能出现的意外状况，并且暂缓进攻西南的计划。因为长江三督的态度，使得皖系中一部分激进势力抬头，他们认为长江三督可能是得到了冯国璋的授意，而冯国璋则与陆荣廷来往密切，因此需要发动一次政变让冯国璋下台。于是从10月下旬开始，北京城里谣言四起，传说北京军人密谋发动"兵谏"软禁总统，冯国璋吓得惊慌失措，急忙在22日同意段祺瑞提出的褫夺刘建藩和林修梅的官职及勋章，并且予以通缉。27日，"兵谏"谣言愈演愈烈，冯国璋勉强下令罢免广东督军陈炳焜，派李耀汉兼署广东督军，莫擎宇会办广东军务，李福林接任广惠镇守使。

（三）

1917年11月初，关于北京军人可能发动政变软禁总统的谣言满天飞，长江三督受此影响也不再大张旗鼓地发布通电。7日，万般无奈的冯国璋不得不将段祺瑞拟好的通电发出。当时外间的传言之盛，可能也不全是空穴来风，据说当时皖系内部就有"政变倒冯"和"合法驱冯"两种不同的意见。倪嗣冲和张作霖主张"政变倒冯"，就是先宣布独立，随后在天津设立临时政府，推徐世昌为大元帅代行总统职权，然后再转头进兵北京，逼迫冯国璋下台。而段祺瑞的幕僚则提议"合法驱冯"，就是迅速成立临时参议院为代立法机关，修改《国会组织法》与两院议员选举法，根据这些新法召集新的国会改选总统。

桂系本来依靠直系打压皖系，虽然接连召开护法会议什么的，但从来没有把孙中山和国民党放在眼里，等到冯国璋被迫发出调陆荣廷上京、派龙济光接任两广巡阅使和让李耀汉回到广西的命令以后，才意识到靠直系是不能压制住皖系的，于是只好转过头来又和国民党牵线搭桥。10日，陆荣廷亲自到梧州主持军事会议。孙中山的代表胡汉民，护法军政府代表外交次长王正廷、海军总长程璧光、广东省长李耀汉都受邀参加。这次会议比之前的南宁会议要扩大很多，也是真正意义上的国民党、桂系、广东地方军人的联席会议。会议主要商讨的内容包括：共抗北军要精诚合作，消除内部隔阂，国民党出兵福建牵制北军等。

终于可以发表意见的国民党，趁机提出桂系的广东督军陈炳焜不得人心和攫夺省长亲军等问题，陆荣廷当即接受，随即提出调陈炳焜为讨龙济光军总司令，转由程璧光担任广东督军，将陈炳焜的省长亲军二十营交由陈炯明指挥，并使其进攻福建，但需要受程璧光节制。程璧光是国民党中的温和派，桂系遂推选他为广东督军并节制陈炯明，而国民党此时也力促陆荣廷到广州来主持军事。但陆荣廷表示自己年老多病，因此派广惠镇守使莫荣新在他养病期间代理军务。

就在北京和西南形势发生变化的同时，湖南的形势也发生了变化。王汝贤、范国璋与湘军已经对峙四十多天，始终不能决出胜负。但是湘军无疑更为着急，因为此时已到年底，严冬将至，而湘军将面临"弹药将竭"的局面，到时候很难支撑下去。于是，刘建藩部的黄钺主动要求率领敢死队百余人抄袭到北军后方进行偷袭，但此去袭击的湘军士兵完全是去以命相搏的，虽然最后全军覆没，却给北军士兵的心灵造成极大的震慑。之前就曾讲到，当时入湘的北军很多都是临时拼凑出来的，不仅在技战术上和正规部队差得很远，心理素质也不够过硬，这些士兵平日打家劫舍、杀人放火倒是在行，真的面对血淋淋的战场就有些头昏脑涨了。他们怎么也想不到对方会用性命来换取胜利，虽然北军赢得了惨烈的一战，但北军的士兵们在精神上却已经认输。

于是，湘军把握机会大举反攻，哪知道双方刚刚交手，北军便已溃散，湘军因此虏获大批的军械弹药，暂时摆脱了困境。而北军仅仅在长衡公路的茶园铺交战一次，就迅速溃退到长沙。傅良佐接到王汝贤和范国璋的电报，随即在长沙下达特别戒严令，断绝市内交通，而他则偕同代理省长周肇祥偷偷爬上军舰，逃往长江下游的靖港。王汝贤和范国璋发出通电之后，退兵到长沙，到长沙以后也不再退，随即发出布告，声称"不愿从事内争，主张和平解决南北纠纷"。随后，长沙各界迅速组成了"湖南暂时维持军民两政办公处"，前不久还是攻占湖南的急先锋的王汝贤和范国璋大摇大摆地出任正、副主任。

王汝贤和范国璋在长沙当起和平使者，可苦了在北京的段祺瑞，他本来就受到直系的反对，此时湖南形势又生突变，不久，江苏督军李纯又来电建议总理不兼陆军总长、解散临时参议院、派唐绍仪为北方议和总代表、迅速召开南北和议，更是逼得段祺瑞走投无路。16 日，段祺瑞被迫提出辞呈，同时发出"正密"铣电痛陈北洋系团结之必要，以及自己辞职的各种苦衷，随后，段祺瑞的心腹徐树铮另外发出一封密电给皖系各军阀，希望他们能复电继续拥护段祺瑞。17 日，忽然有无数湘军出现在长沙城内，吓得王汝贤和范国璋也急忙弃城而去。18 日，段祺瑞发电惩办傅良佐、周肇祥，并勒令王汝贤"严申约束，激励将士，驱除在湘逆军，以赎前愆"，哪知道此时的长沙城内已经没有北军了。

三、直皖恩怨：主战派逼宫

在段祺瑞和他的皖系军阀希冀"武力统一"中国的时候，直系军阀逐渐成长起来，一个是当权派，一个是夺权派，双方的矛盾自然不言而喻。直皖恩怨集中到个人身上，就是段祺瑞和冯国璋的恩怨，也就是新的府院之争。段祺瑞是北洋之"虎"，为人处世比较跋扈，政治手腕高超；而冯国璋则是北洋之"狗"，为人沉稳内敛，但是论政治手腕就要单一多了。论打仗，冯国璋是要强于段祺瑞的，但是论政治，冯国璋就不是段祺瑞的对手了，所以，对冯国璋来说，在北京的日子是他一生里最烦闷的一段日子，而冯国璋的离去，也意味着北洋系新旧势力之间的矛盾再无调和的余地。

（一）

1917 年 11 月 18 日，湖北督军王占元、江苏督军李纯、江西督军陈光远协同直隶督军曹锟联名发电，主张停战，长江三督变成了直隶四督，声势上自然不同寻常，这下子算是给了段祺瑞一记闷棍。同日，段祺瑞奉命免兼陆军总长，改由王士珍继任。20 日，冯国璋又批准了徐树铮辞去陆军次长的职务。但是徐树铮辞职以后，迅疾乘坐专车前往天津找到曹锟，徐树铮告诉曹锟，国会目前仍然是由皖系控制，只要他支持段祺瑞，皖系必然会扶持他出任副总统。曹锟此时在直、皖之间保持中立，又对副总统的位置垂涎已久，遂于 21 日自天津给段祺瑞打电话，直言巧电并非他本人意愿。随后，在徐树铮的提议下，曹锟又单独发表通电，主张以南军退出长沙为南北议和的条件。此时南军已经占领长沙，曹锟此举明里是主和，其实却是对南军不利。随即，安徽督军倪嗣冲、浙江督军杨善德以及其他皖系军阀张怀芝、卢永祥、张敬尧、李厚基等纷纷通电响应，主张继续对南方作战。

虽然如此，冯国璋仍然想要罢免段祺瑞，而此事正是最好的契机。但是和当初的黎元洪一样，冯国璋也面临着同样的难题，就是在段祺瑞被罢免之后，选择由谁来继任。冯国璋首先想到的是王士珍，但王士珍不愿意"卖友求荣"，别说是国务院总理，连段祺瑞卸下的陆军总长一职他也不肯接手。冯国璋转而又去找熊希龄、田文烈、陆徵祥等人，这些人纷纷表示拒绝。所有的事情就像是黎元洪的故事再度上演，黎元洪找到的是伍廷芳，而冯国璋找到的则是卧病在床的汪大燮。汪大燮禁不住冯国璋的威逼利诱，只好暂时接任，不过据说此老在病榻上还提出了一个古怪的条件，即"只做几天总理，只签署两个公文"，而冯国璋找他也只是一个过渡，他属意的总理人选仍然是王士珍。

就实力而言，此时皖系的力量是最为庞大的时候。首先，段祺瑞本人拥有一个成型的智囊团，以徐树铮、靳云鹏、曾毓隽为中心，身边还围绕着一批如段芝贵、傅良佐、吴光新这样的将领，同时还包括倪嗣冲、张怀芝、卢永祥、田中玉等拥兵自重的地方军阀，再加上奉天督军张作霖、直隶督军曹锟这样的实力派外援。虽然在当时的人们看来，段祺瑞已经逐渐替代袁世凯成为新的独裁者，但这并不影响段祺瑞在北洋系中的地位，尤其是对皖系将领们来说，段祺瑞愈是独裁，才愈是意味着他们的利益最大化。况且也正是因为段祺瑞的独裁，他才敢给张作霖、曹锟做出利益上的承诺，而张作霖、曹锟也才会相信。但事情到底是需要分开来看的，独裁既是段祺瑞的长处，也恰恰成了段祺瑞的短处，他在执政生涯中不断地使用"以退为进"来获取东山再起的资本，但就是因为他的独裁行径让他得不到更多的支持。虽然每次他都能东山再起，但是终归是在无形中消耗了很多的时间和精力，给皖系军阀带来的损伤也是逐步显现出来的。

冯国璋四处奔走寻找段祺瑞的接班人，段祺瑞自然都看在眼里，他知道冯国璋此时非要他下台不可，索性亲自到总统府向冯国璋请辞，又玩起了"以退为进"的老把戏。冯国璋假意要段祺瑞举荐继任者，段祺瑞摸准了冯国璋的心思，随即推荐了汪大燮，并且向冯国璋表示愿意亲自去劝说汪大燮继任总理。11 月 22 日，冯国璋下令批准段祺瑞的辞呈，委任汪大燮代理国务院总理。段祺瑞辞职以后，冯国璋便想仿效袁世凯大权独揽，迫不及待地恢复袁世凯时代的大元帅统率办事处，只是将名称改为"军事办公处"。但这个机构刚一成立，就招致皖系军人的极力反对，直隶督军曹锟和奉天督军张作霖也通电表示反对，军事办公处的招牌只挂了两天就匆匆取下。

就在冯国璋和段祺瑞京城斗法的时候，湘军第一师师长赵恒惕已经抵达长沙。

赵恒惕进入长沙以后不久，就接到湘军总司令程潜的电报，命令他不要妄自行动，在城中"扫径以待联帅"，这里所称的"联帅"乃是湘粤桂联军总司令谭浩明，打走了北军，南军便要来接管长沙，湘军到底不过是南北对峙的一颗棋子。接着，程潜也抵达长沙，于24日接任湖南省长，谭浩明随即致电程潜，要求他"勿得擅有建立，致涉纷歧"，这话再明白不过，就是你别随便发号施令，等老子到了再说。

（二）

汪大燮刚刚在国务院总理的位子上待了一个星期，屁股就坐不稳了，日日催促冯国璋寻找继任人选。冯国璋则三番五次去找王士珍，但屡屡被王士珍拒绝。就在此时，王士珍的私邸忽然来了一位贵客，那就是刚刚下台不久的段祺瑞。段祺瑞请王士珍以北洋系为重，至少先就职陆军总长，王士珍算是勉强同意到陆军部去看几天场子。其实段祺瑞最为明白冯国璋的心思，但是段祺瑞也不愿跟直系决裂，因此不如卖个人情，请出无所作为的王士珍。

等王士珍坐上陆军总长的位子，冯国璋也学起了段祺瑞的伎俩，让北京军警推荐代表到王士珍私邸门前请愿。1917年11月30日，冯国璋亲自到王士珍私邸帮助他解围，王士珍只好答应继任国务院总理，冯国璋回到总统府以后，即宣布王士珍署理内阁总理兼陆军总长，同时任命陆徵祥为外交总长，钱能训为内务总长，王克敏为财政总长，江庸为司法总长，田文烈为农商总长，曹汝霖为交通总长，傅增湘为教育总长，刘冠雄为海军总长，以廕昌为参谋总长。国务院秘书长张志潭辞职，由恽宝惠继任。

就在王士珍宣布接受组阁大命的这天，直隶督军曹锟、山东督军张怀芝都到了北京，可第二天，又都不见了，原来他们悄悄去了天津。同时，山西、奉天、黑龙江、福建、安徽、浙江、陕西七省和察哈尔、热河、绥远三个特别区的军阀代表，以及上海督军张怀芝、在徐州剿匪的张敬尧的代表，都来到天津。除了长江三督，皖系军阀及其他北洋系地方军阀的实力派几乎齐集天津。这是张勋的徐州会议之后，北洋系督军最大规模的一次集结，只不过这一次的"盟主"由张勋变成了曹锟，但是，幕后调控这一切的却是段祺瑞的心腹徐树铮。徐树铮于20日抵达天津之后，先是秘密联络各地皖系军阀，同时开始密电各地军阀到天津举行军事会议。

这一次的军事会议与徐州会议不同，徐州会议是张勋发起，到场的督军是各怀心思，以至于最后张勋没有借由徐州会议获得太多利益，反而成了徐州会议最大的悲剧。而此次天津会议，明着看是段祺瑞的意思，由徐树铮和曹锟发动，其实是整个皖系军阀的共同诉求。不管是多大的团体、多小的团体，总有一个亲疏远近，即便是同为皖系军阀也有嫡系与旁支之别，之前的通气多是皖系军阀嫡系之间的沟通，其他部队得到的消息都是零敲碎打，恰好通过天津会议能够达到沟通与磋商的目的。天津会议可以说是皖系军阀的一次真正意义上的集体碰头，以前队伍庞大人头多不好清点，这次徐树铮正好利用天津会议仔细整理一下皖系的会员，好把手头的资源充分利用起来。

但天津会议对皖系来说，也是一道分水岭，既帮助皖系达到了巅峰，也为皖系的失败埋下了伏笔。虽然天津会议的幕后主脑是段祺瑞和徐树铮，但是在前台扯大旗嚷嚷的却是直系出身的曹锟和另一位北洋将领张怀芝，此时借皖系之手提高了曹锟和张怀芝的声望，等到日后曹锟统辖直系，带走了张怀芝和很多本属于皖系的实力派，迅速加强了直系的力量，使得皖系迅速颓败。所谓"福兮祸所伏，祸兮福所倚"。曹锟这个人在北洋系，有两个昵称，一个叫"老好人"，一个叫"傻子"，其实曹锟这个人很是精打细算，虽然有"傻"之名，但其实并不是个傻头傻脑之人。

12月2日，以曹锟和张怀芝为首，各地的督军及督军代表在天津孙家花园开会，除了西南各省和长江三督以外，其他地方军阀均有代表出席，其规模之盛可以说是超过了徐州会议。会议召开的时候，皖系的机关报透露了一个惊人的秘密，据说西南系军人在梧州会议的时候曾提出了五点建议：一、迎黎元洪复任总统；二、促冯国璋下野；三、惩办战争祸首段祺瑞、梁启超；四、恢复旧国会；五、复任谭延闿为湖南督军。其实在梧州会议中，西南系并没有提出上述这些条件，徐树铮之所以这么做，一是要激起天津会议各督军的同仇敌忾之心，再者就是通过第一、二条对冯国璋发动心理攻势。果不其然，在获悉这些条款之后，参加天津会议的北洋系各地军阀及代表都表示大为愤慨，从而认定与西南方面的交战将最终决定北洋系的兴衰荣辱，认定这也关乎自己的身家性命和地方利益，曹锟就在会上疾呼："我愿意率兵平南，战至最后一人亦所不顾。"

（三）

在天津会议召开的时候，京津两地情势已非常紧迫，各种谣言纷纷出现，甚至出现清室会再次复辟、宣统帝会第三次坐上龙椅的传言。可见当时的政坛波谲云诡，很多斗争都是暗潮汹涌，所以老百姓雾里看花。而天津会议真正的结果，则是彻底否决掉和西南系求和的可能性，纷纷主张进占湖南，然后南下，最后决定：一、各省分别出兵，并且自筹军费。二、推举直隶督军曹锟、山东督军张怀芝为主帅。三、排斥长江三督，分两路进攻湖南，第一路由曹锟担任主帅，由京汉铁路南下通过湖北进攻湘北，第二路由张怀芝出任主帅，率军经津浦路南下，由江西进攻湘东。

天津会议还推举段芝贵作为代表，到北京去和冯国璋摊牌，向总统"表达一点儿婉转的意见"，如果南军退出湖南并且解散"非常国会"，他们就可以和南军和谈，如果冯国璋不采纳这个意见，他们就打算用以前对付黎元洪的方法来对付他，即各省宣布脱离中央自主。在会议结束以后，与会的督军们随即将目标对准了长江三督之一的江苏督军李纯。因为北京政府原本任命十六混成旅旅长冯玉祥去援湘，所谓的"援湘"其实就是到湖南和傅良佐部一起进攻南军，但冯玉祥抵达浦口时被李纯喊停，该旅参谋长邱斌随即通电斥责冯玉祥，随即被冯玉祥免职，改派张树声继任参谋长。天津会议的督军们随即质问李纯，为什么要阻止冯玉祥入湘？

李纯的声望本来就不高，在主战派督军的强大压力下，不得不在1917年12月3日发出通电，一边否认阻止冯玉祥部援湘，一边承诺即刻催促冯玉祥由浦口开赴上海，再由海道开往福建。李纯在通电中同时表示愿意服从北洋系的公意，同时致电陆荣廷质问梧州会议的争议之处，以表明自己对北洋系的忠心。5日，陆荣廷电复李纯，表示他所提及的梧州会议的决议"完全是无稽之谈"，李纯急忙将陆荣廷的复电转给北方各省督军。

此时主战派的北洋系督军已经决意与南军一战，对陆荣廷给李纯的回电根本没有太在意，但曹锟却怕事情拖得太久发生变化，他并不想放掉这个能够在北洋系中树立威望的机会，于是还没有等到冯国璋对于南下讨伐的问题做决定，就通电誓师南下，并且命令其弟曹锐代理直隶督军。6日，曹锟、张怀芝、张作霖、倪嗣冲、阎锡山、陈树藩、赵倜、杨善德、卢永祥、张敬尧联名通电，请北京政府颁发讨伐西南的命令。同时，参与天津会议的北方各省军阀纷纷开始截留税款、扩充兵力、夺取地盘，与南军的决战似乎就在眼前。

8日，在湘粤桂联军总司令谭浩明到来前夕，湘军总司令程潜解除湖南省长的兼职。12日，谭浩明率领南军抵达长沙，随即宣布自己"暂以湘粤桂联军总司令名义兼领湖南军民两政事宜"。在谭浩明抵达长沙之前，湖南督军的位置共有三个人选，一个是得到桂系以及省议会支持的谭延闿，一个是湘军将领拥戴的赵恒惕，再一个就是湘军总司令程潜，程潜不敢做督军而后又辞去省长，就是因为他自知要做督军或是省长，都很难得到省议会、湘军以及西南系的支持，于是要留待谭浩明入湘后决定，而谭浩明直接将所有权限都抓在手里，是明白无误地告诉湘人，桂系要把湖南并入他们的势力范围。湘人自然不愿受北洋系的摆布，更不愿受桂系的控制，因此湘军与桂军之间就此有了罅隙，而湘军内部也因此产生了裂痕。

桂军援湘是不愿让北洋系的势力范围扩大，从而威胁到桂系的利益和存亡。在占领长沙之后，桂系也就没再继续前进，因为当时驻防岳州（今湖南省岳阳市）的是直系军阀王占元部的第二师师长王金镜。湘军主张乘势夺回岳州，有了岳州作为屏障，才能更好地保护长沙，如果不能夺回岳州，长沙也就很难守得住。但桂系则认为如果进攻岳州，与王占元的部队交火，很可能会破坏直、桂之间的同盟关系，从而使得直系与皖系结盟。

虽然北方各省督军的喊杀之声已经此起彼伏，但冯国璋还是想要促成南北和谈，于是让李纯与陆荣廷取得联系，提出湖南先行停战的主张，并且希望南军不要进攻岳州，北军也不对长沙展开反攻，并且在此拉出胡子眉毛一大把的刘人熙暂代湖南督军。在冯国璋率先表态期望南北和谈以解决湖南问题后，陆荣廷就下达了停战令，但这个时候冯国璋却迟迟没有答复，因为段芝贵来了，他把主战派的消息带给冯国璋，表示就算总统下达了停战令，他们一样会对湖南用兵。

四、组团进攻：瓦解直系合法倒冯

　　搞垮冯国璋并不像搞垮黎元洪那么简单，因为冯国璋的背后是实力同样强大的直系军阀，直系军阀中的直隶督军曹锟和长江三督都是北洋系中的实力派。因此，段祺瑞不得不选择联合曹锟，拉拢奉系及其他北洋系军阀合力来倒冯。也就是此际，看起来庞大的皖系军阀其实已经显露出力有不逮的迹象，段祺瑞身后最大的筹码不再是皖系军阀中的实力派，而变成了直系的曹锟和奉系的张作霖。于是，当这两股军阀紧靠在段祺瑞身边的时候，皖系就掌有大权，而当这两个军阀开始自立门户的时候，皖系的城防也就此坍塌。

（一）

　　在天津会议之后，主战派的声势日益高涨，这让冯国璋感到非常头疼。1917年12月15日，冯国璋邀请段祺瑞和王士珍到总统府举行会晤，哪里知道王士珍这个老滑头，对冯国璋和段祺瑞两面敷衍，可这样一来，冯国璋就很为难，因为论口才和手腕他都比不过段祺瑞。段祺瑞断然否决了南北和谈的可能性，表示除了下讨伐令以外，没有别的方法。于是，本来想劝服段祺瑞的冯国璋不仅没有成功，反而被段祺瑞给吓唬住了。

　　16日，冯国璋发出电令，派曹锟为第一路军总司令，张怀芝为第二路军总司令，急速开赴湖南作战。主战派才不管你是命令还是电令，反正只要老冯点了头，他们就开始要钱，曹锟和张怀芝要求发给南征军军费200万元，其他各省的军阀也纷纷伸手要钱，这一下逼得冯国璋没有办法了。18日，冯国璋只好委派段祺瑞为参战督办，段芝贵为陆军总长，他是希望将权力一分为二，他主内，段祺瑞主外。

　　段祺瑞接受了冯国璋的任命，随即成立督办公署，以靳云鹏为参谋处处长，张志潭为机要处处长，罗开榜为军备处处长，陈篆为外事处处长，卫兴武为副官处处长，并聘各部总长为参赞，次长为参议。把这个名单浏览一下就能发现，这根本就是一个内阁之外的政府，因为参战督办不隶属于内阁，由参战督办所做的决定就可以直接交给各部处理，反而让段祺瑞直接抓住了军政大权。自段祺瑞的督办公署成立以后，内阁反而成了鸡肋，处于可有可无的地位。其实历来都是如此，在战时这样的特殊时段，国家的资源都会优先供给军队。

　　冯国璋与陆荣廷都有"勇营"背景，加上对清廷都有相似的感情，而且都不似张勋那么极端，所以直系与桂系来往非常频繁。冯国璋表面上敷衍着主战派，私底下却和陆荣廷勾搭在一起，依然希望能够促成南北和谈。冯国璋密令李纯劝陆荣廷取消两广自主，并率先做出让步，按照陆荣廷的意思任命李静诚为广西省长，随后李静诚向北京政府推荐张德润担任政务厅长，其实就是表态桂系已经在事实上取消独立。桂系不但下了停战令，"联帅"谭浩明更是在答复武汉商会的电报中声明南军绝不侵犯湖北和江西。26 日，冯国璋下达了停战布告，28 日，陆荣廷也致电西南各省督军声明他对国会问题无意见，却没有理会孙中山。

　　冯国璋和陆荣廷一唱一和，主战派却并不买账，31 日，曹锟、张怀芝、张作霖、倪嗣冲、阎锡山、陈树藩、杨善德、赵倜、孟恩远、鲍贵卿、李厚基、姜桂题、田中玉、蔡成勋、卢永祥、张敬尧联名发电，认为"旧国会两次召集，两经解散，成绩无闻，名誉失坠，万无恢复之理。请我大总统敦促参议院迅将政府提出之选举、组织两法克日议决施行，以为召集新国会之张本"。1918 年 1 月 4 日，直系军阀发出通电，对主战派的联名通电予以反击，主张解散临时参议院。

　　主战派的皖系及其盟友论整体实力，本来是不及握有实权的长江三督，江苏、江西和湖北都是富庶之地，长江三督可以说是兵强马壮，所以主战派虽然人数众多，但论起真材实料就不及长江三督了。但是，随着直隶督军曹锟和奉天督军张作霖的加入，外强的主战派也不再中干，这时候就完全压制住了主和派的长江三督。而且主战派的带头大哥段祺瑞，是个凡事都低调不下来的主，而主和派的领头人冯国璋则是个不善张扬的人，两相对比，主战派在各个方面都占取了优势。

　　雪上加霜的是，这时候又接连出现了自主军的事情。先是浙军旅长叶焕章、宁台镇守使顾乃斌在宁波宣布自主，推蒋尊簋为自主军总司令；随后湖北第一师师长石星川在荆州宣布自主，湖北第九师师长黎天才在襄阳也宣布自主；不久，河南民军首领王天纵在汝州宣布自主。宁波的独立军率先溃败，浙军第一师师长童保暄派兵隔江开炮，吓得叶焕章和顾乃斌出逃，荆、襄两地的自主军却逐渐稳定下来，并推举黎天才为湖北靖国军总司令、石星川为湖北靖国军第一军军长。荆、襄两地宣布自主，湖北督军王占元一下子成了光杆司令，曹锟和吴光新趁机要求进攻自主军，尴尬的王占元不想同意却没有拒绝的资本。但是不等曹锟和吴光新出兵，自主军内部也出现裂痕，黎天才随即取消自主，孤立的石星川则被曹锟和吴光新部队击败。经过这么一折腾，湖北督军王占元的地盘大半都被主战派夺去。

（二）

段祺瑞与黎元洪、冯国璋的矛盾之所以激化，其实都是因为战事。与黎元洪的矛盾激化是因为欧战，一个主战一个主和，结果黎元洪垮台；与冯国璋的矛盾激化是因为南征，一个主战一个主和，冯国璋也陷入被动。黎元洪和冯国璋都是曾用兵一方的军阀，黎元洪的地盘在湖北，冯国璋的地盘在江苏，这两个地方都很富庶，属于吃喝不愁的人间天堂，多少影响到了他们的政治主张，两个人都认为维持现状、偏居一隅比征战更重要。但是，对当时的更多军阀来说，他们并不能占据湖广、江浙一带的富庶之地，而要生存发展就必须要拥有更多的部队和更好的枪械，段祺瑞所提出的"南征"恰好更符合其他地方军阀的诉求：凭什么便宜你们占着那么好的地盘，我们也要来分一杯羹！

这也是皖系与直系出现裂痕的始端，皖系当时掌握的地区，除了上海，其他的地方都没有多少油水，反观直系占据的地盘，直隶、江苏、湖北、江西在当时都富得流油，直系的地盘不多，却掌握了半个中国的命脉。所以，主战派和主和派的矛盾其实就是分赃不均，吃糠就咸菜的也想去湖广尝尝大米饭的滋味，而抱着"武力统一"想法的段祺瑞正是利用了其他军阀的这种思想，组团让大家南下去吃大户。

所以不管从哪个方面来衡量，冯国璋都要尽量避免南北战争的爆发，皖系在联合了曹锟和张作霖以后，声势已经让冯国璋难以压制，冯国璋只好又想出另一个方法，就是把对南方的"全面讨伐"压缩成"局部讨伐"，把主战派对南方讨伐的目标引导向荆、襄一隅之地，这样既可以对陆荣廷有个交代，又能帮助王占元解决眼前的困局。冯国璋想得很好，但是段祺瑞和其他的地方军阀可不愿意丢了西瓜去捡芝麻，在

1918 年 1 月 13 日，徐树铮邀请安徽督军倪嗣冲抵达天津，随即鼓动十六省军阀联名通电，反对"局部讨伐"，主张对南方进行全面战争，同时，针对直系"二当家"李纯、倪嗣冲、张怀芝、张敬尧联名发电要求冯国璋罢免其江苏督军一职。这样一来，事态就变得非常严峻，先是江苏督军李纯致电冯国璋请求辞职，再就是唐继尧、程璧光、伍廷芳、谭浩明、刘显世、莫荣新、李烈钧、程潜、黎天才、陈炯明、石星川、熊克武这 12 位西南系军人发出联名通电，质问北京政府为何在发布停战布告后又派出两路征南军司令，这样可让冯国璋更加为难。

本来想"大事化小，小事化了"的冯国璋，反而给推到了里外不是人的境地，他去找王士珍，王士珍不仅没有了主意，反而来找冯国璋请辞。身在北京的冯国璋这才发现自己是掉进了一个泥沼里，要么下讨伐令，要么就离开总统府。14 日，办公处回电给主战派，表示"各军先行，战令随发"，意思就是你们先打仗，打赢了自然就下讨伐令。但是主战派并不买账，他们坚持不下令而先开战是"师出无名"，要求"先下令而后开战"，在这个问题上争执不下。但就在当天，曹锟和吴光新对荆、襄出兵，在湖南的谭浩明坐视不管，并且制止湘军往援，在 22 日，吴光新便轻松攻下荆州。

23 日，眼前荆、襄屏障不再，而湘军和国民党对南军止步不前的反对情绪日益高涨，桂系担心湘军与国民党连接到一起，所以只好进攻岳州。24 日，南军进攻岳州的消息传到北京，冯国璋惊讶不已，急忙赶到东四牌楼五条胡同拜访老谋深算的徐世昌，徐世昌随即请来段祺瑞，冯国璋此时的态度忽然大变，当着徐世昌和段祺瑞的面痛骂南军，并且表示要亲自出征。徐世昌和段祺瑞都没有见过冯国璋发这么大的火，都有些摸不着头脑，也不知道该怎么回应冯国璋。

回到总统府以后，冯国璋立即命令拱卫军司令刘询在第十五师中挑选精兵作为南行卫队，召见王士珍命他坐镇北京，同时发表通电宣称将亲自出征。25 日，曹锟部攻入襄阳，冯国璋则在总统府召见陆军总长段芝贵、步军统领李长泰、京师警察总监吴炳湘等，要求他们协助总理王士珍维持一切。冯国璋于 26 日乘专车离开由北京抵达天津，与曹锟在曹家花园通宵密谈，而当日南军与北军在岳州交战，守岳州的北军是王金镜、李奎元、王汝贤、范国璋的部队，都是直系部队，他们无心恋战，放火焚烧岳州后主动撤出。27 日，南军进入岳州，扑灭了空城中的大火。而冯国璋的专车已自天津抵达济南，又经济南抵达徐州，随后经蚌埠转赴南京，但是专车开到蚌埠的时候却开不动了。

（三）

　　列车刚刚开到蚌埠，忽然就被部队给团团围住，接着安徽督军倪嗣冲带兵进入车内，明着说是来接站，但暗地里却是挟持住了冯国璋。冯国璋在徐世昌宅内突然发火，让段祺瑞有点儿蒙，但是等冯国璋乘车南下，段祺瑞就觉察到不对劲了。冯国璋宣称亲自出征，却挑选了精兵护卫，还携带子弹二百余箱、辎重数十车，而且本该是由京汉线到湖北，不应该选择津浦线，显然，冯国璋的目的地是他的老巢南京。若让冯国璋回到南京，无疑就是纵虎归山，种种疑惑自然让段祺瑞不敢大意，急令安徽督军倪嗣冲半路拦截。倪嗣冲是有名的"莽将军"，什么事儿都干得出来，冯国璋虽然带着一个旅的精兵，但到底寡不敌众，在重兵之下也不敢以卵击石。1918 年 1 月 29 日，冯国璋只好在蚌埠掉头北归。

　　30 日，张敬尧通电揭发主和派与南军勾结并阻挠南征的事。张敬尧，字勋臣，是安徽霍邱（今属安徽省六安市）人，毕业于保定军官学校，他虽然生于安徽却原本属于直系，是江苏督军李纯的门生故吏，后来为了前途转而投身皖系。在通电中，张敬尧以曾为直系将领的身份对李纯和王占元大加污蔑，指出长江三督奉有冯国璋的密电，要和南军求和，南军进攻岳州便是因为李纯辞职，而且就在岳州失守前夕，他本来已经准备驰援，但是由于王占元发电阻止，他不愿孤军深入所以作罢。张敬尧的通电发出之后，倪嗣冲、曹锟、张怀芝也发电附和攻击李纯。而此时的冯国璋已经沦落为主战派的政治俘虏，于是被迫发布讨伐令，任命曹锟和张怀芝进兵，派曹锟兼任两湖宣抚使，张敬尧为援岳前敌总司令。

　　此时的北京政府已经完全在主战派的控制之下，2 月上旬，曹锟南下在孝感设立南征大本营，又在汉口正式成立第一路军总司令部，同时任命吴佩孚署理第三师师长，将第三师由鄂北开赴鄂南，随后在蒲圻、嘉鱼一带集结。几乎就在同时，张敬尧统率第七师由徐州经郑州南下。但是 2 月 14 日，冯玉祥忽然在武穴发布通电宣布自主，随后，陆建章在鄂皖边境和霍山、六安一带组织安徽讨逆军，发布讨伐倪嗣冲的檄文，顿时打乱了主战派的安排。安徽督军倪嗣冲匆忙调兵自卫，同时致电北京要求罢免李纯，讨伐冯玉祥。15 日，殷鸿寿被北京政府任命为前敌总执法官，授予一把七狮军刀，对临阵退缩的官兵拥有"先斩后奏"的权力，殷鸿寿随即率四十名刽子手南下汉口。同日，张敬尧抵达汉口，发出通电，口口声声宣称"对于杀敌致果，甘之如饴"。

曹锟的部下吴佩孚在最前面冲锋陷阵，而第二路军的总司令张怀芝却迟迟不动身。第二路军的施从滨部通过浦口，于18日搭船抵达九江，但此时他们的总司令张怀芝还慢慢悠悠地在路上晃荡。张怀芝，字子志，是山东东阿县（今属山东省聊城市）人，原本是个破落户，后来投军。张怀芝不想离开山东的原因有二：如果说曹锟南下是因为北京政府答应让他节制两湖，而张怀芝南下却无利可图；再者让他离开大本营，则要把山东督军的位置交给第五师师长张树元，他放心不下。21日，北京政府任命他为湘赣检阅使，他仍然不太满意，直到27日实在无法推脱才不得不南下汉口。25日，北京政府下令免去冯玉祥旅长职务，交由曹锟查办，以董世禄代理该旅旅长。可就在当天，忽然从秦皇岛传来消息，奉天军署参谋长杨宇霆忽然带兵抵达秦皇岛，把日本政府运来的27000多支步枪劫走，消息传到北京，冯国璋大为震惊。26日，冯国璋邀段祺瑞在总统府召开紧急会议讨论如何应对奉军入关。奉军突然入关，自然与段祺瑞脱不开干系，因为就在不久之前，段祺瑞的心腹徐树铮忽然出现在了奉天。会后，段祺瑞致电张作霖请"原物交还"，运来北京。张作霖随即复电表示他其实准备南征，劫夺这批枪支乃是为了补充军火，不得不"先斩后奏"。

张作霖入关，首先震慑住的是"两冯"，即冯国璋与冯玉祥。奉军入关，张作霖首先提出"罢免李纯""拥护元首"，俨然就是逼宫，要冯国璋罢免李纯的职务。其次，张作霖还表示要讨伐冯玉祥，冯玉祥本意是宣布自主，然后出奇兵进攻安徽，因为安徽督军倪嗣冲也是一个会吹牛甚于会打仗的人，此举并不会花费多少力气。但此时奉军入关，冯玉祥与倪嗣冲变成了鹬蚌相争，难免不会让张作霖渔翁得利，因此冯玉祥不得不在形势面前低头。缓过神来的倪嗣冲随即电请北京政府致电曹锟，要求曹锟派兵夹击冯玉祥部，但曹锟却按兵不动，倪嗣冲也就不敢单独行动。

五、皖奉联手：三次组阁驱逐冯国璋

这个世界上，有些人天生就是做头领的，有些人不管如何努力都做不来头领。冯国璋就是这样的人，他在"北洋三杰"中被称为"狗"，在淮军时他听清廷的，在北洋军时他听袁世凯的，当了总统以后要他自己拿主意，他就只能跟长江三督去商量。可是时势不同，长江三督唯冯国璋马首是瞻，更想要的是冯国璋来拿主意，可是冯国璋拿不了主意，他在不该进北京的时候进了北京，在想走的时候走不出北京。和黎元洪一样，冯国璋注定只能做段祺瑞的屏障，做直系军阀历史的影子，他们可以生活在开疆拓土的盛世，却在乱世中始终把握不到生存之道。

（一）

冯国璋派财政总长王克敏到蚌埠会晤倪嗣冲，同时在总统府举行紧急会议，认为自己唯有隐退这一条路可走，但是与会的人面面相觑、不置一词，会议最终也没有取得任何结果。1918 年 3 月 5 日，王克敏致电冯国璋，表示倪嗣冲对总统并无成见，只是希望总统能够起用段祺瑞，罢免李纯。

另外，张作霖自天津也发来电报，表示自己仍然拥护总统，入关的目的也只是铲除主和派，希望能够组织强有力的政府。种种迹象似乎是在表明，主战派并无意要冯国璋下台，他们只是想进行新国会的选举。于是，冯国璋在 6 日发布命令，指定在当年 5 月 24 日进行众议院议员的选举，在 6 月 20 日进行参议院议员的选举。而在同日，张怀芝转赴南昌，张敬尧则移驻汀泗桥。

7 日，张作霖、曹锟和张怀芝先后来电表示支持总统，张作霖称"拥护中央，维持大局，始终团结，裁平内乱，联络同志，共救危亡"，曹锟则是极力欢迎奉军入关，并邀请张作霖到徐州加入第二路南征军。而张怀芝则称赞奉军入关是"壮我士气，固我后援"，并邀请奉军南下韩庄。虽然如此，但北京城内的情势依然非常严峻，8日，总统府处于紧急戒严的状态，府学胡同的段宅也有重兵把守。同日，张作霖发表庚电，称"挽救时局，只我大总统一人"，但同时声明"择定总理一人，组织完全内阁，总理得人，各方同意，政令自行，切勿轻怀退志"，冯国璋在此时只好装起糊涂，"可速联合各省，商定何人应任总理，予当依众议而行"。

9日，王士珍乔装逃往天津，抵达天津后随即致电冯国璋和段祺瑞，表示自己绝不回京任职。同时，皖系继续向冯国璋要求罢免江苏督军李纯，派卢永祥代理江苏督军。江苏是冯国璋的大后方，他自然不愿意，在此事上表现得尤为强硬，并且密电李纯对皖系予以抵制。段祺瑞见硬的不行，就来软的，建议内调李纯为参谋总长。将李纯调离江苏和撤销督军几乎没有什么区别，冯国璋自然还是不同意。但是来自皖系的压力不断增强，冯国璋虽然不同意李纯去职，但愿意妥协，同意给李纯"革职留任"的处分，但段祺瑞意在夺取江苏，又怎么会同意冯国璋的意见？

而此时曹锟的部队已经长驱直入，打到了岳州城下。因为在出发前北京政府授权曹锟节制两湖，湖北和湖南这两块肥肉可比直隶要强多了，直隶虽然号称京畿要地，其实就是北京的门户，而湖北和湖南则是南方最为富庶的地区，在这里当土皇帝可远胜过在直隶当看门狗。因此曹锟在湖南是下了血本的，除了吴佩孚的第三师，还有王承斌、阎相文、萧耀南的三个混成旅，这些部队不管是人数、装备和素养都远在张敬尧及所属第二路军的山东第一师施从滨、江苏第六混成旅张宗昌和安武军李传业等部之上。10日，吴佩孚占领羊楼司，开始集中兵力进攻岳州。

12日，倪嗣冲北上天津，同时致电邀请张作霖到天津共同商议拥护段祺瑞组阁、罢免李纯等事，同日，奉军在距离天津五十里的军粮城设立关内奉军总司令部，张作霖自兼总司令，徐树铮以副司令名义代行总司令职权。名义上是奉军设立了司令部，其实却是借兵给了徐树铮，徐树铮是段祺瑞的左右手，冯国璋当然知道这意味着什么，张作霖等于是借了一把刀给皖系，而皖系就将这把刀横在了冯国璋的脖颈上。冯国璋自是不愿意段祺瑞出来组阁，因为这样一来，等于内阁完全在段祺瑞操控之下，但是眼前的情形已经由不得他。14日，冯国璋只好亲自到府学胡同段祺瑞私邸，敦请段祺瑞再度出来组阁，但是段祺瑞拒绝了冯国璋的邀请，他把冯国璋推向了悬崖峭壁。

18日，吴佩孚率部进入岳州，不过更有趣的是，跟在吴佩孚屁股后面的北军援岳总司令张敬尧，根本没有打什么仗，嚷嚷得却很欢实，号称"一星期下岳州，旬日之内可攻克长沙"。同日，北京政府采纳曹锟的建议，给予冯玉祥"革职留任"的处分，免去陆军中将的职务，暂准留任旅长，并且交由曹锟节制。其实皖系的本意是要将冯玉祥旅派往黑龙江驻防，这个意见是皖系将领张怀芝提出的，一来让冯玉祥走得远点儿，二来制衡奉系的张作霖。但是冯玉祥不肯去戍边，张作霖也不欢迎冯玉祥，这样一来，反而让曹锟捡了便宜，更增强了曹锟的实力。

（二）

在北军攻取岳州之后，冯国璋仍然对自己的和谈主张不死心，表示"北军对南的军事行动以岳州为止"。但此时的北军怎么可能把到嘴的肥肉再吐出来？冯国璋的通电还没有发出，督军们就在1918年3月19日发出联名电报，这一次的联名通电中甚至出现了长江三督的名字，他们要求段祺瑞再次组阁，并且声称"全国安危，同人离合，均系我公一身"。接到这份电报之后，冯国璋只好又跑到段宅去，发誓要与段祺瑞同生死、共患难，并且给予内阁更高的权限，这才算是说动了段祺瑞。

几乎就在湖南战事最紧要的关头，想要浑水摸鱼的龙济光准备在桂系身后放一把火，他率部悄悄从琼州海峡偷袭雷州半岛，西南系的后院立刻响起了枪声。桂系急忙致电滇系，愿意共同消灭龙济光军，并且推选李烈钧为讨伐军总指挥，西路交由桂军负责，东海沿岸地区则交由滇军负责。李烈钧随即誓师出发，就在张敬尧占领平江的当日，滇军攻克了阳江。

张敬尧虽然没有和南军打几场仗，但是并不是说他没有杀过人，实际上他杀了不少。南军于17日退出平江，张敬尧随即做出进攻平江的架势，这一次他可不想再让人说他不费一枪一弹就进入平江，但是南军已经撤退了，总不能对着天上放空枪，于是张敬尧就说去往平江大道附近的乡下人其实都是南军便衣队。于是，张敬尧的部队就开始对这些"便衣队"展开屠杀，同时四处横行，奸淫掳掠无所不为。妇女们不得不躲到荒郊野外的山洞里，适逢大雨，饥寒交迫的妇女在山洞里奄奄一息，而不堪受辱选择自杀的妇女更是数不过来。22日部队开进平江以后，张敬尧更是宣布"三天不封刀"，纵容自己的士兵到处劫掠，纵然在三天后发布了安民告示，但是奸淫掳掠的事情依然层出不穷。

冯国璋在 23 日准署国务总理王士珍辞职（其实王士珍之前早跑掉了，只是剩个虚名挂在那里），特任段祺瑞为国务总理。24 日，委任张志潭为国务院秘书长，25 日又将参陆办公处迁回国务院，并任命靳云鹏为参陆办公处主任。段祺瑞第三次组阁，复出后的第一件事就是通令各省，将北军称为"国军"，将南军称为"敌军"，摆足了武力统一的架势。而徐树铮到北京祝贺新内阁的时候，也公开表示"不打到广州决不罢兵"。当时段祺瑞设想的作战计划是：湖南战场仍然以直系军队为主，等到湘东平定之后，抽调张怀芝进攻广东，同时命令江西的部队向南推进，福建的部队向潮汕推进，在广东境内与龙济光部会合；四川战场则以奉系军队为主，兵分两路，一路由鄂西向四川东部推进，一路由陕南向四川北部推进，随后和陕军以及刘存厚部会合。

段祺瑞想得固然是好，但其时刘存厚在四川已经是举步维艰，而龙济光在广东也是节节败退。然而此时的段祺瑞以及皖系均达到巅峰状态，整个北洋系几乎都聚拢在周围，冯国璋和长江三督也不得不低头臣服，之前对皖系态度激烈的李纯竭力拉拢徐树铮，而江西督军陈光远更是公开支持段祺瑞的作战计划。在段祺瑞三度组阁的过程中，徐树铮厥功至伟，所以再回到北京以后，人事权和军事权全部落在了徐树铮的手里，同时新国会的选举也由他包办，而这个新的国会就是标志皖系力量抵达最高峰的安福国会。徐树铮掌权之后仍旧嚣张跋扈，靳云鹏当了参陆办公处主任，徐树铮就和靳云鹏作对，靳云鹏只好假不办公将权力交给徐树铮。国务院秘书长张志潭本来也是徐树铮推荐的，但是徐树铮随后也对张志潭不满，张志潭只好辞职。徐树铮大权在握，同时也渐渐让皖系走向分化。

26 日，吴佩孚攻克长沙，随后继续追击南军，而将长沙又交给了跟在他屁股后面的张敬尧。张敬尧虽然一直闻着直系军队扬起的尘土味前进，在岳州被攻克之后才到九江督师，但一路上尽是捡不完的便宜。到了长沙，他那支掳掠成性的部队在这里为非作歹，搞得整座长沙城都苦不堪言，外国记者发电形容"此辈剿匪不足而剿民则有余"，同日，北京政府任命张敬尧为湖南督军兼署省长。28 日，以蓝建枢特任海军总司令。29 日，任命陆徵祥复任外交总长，钱能训为内务总长，段芝贵为陆军总长，刘冠雄为海军总长，傅增湘为教育总长，朱深为司法总长，田文烈为农商总长，曹汝霖为交通总长兼署财政总长，吴鼎昌为财政次长。

（三）

此时，徐树铮看到直隶拱卫北京的重要性，便想取代曹锟成为直隶督军，他采用的办法是调虎离山，升曹锟为两湖巡阅使兼湖北督军，调原湖北督军王占元为江苏督军，而原江苏督军李纯就地免职。这样既调开了曹锟，又解决了李纯，还打击了直系。

曹锟虽然帮着皖系，但是也不想开罪直系，再者湖北和湖南的局势都不明朗，徐树铮急着把曹锟调出直隶，无疑是釜底抽薪，曹锟虽然有"傻子"之名，但不是真傻。1918 年 4 月 4 日，曹锟向北京政府发出通电，请辞两湖巡阅使的同时要去信阳的鸡公山养疴，"养疴"这个词大家应该都不陌生，是的，当年袁世凯就用过这一招。就在曹锟发出通电的同时，曹锟的部下吴佩孚也致电北京政府，表示部队作战疲乏要求回到直隶休整。

曹锟和吴佩孚用的这些伎俩，是继承了北洋系的光荣传统，因为袁世凯和段祺瑞都是以养病威胁政府的高手，他们算是没有白跟着这两位北洋大佬混。而且曹锟手里确实有足够的本钱来威胁段祺瑞，因为此时的皖系军阀都跟在吴佩孚后面磨磨蹭蹭前进，真正在前面冲锋陷阵的是吴佩孚，曹锟这个时候如果宣布撤退，那段祺瑞占两湖、攻四川、扫平西南的"三步走"战略就会付诸东流。徐树铮急忙南下，亲自到汉口向曹锟道歉，但同时又调本来前往四川的奉军转往湖南战场监视直系部队。

曹锟觉得两湖距离大本营太远，"金窝银窝不如自己的狗窝"，不如回到自己的老巢去。于是在占领长沙以后，曹锟的部队就借口粮饷和枪械不足，进兵日益缓慢。7日，安徽督军倪嗣冲抵达北京，极力主张以临时参议院代行国会选举权，即日进行总统选举，正式驱逐冯国璋。但此时主战派内部矛盾逐渐显露出来，段祺瑞哪里有心思重选总统，决定"南巡"汉口召开军事会议，消除直皖两系的矛盾。

内阁对段祺瑞的"南巡"却议论纷纷，因为前不久大总统冯国璋刚刚"亲征"，搞得北京城里人心惶惶，如今总理又要"南巡"，只会令刚刚平稳的局势再起波澜。但 12 日，南军占领电白，龙济光部节节溃败，段祺瑞不顾内阁反对毅然"南巡"，20 日乘专车由京汉路南下，21 日经郑州时得河南督军赵倜随行，22 日抵达汉口，为了方便会晤曹锟，由大智门车站改为循礼门，直抵刘园的曹锟司令部。让段祺瑞尴尬的是，他原本意在汉口召开一次大的军事会议，但是长江三督中的李纯和陈光远不敢赴会，张怀芝和张敬尧借口"军情紧急"不予赴会，搞得所谓的督军会议只剩他和曹锟面面相觑。段祺瑞随后又接连致电张怀芝，张怀芝才不得不于 24 日赶到汉口。至此，段祺瑞主持的军事会议终于请到曹锟、张怀芝、王占元和周偁四个督军，段祺瑞的心腹徐树铮及江苏、江西、湖南、安徽、山西、陕西、奉天等省的督军代表参加。

就是在这次督军会议上，原本是主战派领袖的曹锟忽然转变了态度，站到了直系一边，他先是和王占元一起请求恢复陈光远的官职，随后又要求撤销对王汝贤、范国璋的处分，对冯玉祥不予追究。这样，当冯国璋在北京城里声势日微，逐渐成为一个空头总统的时候，曹锟却手腕迭出，逐渐成为直系的首领。段祺瑞此行本就意在安抚直系，所以对曹锟的请求都表示同意。

就在汉口军事会议召开的同时，随着护法运动的失败，桂系开始将大部分部队撤回广东，推行不抵抗政策，谭浩明也离开衡阳到永州。在桂军撤退之后，孤立无援的湘军也不得不撤退，程潜于 23 日离开衡阳，直系军队在第二天进驻衡阳。

25 日，北军张怀芝部占领醴陵、攸县，但此时北军过于轻敌，急于对南军进行追击。结果撤退不及的桂军和湘军只好采取反攻，而张怀芝部对敌人的大举反攻猝不及防，在黄土岭被打得大败，溃败的北军退往株洲、易家湾，更是将怒火发泄在老百姓身上，沿途烧杀抢掠。在汉口的军事会议结束以后，26 日，段祺瑞在九江会晤陈光远，在恢复陈光远职位的同时命令他出兵广东，陈光远随即派赣南镇守使吴鸿昌进攻南雄。同时，段祺瑞又任命福建督军李厚基为援粤军总司令，并调浙江第一师师长童保暄为副司令，李厚基在厦门设立司令部。同时，曹锟、张怀芝、倪嗣冲联名致电北京政府，要求迅速召集新国会。27 日，李烈钧部攻克龙济光部的根据地廉江，段祺瑞急忙赶到南京会晤李纯，李纯随即派第十九师师长杨春普率部开赴江西，同时段祺瑞也极力缓和李纯、倪嗣冲、卢永祥之间的矛盾，到晚间则由津浦路北归，于 28 日回到北京。

四 裂变中的北洋

1919 年对于中国近代史来说，是浓墨重彩的一年，这一年爆发了五四运动，随后更是引发了著名的新文化运动，整个中国文化界受此影响发生了巨震。而就在同年，北军和南军也终于在谈判桌上坐了下来，对于当时当日的中国来说，裂变的不只是文化、思想和政治，中国当政的北洋系也在发生裂变。皖系、直系、奉系以及西南系都在南北战争和和谈的过程中看清了对方，也看明白了自己，而另一方面，孙中山也意识到依靠军阀是行不通的，开始寻求新的救国之路。而对未来中国影响最为深远的事件之一，便是这一年 9 月的《新青年》杂志上，刊登出著名学者李大钊所写的《我的马克思主义观》，社会主义思想开始在中国传播开来。

序篇：安福俱乐部

皖系军阀是在南北战争过程中达到全盛的，这个时候的皖系军阀在北方控制着国会，在南方则召集直系和奉系共同对抗西南系，而标志着皖系全盛时期开始的重要事件，就是安福国会的成立。段祺瑞从担任总理以来，几度沉浮，除了和黎元洪、冯国璋两任总统斗法，就是和国会议员们斗法，段祺瑞一直想控制国会，但是各个派系的存在让国会始终不在皖系的控制范围内。直到安福国会成立，段祺瑞才真正只手遮天，这个时候中国是战是和，就完全取决于段祺瑞的一句话，而皖系的政客和军人也纷纷占据了国家机构中的主要位置，这一时期成为这个短命的军阀团体最辉煌的一段日子。

（一）

皖系军阀自来有"四大天王"或者是"四大金刚"之说，查找民国历史的资料时也会发现很多书中提到了这四位在皖系军阀中呼风唤雨的人物，很多作者认为既然是在皖系中说一不二的人物，至少应该手握军权，所以这四位人选有各种说法，总结起来包括徐树铮、靳云鹏、吴光新、傅良佐、倪嗣冲、曲同丰。其实，所谓皖系的"四大天王"或是"四大金刚"，主要指的是皖系在成立"安福国会"前后最出力的四个人。安福俱乐部早期，徐树铮一直在外活动，所以是由靳云鹏和傅良佐负责的，后来傅良佐兵败湖南，靳云鹏被徐树铮挤走，把持安福俱乐部的是徐树铮和曾毓隽。

事情说起来还要追溯到 1917 年的 3 月初，段祺瑞与黎元洪"府院之争"最为激烈的时候，段祺瑞的对德绝交案接连在国会碰壁，根据段祺瑞身边的人回忆，说段祺瑞在与黎元洪争吵时表达过"总统既然不信任我，事事和我作梗，国会又处处找我麻烦，和我背道而驰，这样的国务总理我是没法干下去了"的意思。其实当时的黎元洪手中既无实权也无兵权，"府院之争"与其说是段祺瑞与黎元洪的个人争斗，不如说是内阁与国会以及国会之间不同派系的争斗。

说到这里有必要聊一聊民国早期国会中的主要政党，在袁世凯执政时，国会中的四大党派是国民党、共和党、统一党和民主党。先是宋教仁在1912年8月将同盟会和一些小的党派合并为国民党，随即在国会选举中胜出，成为国会第一大党；随后，以章太炎为首的"中华民国联合会"与张謇为首的立宪派团体"预备立宪公会"组成统一党；而以黎元洪为首的民社和统一党，联合国民协进会、国民共进会等立宪派团体组成共和党；以汤化龙为首的立宪派团体"共和建设讨论会"联合以孙洪伊为首的共和统一党、国民协会、共和俱进会、共和促进会、国民新政社等立宪派团体组成了民主党。此后，为了在国会中制衡国民党，共和党、统一党和民主党又组成了进步党。

到黎元洪与段祺瑞"府院之争"最为激烈的时候，国会形成了新的格局，主要的除了国民党外，还有交通系和研究系。在宋教仁遇刺之后，国民党党员有的追随孙中山南下，有的则继续留在国会中，虽然势力大不如前，但在国会中依然占据着数量上的优势，其中最重要的就是"稻园派"，稻园派包括孙洪伊、土湘、丁世峄、谢远涵等，因为经常在稻园开会而得名，他们是国民党的骨干力量。交通系和研究系则是由原来的进步党分化出来，其中交通系的魁首是梁士诒，而研究系的魁首则是梁启超。梁士诒时任交通银行董事长，因此以他为首的派别就被称为"交通系"，他本人更是有"梁财神"之称。交通系到后期分裂为旧交通系和新交通系，旧交通系的主要人物包括梁士诒、周自齐、叶恭绰、汪有龄、朱启钤等，新交通系的主要人物则包括曹汝霖、陆宗舆、章宗祥等。研究系是所有派系中政治理念最为清晰的一支，他们的魁首梁启超拥有一套完整的议会政治论。

早在1910年，梁启超就发表了《中国国会制度私议》，详细论述了议会的组织、选举、投票等，并且认定"议院为今世最良之制度"，倡导政党政治，并且主张效仿英国政体组织议会。研究系的主要人物包括梁启超、汤化龙，以及在君主立宪运动中曾与梁启超有过合作的官僚士绅。

在段祺瑞组阁以后，交通系和研究系都逐渐靠拢到段祺瑞的身边，在西原借款的过程中均扮演了重要角色。但当时以稻园派为首的国民党在国会中依然占据着主要席位，尤其是孙洪伊经常在会议上和徐树铮发生冲突，引发阁潮。段祺瑞随即指派徐树铮联络交通系和研究系的要员，拉拢国会中的中小派系，以制衡国会中的国民党。但徐树铮为人跋扈，即便是交通系和研究系中也有人对他颇有微词，徐树铮只好找来靳云鹏、傅良佐、曾毓隽等商议，这四个人就此构成了皖系的核心。

1917 年 3 月 27 日，在徐树铮的背后策划组织下，靳云鹏、李国筠等联合合平社、澄社、宪政会、新民社、衡社、静庐、正社、友仁社、宪法协议会、苏园等十一个政团组织，成立了"中和俱乐部"，所谓"俱乐部"就是大家都要得到利益、都要欢乐，当然，只要加入了这个"俱乐部"，就得先让段祺瑞欢乐才行，段祺瑞欢乐了，加入的人才能欢乐。

（二）

段祺瑞再造共和之后，瓦解了国会中的主要势力国民党，稻园派的孙洪伊南下，国民党在国会中的优势不再。更为重要的是，在段祺瑞讨伐张勋的过程中，交通系和研究系都起到了非常重要的作用，等于是中和俱乐部、交通系和研究系勠力帮助段祺瑞驱逐了张勋。虽然段祺瑞还没有再次组阁，但是他已经开始积极为组阁做准备，虽然得到交通系和研究系的支持，但段祺瑞决心完全将国会操纵在自己的手里。

交通系和研究系当时和段祺瑞走得很近，但是研究系的梁启超并不是唯段祺瑞马首是瞻的狗腿子。梁启超对于政党政治有着深入的研究，他支持段祺瑞，正是因为他认同应以国会来制衡总统的权力。段祺瑞虽然不想做总统，但是他却希望能够拥有左右府院的力量，所以才会造成他与袁世凯、黎元洪、冯国璋三任总统之间的摩擦和冲突。梁启超原本是康有为的学生、保皇党的高层，后来又脱离保皇党投身革命党，从帮助康有为鼓吹保皇到后来又反对康有为，从帮助袁世凯组建进步党到又反对袁世凯，这样的人往往是认理不认人。

此时傅良佐因为在湖南战败，不方便回到前台，徐树铮在奉天与天津之间为与奉系的外联奔跑，只有靳云鹏和曾毓隽在京，于是段祺瑞就指示这两个人改组中和俱乐部。

1918 年 3 月 7 日晚，在靳云鹏和曾毓隽的安排下，中和俱乐部的主要成员王揖唐、王印川、刘恩格、黄云鹏、解树强、江绍杰等人在宣武门内安福胡同梁式堂的住宅开会，因为俱乐部场所设于安福胡同，故而名为安福俱乐部，并将 3 月 8 日定为正式成立日。成立之后，安福俱乐部设立了王揖唐主管的干事部、田应璜主管的评议会、李盛铎主管的政务研究会，干事部下分文牍、交际、会计、庶务、游艺五课，课的下面设股。其人员之众、机制之周密，甚至比国会犹有过之。其实自国民党解散之后，国会中的各派似乎取得了某种共识，不再使用政党名义而改用所谓俱乐部的名义。

因为在安福俱乐部成立期间，不管是台前幕后均以靳云鹏出力最多，而曾毓隽为人低调、随和，不管是徐树铮还是靳云鹏，曾毓隽都能甘当副手，这样一来，使得靳云鹏在皖系尤其是安福俱乐部中的影响力与日俱增。当时徐树铮在外、傅良佐兵败，靳云鹏借此成为"四大金刚"之首，皖系除段祺瑞之外的二号人物。3 月 23 日冯国璋请段祺瑞出面组阁，段祺瑞随即第三次出任国务院总理，靳云鹏则出任参陆办公处主任，更是与曾毓隽一外一内成为段祺瑞的左右手，同时也是安福俱乐部的幕后主脑。但是段祺瑞一上台，在权力分配上自然不能少了自己的得意门生徐树铮，而徐树铮因为导奉系入关，也在段祺瑞组阁的过程中厥功至伟，再度回到北京的徐树铮比之前更加张扬。

4 月 7 日，安徽督军倪嗣冲抵达北京，他主张以临时参议院代行国会选举权尽快进行总统选举，倪嗣冲的意思是尽快驱逐冯国璋，让皖系真正控制北京政府。但徐树铮却不着急，他坚持认为还是由新国会选举总统比较妥当，而且提早选取总统也是不合法的，这时徐树铮便开始着手策划新的国会，而这个新国会正是建立在安福俱乐部基础上的，后来被人称为"安福国会"。

徐树铮要以安福俱乐部的基础来策划国会选举，从而在国会中取得绝对优势的席位数量，进而真正意义上把持国会。第一步，就必须取得安福俱乐部的控制权。对靳云鹏而言，他自然不想放掉手中的权力，可徐树铮是段祺瑞的心腹，靳云鹏纵然再不愿意，也奈何不得徐树铮，只好拱手将安福俱乐部的指挥权交给了徐树铮。

徐树铮掌握了安福俱乐部，但是却与靳云鹏之间有了隔阂，彼此见面也不再像之前那么融洽。靳云鹏毕竟不是惯于甘居人下的曾毓隽，而徐树铮对靳云鹏的态度自然也不像对待曾毓隽，所以取得了靳云鹏在安福俱乐部的地位之后，徐树铮又开始对参陆办公处的事务指手画脚，甚至越俎代庖地替靳云鹏发号施令。按照曾毓隽后来的回忆，靳云鹏虽然没有什么表示，但总是不太舒服的，他不甘心就此放弃参陆办公处主任的职务，但是也奈何不得徐树铮，只好请了病假回家养着，肩上扛着参陆办公处主任的职务，却把实际工作和权力转交给了徐树铮，由着他去兴风作浪。

（三）

新国会的选举事宜正式开始被拿到桌面上，但当时广东、广西、云南、贵州和四川五个省对此次国会选举表示反对，而湖北、湖南和陕西三省则由于南北战争正处于战乱之中，因此能够参与国会选举的，仅仅有十四个省。而此时的国会内部，已经逐渐出现了安福系、交通系和研究系三足鼎立，其他小派系勉强存在的情况。安福系在成立之初，就迅速吸收了诸多的小派系，从而壮大成为国会中最强有力的一个派别。

另外，新交通系几乎是毫无悬念地与安福系站到了一起，使得交通系的实力大幅缩水。其实新交通系与安福系本来就已经纠缠不清，段祺瑞主张推动的西原借款，就是由交通系的曹汝霖、陆宗舆等人出面推动的，另外，段祺瑞与交通系的曹汝霖、吴鼎昌都是天津裕元纱厂的股东。而旧交通系的魁首梁士诒与研究系的魁首梁启超之间也是关系微妙，两人本来有同乡之情又有同窗之谊，但却因为不同的政见以及诸多不足为外人道的原因，早已心生罅隙。

根据台湾学者张朋园的记述，除了拉帮结派，安福系还极力拉拢交通系，安福系当时许诺在大选成功之后，任命梁士诒为参议院院长。安福系对交通系投之以桃，交通系则对安福系报之以李，梁士诒捐给安福系助选资金 200 万元，曹汝霖和叶恭绰则捐出 70 万元，段祺瑞甚至还挪用国库资金和盐税作为助选资金。而研究系方面得到的资助就少得可怜，仅有与段祺瑞不和的冯国璋捐出的 40 万元，其他一些与梁启超关系亲密的地方督军出资数十万元。在有了大笔的资金之后，安福系就到处奔走大肆贿选，据当时上海的《申报》揭露，很多研究系的人在被安福系贿赂之后，都转而投入了安福系的怀抱。在《申报》刊登的《苏州：众议员初选举之怪状》一文中描述到这样的场景：苏州一个商人花钱买动了四百多人，投票前用酒席招待他们，足足开了五十多桌的酒席，前来赴宴的投票者中十之六七都是衣衫褴褛的乞丐。而根据《盛京时报》记载，奉系军阀张作霖则是把初当选的人集中起来，公开宣布了推荐名单，用枪杆子指着这些人宣布"不准选举限外人员"。

结果不言而喻，国会大选结束之后，计票结果显示安福系在国会中获得 330 席次，而旧交通系获得 120 席次，研究系只获得了 20 余席次，段祺瑞和他的安福系可以说是大获全胜。凡是递送到国会中的议案，只要国会议员半数支持便可以通过，之前国民党独大时在国会中也不过占据 200 余席次，所以诸多议案才会争执不下，如今安福系在国会中坐拥 330 席次，俨然已超过半数，就是说任何一项议案只要在安福系中通过，也就可以在国会中通过了。但其实交通系和研究系也已大半归到段祺瑞的麾下，交通系的魁首仍然是梁士诒，朱启钤、周自齐、叶恭绰则是交通系的巨头人物，龙建章、沈云沛、梁鸿志等为主要人物，其中龙建章和叶恭绰更是被称为交通系的龙虎二将。加上新交通系的亲日派巨头曹汝霖、陆宗舆、丁士源等，都已经聚集在段祺瑞身边。而段祺瑞的内阁阁员则多为研究系成员，段祺瑞召集临时参议院、修改国会组织法等都是研究系在后面出谋划策。

所以，到安福俱乐部控制国会，形成了安福国会之后，段祺瑞真正全面掌握了北京政府的实权。对内，参议院和众议院完全都在段祺瑞的控制之下；对外，段祺瑞早已经是皖系公认的魁首，加上又拉拢了直系的实力派曹锟、奉系的实力派张作霖，段祺瑞及皖系实际上已经成为整个北洋系的盟主。1918 年的段祺瑞和皖系军阀都处在他们整个政治生命的巅峰期，段祺瑞成为中国名副其实的独裁者，也终于一手缔造了"皖系帝国"，当时吴佩孚征讨湖南，西南系苦苦支撑，西原借款的大量真金白银充入国库，所有的事情对段祺瑞来说都是那么美好，"武力统一"似乎即刻就要梦想成真。

虽然没有效仿袁世凯复辟帝制，但段祺瑞在这个时候其实已经超越了袁世凯，以国务院总理之名实实在在地左右着民国的时局。当时的段祺瑞也坐拥中国最强的嫡系力量：靳云鹏虽然不再担任参陆办公处的主任，但依然承担着编练新兵的职责；徐树铮则负责操纵国会，参众两院的所有议案几乎都由他来决定；背后有日本人做靠山，花钱的事情不用操心；身边有一文一武两大盟友，文的是梁启超和研究系，武的是直系的曹锟和吴佩孚。面对着满把的好棋，心高气傲的段祺瑞有的也只是"幸福的烦恼"。

一、幕后操纵：皖系主掌实权

安福国会成立初期的日子，是段祺瑞及皖系军阀最辉煌的时期，这一时期整个北洋系几乎都听命于皖系，所以也有史学家称这一时期的北洋政府是皖系"帝国"。此时的皖系军阀们手握大权、重兵，前有北洋骁将们拼杀，后有安福系控制国会，魁首段祺瑞更是成了真正意义上的北洋系盟主。但是对整个北洋系来说，内部派系之间的裂变已经无法阻止，皖系的全盛期是北洋军阀最后的统一时期。随着皖系的全盛期迅速地走向终点，北洋军阀内部的分裂再也无法抑制；甚至也可以说，正是北洋军阀内部的裂变，致使皖系的全盛期转瞬而逝。

（一）

北军的张怀芝部于 1918 年 4 月底在湘东大败，事情传到长沙，张敬尧急忙派遣第七师补充第二团的兵士代行警察职务，又命令该团团长佟国安兼任警察厅长，又成立全省侦探处，在长沙及周边区县制造白色恐怖。关于这位张大帅在长沙的种种恶行，真是罄竹难书，可张敬尧不要脸真是到了极致，长沙城里鸡飞狗跳，他竟然还厚颜无耻地鼓吹自己的部队如何军纪严明、仁者无敌。

虽然欺负长沙的老百姓有一套，可是打起仗来张敬尧就迷糊了。自他进入湖南，还没有和南军进行过真正的正面接触，甚至连南军官兵的影子还没有见过，张怀芝在湘东大败，张敬尧还没有听到南军的枪声，就忙不迭地向北京政府求援。可张敬尧这个人，虽然坏事做尽，运气却非常好。当时张怀芝战败，吴佩孚一军突前没有援军只好后撤，怎么看南北两军都要在长沙进行主力决战。但是对桂系来说，他们不愿意在湖南损失太多主力，而湘军方面也出了突发事故，湘军将领刘建藩 5 月 1

日率部在株洲渡河时失足落水溺死，湘军方面骤失虎将，桂系又将援湘的部队撤离，因此湘军即便知道形势对己方有利，还是不敢贸然出击，在取得胜利之后也只好急速向南撤退。

张怀芝在大败之后，先是从萍乡退往樟树镇，又由樟树镇退到汉口，一路上马不停蹄地撤退，同时又致电北京政府，宣称自己旧疾复发，山东地方突起匪患，所以必须赶回山东处理政务，举荐徐树铮出任第二路司令，率所部奉军接防湘东。正在策划安福国会的徐树铮不愿接任，张怀芝遂举荐张敬尧、陈光远，甚至提出由曹锟兼任。张怀芝原本极力主张南征，如今忽然急于回到山东，原因不外乎有二：一是他经此一败，发现与南军作战并不似想象中那么容易；二是他久离山东老巢，恐怕代理督军的第五师师长张树元生变。当时北洋系的地方军阀多是先代理然后转正，下级当了上级便不再当上级是上级了，从"北洋三杰"到地方督军莫不如此，因此张怀芝才忧心，一旦南征失利，他又丢掉了山东老巢，那就真正成了丧家之犬。张怀芝渴望回山东，真是归心似箭。

但临阵易帅并不容易，加上彼时的皖系中确实也再没有几个能征善战的将领，靳云鹏称病，傅良佐兵败，倪嗣冲也不是善战之将，至于段芝贵、卢永祥、田中玉、吴光新等既难以服众也不是统兵的上佳人选，加上当时国会选举迫在眉睫，徐树铮不能前去，段祺瑞一时也想不出更好的人选。段祺瑞终归是"过来人"，自然明白张怀芝的心思，于是以国务院名义向张怀芝保证"鲁督决不易人"，并且保证会继续向南征第二路军运送枪械和兵员，力劝张怀芝立即由汉口前往江西主持军事。

段祺瑞认定时值大破南军、统一西南的大好时机，而曹锟和张怀芝停滞不前让他大为光火，急忙派徐树铮南下主持对南军事。徐树铮当时在北京和汉口两处不停奔波，既忙着策划国会选举，这边的两位统帅也不听调度，他只好依靠奉军继续南征，于是停止援川的计划，将奉军急调湖南，并且在汉口设立奉军前敌总指挥部。9日，派奉军第二十七师师长孙烈臣、第二十八师师长汲金纯、第二十九师师长吴俊升到长沙，并布置奉军入湘作战的计划。

在广州失利后逃到北京的龙济光，在北军南征的局势进展得较为顺利时，开始大肆鼓吹征粤。龙济光本来是广东督军，给李烈钧打得丢盔卸甲，如今只剩下了自己一个光杆司令，逃到北京以后眼见自己已经没有利用价值，自然是心有不甘，于是希望能够得到重整旗鼓的机会，再杀回广东。其时段祺瑞早就已经安排福建督军李厚基联合浙军进攻潮梅，但却遭到粤军陈炯明部的反击。17 日，陈炯明率部占领武平和永定县芦下坝，后于 20 日占领上杭县峰市镇，李厚基作战不利只好节节败退。

李厚基作战不利，湖南战场又悄无声息，段祺瑞自然非常焦急，徐树铮遂于 24 日再次由北京赶到汉口督战。但此时曹锟与张怀芝都对湖南失去了兴趣，希望尽早回到自己的老巢，加上徐树铮不断到汉口来指手画脚，使得他们心生不快，对徐树铮的作战计划都不予配合。另外，徐树铮任意调动奉军，将奉军调到湖南战场的最前沿，也让张作霖非常反感。张作霖急忙电召孙烈臣、汲金纯和吴俊升回奉天，同时借口边防吃紧调回已经开到湘东的奉军。

（二）

在南军与北军抗衡的同时，在"非常国会"的内部，西南系军阀与国民党之间的矛盾也终于凸显出来。1918 年 5 月 4 日，"非常国会"通过军政府组织大纲修正案，决定军政府改行总裁合议制，并选举唐绍仪、唐继尧、陆荣廷、伍廷芳、孙中山、林葆怿、岑春煊为军政府政务总裁，其实就是把原本属于孙中山的权力夺回到地方军阀手中，随后便逼迫孙中山辞去大元帅职务，随即离粤抵沪。孙中山离去以后，岑春煊出任政务会议主席总裁，军政府的领导权则再次落入以桂系和滇系为首的西南系实力派手中。

北军方面，曹锟和张怀芝按兵不动，张作霖又借故调兵回奉天，徐树铮只好改去拉拢吴佩孚。曹锟虽然是直系的当家人，但只是在汉口坐着嚷嚷，在前面冲锋陷阵的其实是吴佩孚。1918 年 5 月 26 日，徐树铮由汉口抵达长沙，随后于 27 日从长沙抵达衡阳。徐树铮抵达衡阳之后，吴佩孚亲自设宴款待徐树铮，饭后在吴佩孚所住院落的大金鱼缸边密谈，徐树铮应允吴佩孚，只要吴佩孚继续南征，就向吴佩孚补助巨额军费，并且任命吴佩孚为孚威将军。据说此次商谈二人十分投机，徐树铮临别之际还作了一首《衡州谣》赠予吴佩孚，诗中有"马前瞻拜识公貌，恂恂乃作儒者服"句，深投吴佩孚之所好。

到此时，湖南战场的厌战气氛到达高潮，因为长期的拉锯战，使得地方军阀都不想过多消耗自身的实力，希图南北和谈，尽快从旷日持久的战争中抽身出去。29 日，一再请求回直隶养病的曹锟没有得到段祺瑞的同意，忽然离开汉口，带着第一路司令部回到直隶。30 日，第二路军司令张怀芝也擅自率领亲信回到山东。这个时候从前线还传来消息，说这两位司令在离开之前，与地方督军王占元、赵倜、陈光远、李纯交换了意见，打算联名通电，藉"民生凋敝，不堪再战"为由，命令前方部队"停战待命"。消息传到北京，段祺瑞大为震惊，急忙致电前线诸将，费尽口舌才压住了求和的通电。

段祺瑞虽然压住了督军们的联电，但却无法阻止厌战情绪的蔓延。随后，直系军前线将士联名通电，直陈湖南"水患滔天，瘟疫流行，兵疲将惫，不堪再战"，同时，前线直系军的五位旅长也联名致电北京政府请假。身在前线的直系军队和皖系军队厌战，其他地方督军恐怕段祺瑞会抽调自己的部队替换曹锟、张怀芝部到前线去，随即也加入了主和派的阵营，甚至连极端主战的倪嗣冲也不愿意让他的安武军去湖南战场与桂系和湘军交战，请求北京政府允许他的部队调回休整。

到此时此刻，段祺瑞也知道再打下去也不太可能，只好改进攻为招抚，派赵春霆为湘南镇守使，兼湖南招抚清理局局长，组织人力分别去招抚南军。愿意接受招抚的均改编为"国军"，官兵仍然保留原职，凡是不愿意入伍的，由政府出资遣散。段祺瑞哪里甘心就此放弃"武力统一"，不过是改变手腕，采取温和的方式分化湘军而已。为了表示自己并不反感主和，自组阁后从未涉足过总统府的段祺瑞，于31日亲自拜访冯国璋，并且一改往日的态度，对冯国璋礼遇有加，除报告中日交涉已告一段落外，还表示今后仍然会随时报告阁中事宜。而就在同日，粤军陈炯明部占领长汀，段祺瑞计划的闽粤战争相当于流产。

6月1日，徐树铮匆忙赶回北京，随即钻进府学胡同，当面告诉段祺瑞自己南下联络吴佩孚之事，并直陈自己是准备拉拢吴佩孚、撇开曹锟。段祺瑞对徐树铮的计划非常满意，随即直接与吴佩孚通电话以示亲近。但在翌日，粤军又攻占汀州各属，李厚基致电北京政府求援，段祺瑞急忙拟定第五期作战计划，准备继续在湖南推行招抚政策，而将主战场直接搬到西南系的后院广东去。3日，北京政府火速任命吴佩孚为孚威将军，此时曹锟虽然回到直隶，但直系的军权几乎都在吴佩孚手里，段祺瑞给吴佩孚一个将军的头衔，其实就是给了他一把"尚方宝剑"，此时吴佩孚如果抛弃曹锟自认直隶督军或司令也可以说得通。但段祺瑞的一纸任命书下去，吴佩孚却并没有像徐树铮所说的那样继续进兵，反而在15日与湘军首领谭延闿、赵恒惕等私下签订了停战协定。

（三）

吴佩孚忽然出尔反尔，让徐树铮傻了眼。其实吴佩孚之所以转变态度，有外在和内在两个原因。外在原因是部队厌战情绪愈演愈烈，加上久战造成疲惫，短时间内无法向南方深入，吴佩孚在湖南一战中厥功至伟，督军之职却被皖系的张敬尧夺去，而此时国内反内战、反亲日的声音日益高涨，加之西南系的军政府首席总裁岑春煊力主求和，不欲再战。内在原因则是吴佩孚与徐树铮会晤一事被曹锟得知，曹锟为此怒火中烧，吴佩孚是文人出身，不欲背上"卖主"的恶名，所以主动亲近曹锟，并继续贯彻曹锟主和的思路。其实不管是什么原因，段祺瑞、徐树铮有着不可推卸的责任，军阀割据，彼此制衡，其间形势是何等错综复杂，而徐树铮所用的伎俩，实在太过粗暴简单，曹锟纵然无实权，但经营直系多年，树大根深，吴佩孚虽然借湖南一战名扬天下，但不足以撼动曹锟在直系中的地位。吴佩孚何等机敏人物，怎么可能不审时度势？

1918 年 6 月 7 日，正当南北局势纠结不清时，北京的政局倏时变得波谲云诡。一直在天津当寓公的徐世昌，突然回到北京，并且在抵京后大力倡导冯、段合作，呼吁在北洋系内去除所谓皖系、直系的界限，主张平息内争。

徐世昌看起来是以和事佬的姿态出现，但其实不是表面上这么简单，梁士诒回忆，徐世昌在回到北京后曾与他私下表示"过去黎时代，府院是明争，我尚能调解，如今是暗斗，我无能为力，实在心有余而力不足"，明知不可为而为之显然不是徐世昌一贯的做事原则，那么他再次出现在北京，足以说明北京政局将出现剧变。

同时，皖系再次筹划召开军事会议。在开会之初，段祺瑞就率先声明，他不准备做总统或是副总统，而举荐徐世昌出任下届总统，如果冯国璋愿出任副总统，他也不会反对，否则，他则愿意与冯国璋同时下野。

各地督军在天津开会，显然并没有邀请冯国璋出席，于是冯国璋暗中授意陆承武请其父陆建章到天津，笼络曹锟重新回到直系，并与李纯等人合作，在督军团的会议上支持冯国璋而反对段祺瑞。

陆建章亦是天津武备学堂出身，参加过小站练兵，后出任军政执法处处长，其间杀人如麻，有"屠夫"之称，每每欲杀某人便请此人吃饭，饭后送客时则安排手下自背后开枪打死对方，人们因此将他请客时派发的红柬称为"阎王票子"。此后陆建章曾出任陕西督军，与北洋各军阀均有往来，冯玉祥的主和就与他有关，因此冯国璋一直将他视为举足轻重的人物。

13日，陆建章由上海抵达天津。14日，徐树铮写信请陆建章到驻津奉军司令部会晤，陆建章自恃为北洋系的老辈，便如约而至。徐树铮果然对陆建章毕恭毕敬，请他到花园密室中谈话，当陆建章走到花园里时，就听得一声枪响，卫士自身后将他打死。

在杀掉陆建章之后，徐树铮拟了一封电报给北京政府解释此事，其中谈及杀陆的原因，颇值得思量，在此复录于下：

"迭据本军各将领先后面陈：屡有自称陆将军名建章者，诡秘勾结，出言煽惑等情。历经树铮剀切指示，勿为所动。昨前两日，该员又复面访本军驻津司令部各处人员，肆意簧鼓，摇惑军心。经各员即向树铮陈明一切，树铮独以为或系不肖党徒，蓄意勾煽之所为，陆将军未必谬妄至此。讵该员又函致树铮，谓树铮曾有电话约到彼寓握谈。查其函中所指时限，树铮尚未出京，深堪诧异。今午姑复函请其来晤。坐甫定，满口大骂，皆破坏大局之言。树铮婉转劝告，并晓以国家危难，务敦同袍气谊，不可自操同室之戈。彼则云我已抱定宗旨，国家存亡，在所不顾，非联合军队，推倒现在内阁，不足消胸中之气。树铮即又厉声正告，以彼在军资格，正应为国出力，何故倒行逆施如此？从不为国家计，宁不为自身子孙计乎？彼见树铮变颜相成，又言：'若然，即请台端听信鄙计，联合军队，拥段推冯，鄙人当为力效奔走。鄙人不敏，现在鲁皖陕豫境内，尚有部众两万余人，即令受公节制如何？'云云。树铮窃念该员勾煽军队，联结土匪，扰害鲁皖陕豫诸省秩序，久有所闻，今竟公然大言，颠倒播弄，宁倾覆国家而不悟，殊属军中蟊贼，不早清除，必贻后戚。当令就地枪决，冀为国家去一害群之马，免滋隐患。除将该员尸身验明棺殓，妥予掩埋，听候该家属领葬外，谨此陈报，请予褫夺该员军职，用昭法典。伏候鉴核施行。"

二、天津会议：垂帘听政的参战督办

1918 年 5 月 4 日，北京的国会选举和西南系的"非常国会"选举同时召开，北京这一边是皖系独大，西南系那一边是桂系和滇系合力排挤孙中山，但会议一开完，不管是得意者还是失意者，都将面对相似的命运。孙中山离粤返沪固然是失意而去，但主宰国会的段祺瑞也再难春风得意，北军的厌战情绪不断蔓延，他只能眼睁睁看着"武力统一"的计划再度流产。他的盟友曹锟和张作霖也开始蠢蠢欲动，他的幕僚们则在掌权之后昏招迭出，而即便是在皖系内部，也慢慢地出现分裂。究其原因，都是因为徐树铮，正所谓"成也小徐，败也小徐"。

（一）

1918 年 6 月 15 日，两拨人分别自天津抵达北京，一拨是被段祺瑞派去天津的曾毓隽，他带回了陆建章被杀的消息；另一拨则是被督军团选为代表的张怀芝。张怀芝径直到总统府面谒冯国璋，询问冯国璋是否愿意出任副总统，冯国璋表示他不会出任副总统，于是，冯国璋和段祺瑞都让出了副总统的位置。就在同日，徐树铮的电报落到了冯国璋的办公桌上，这可把冯国璋吓得不轻，只觉徐树铮的胆子太大，居然就这么不声不响地杀掉了一个北洋元老，当天拒绝盖印，可翌日醒来，便觉得自身所处境地太过危险，终于盖印发表。徐树铮的电报一经公开，整个北洋系为之骇然，段祺瑞也觉得徐树铮所做太过出格，遂赠给陆建章家属 5000 元，以表示北洋袍泽之情。又担心陆建章的外甥冯玉祥借故发难，于是以冯玉祥攻占常德为由，任命冯玉祥为湘西镇守使，并于 17 日恢复他的原官。

天津会议于 19 日正式召开，除了各省的督军之外，已经形只影单的龙济光也获邀出席，北洋系各巨头一致决定以徐世昌为下届总统，并继续对南方进行军事行动。短短数日之间，为什么主和派又转变为主战派了呢？因为新主和派的两位领头人曹锟和张怀芝又产生了动摇。冯国璋和段祺瑞让出副总统的位置之后，曹锟自觉已经是副总统位置的不二人选，因此以副总统之位与皖系交换，同意支持继续在南方进行军事行动。张怀芝在回到山东以后，发现代理山东督军的张树元果然不肯交还督军之位，他的老巢被占，只好转头向南方寻找新的地盘。

20日，吴佩孚借报告天津会议决定的机会到北京会晤段祺瑞，私下提出出任南征副将的请求，段祺瑞正愁找不到一个合适的人辅佐张怀芝，因此欣然同意。应允之后，段祺瑞就任命曹锟为四川、广东、湖南、江西四省经略使，任命张怀芝为援粤军总司令，吴佩孚为副司令。

而自天津会议召开之日起，冯国璋就假意称病拒不见客，一来陆建章被杀，其子陆承武致电冯国璋斥其对陆建章之死不发表任何意见，让冯国璋问心有愧，二来他被徐树铮杀陆建章一事震慑，深怕皖系对他不利。而偏在这个时候，府学胡同段宅又破获了一起行刺案件，皖系的人最初以为是冯国璋背后主使，后来才查明是辫子军余孽陈炎所为。陈炎是张勋的旧将，在北京设立了一个秘密机关报复段祺瑞，他收买了两个日本人想在段宅放置炸弹，结果被守卫的警察发现逮捕，从而暴露。案件的真相虽然查明，却委实让冯国璋心惊胆战不能自持，更不敢与外界有过多来往，也无力再与段祺瑞明争暗斗。

陆建章被杀其实不只是让冯国璋心惊肉跳，北洋系其他督军对徐树铮所作所为都颇多微词。而此时全国性的反日热潮不见减退，皖系内部各督军也各怀心事，头昏脑涨的段祺瑞自然不想徐树铮再惹出什么是非，因此派他到小站去编练参战军的三个混成旅，以暂时转移其他督军对徐树铮的不满。徐树铮对陆建章痛下杀手，让曹锟也心悸不已，徐树铮也怕曹锟再生动摇，于是专门到天津登门拜访曹锟，信誓旦旦地承诺只要曹锟不反对继续对南作战，徐树铮不仅不再要求他到汉口主持军事，而且保证副总统的位置会稳稳落入曹锟的手里。22日，段祺瑞再度发布任命，除特派李厚基为闽浙援粤总司令、童保暄为副司令外，又对冯玉祥授以勋位，冯玉祥为了免去段祺瑞的戒心，亦主动要求调往福建进攻广东。

在升为"四省经略使"以后，北京政府的印铸局特地为曹锟铸了一枚四斤多重的银质狮纽大印，比特任官的印都要大，在分量和块头上彰显出曹锟作为副总统候选人的特殊待遇。其实官僚意识极深的段祺瑞看不起布贩子曹锟，加上曹锟在主战和主和之间来回摇摆，足见这个所谓的"老实人"其实心机极重。但既然做了"四省经略使"，就得到所管辖的四个省去经略才对，哪知道曹锟既不进京也不南下，反倒是在天津捧着政府的大印和俸禄做起了寓公。北京政府一再电促曹锟南下，他却回电表示要先发欠饷，然后划定经略使的权限，还要求由他派人管理德州、汉阳、上海的三个兵工厂，却始终不提南下就职的事情。

就这样，曹锟愣是挨到了 7 月份，张作霖和张怀芝也抵达天津，督军团再一次在天津召开会议。这一次的督军团会议换由张作霖亲自主持，曹锟、张怀芝、徐树铮、倪嗣冲、田中玉、龙济光等参加，长江三督甚至连代表也没有派，倪嗣冲则是接到徐树铮的密电于 28 日才赶到。

（二）

按照徐树铮给曹锟的说法，这个副总统的位置是曹锟的，跑不了。但是如今张作霖也跑到天津来，情势不言而喻，张作霖也对副总统之位垂涎已久。原本在曹锟面前拍着胸脯打过包票的徐树铮，这时候耍起了心眼，他指示倪嗣冲在会上提出副总统人选问题暂时不做决定，留给对南作战有功劳的人。等于是以副总统的位置做饵，诱曹锟与张作霖南下作战，但徐树铮这一次又给自己的那点儿心眼耍进去了。结果，激将法没有奏效，曹锟和张作霖都不愿意南下，天津会议什么事儿也没有讨论出来，督军们倒是达成共识，向北京政府催要军饷，开出来的数目是 1500 万元。

要打仗当然就得有钱，虽然有西原借款，但所谓"远水解不了近渴"，段祺瑞只好找来财政总长曹汝霖商议。曹汝霖建议发行金币券 2.4 亿万元，同时向朝鲜银行借款 8000 万元作为三分之一的准备金，金币券代表的货币是二分之一美金，另外成立币制局为发行金币券的监督机关，设贸易公司经营发行和国际汇兑业务。段祺瑞觉得这个方法可行，拟就发行金币券条例，请冯国璋公布施行，但冯国璋拒绝盖印，并在 1918 年 8 月 9 日召集各部总长和中交两银行的负责人在总统府举行会议，讨论发行金币券的问题。其实冯国璋此举实在多余，与会的人多属安福系，段祺瑞既然将发行金币券的计划报至总统府，说明在安福系中已经通过。于是，冯国璋以总统名义于 10 日公布制定金币券条例及币制局官例。

但北京政府的这一举措，却招致西方国家的强烈反对。当时欧战已经渐入尾声，西方诸国也回过头来重新掺和中国事务，自然对段祺瑞政府和日本政府的各种来往深为不满，恰好利用改革币制的事情来对北京政府施压。西方国家认为中国改革币制应该先向五国银行团商议，而不应该独断其事，这样是违反西方共同利益的。西方国家联合对中国表示抗议，让段祺瑞左右为难，亦让日本有所顾忌，日本不欲招致西方国家太多反感，于是在西方国家的强大压力下，召回了留在中国的首相私人代表西原龟三，也暂时不再考虑中国的借款问题。

这个时候，天津会议已经宣布结束，但是在天津会议结束以后，张作霖并没有急于回到奉天，而是留在天津，因为他要处理一件大事。其实自张作霖入关之后，在与其他军阀交往时，就听到他人提到徐树铮是如何嚣张跋扈、目中无人，因此在心里逐渐转变了对徐树铮的态度。等到抵达天津，更是发现自段祺瑞三次组阁以后，当时代理驻津奉军指挥权的徐树铮总共代领到奉军军费 550 万元，但奉军实际却只收到了 180 万元，原来徐树铮居然把奉军的军费用到了编练参战军和组织新国会上。怒火中烧的张作霖不等和北京政府商议，就直接下令解除了徐树铮的奉军副司令职务，并且声言要去找徐树铮算账。段祺瑞听说张作霖发火，恐怕再生出什么事端，急忙叫徐树铮去向张作霖谢罪，并表示会尽快还上这笔款。

就在段祺瑞为"武力统一"四处筹措资金的时候，从南方忽然传来了主和的声音，而这一次走在前面的竟然就是前不久才表示愿意去前线充当先锋的吴佩孚。21日，吴佩孚领衔南北军将领电请冯国璋下令主和，"恳请我大总统仍根据《约法》之精神，颁布全国一致罢战之明令，俾南北军队留有余力一致对外"。段祺瑞闻讯大为震怒，随即发电痛斥吴佩孚"师长职卑对大局无发言之权"，并同时唆使张作霖、倪嗣冲以及吴佩孚的上司曹锟发电斥吴。31日，吴佩孚电复曹锟，表示自己坚决主和，"一俟和局告成，当北上请抗言之罪"。西南系军阀和长江三督纷纷通电表示支持吴佩孚，北方许多军人也纷纷响应。随后，段祺瑞宣布自己将在政府改组后引退，但是仍然保留着参战督办的职务。

其实停战也不全是坏处，资金的问题可以得到缓冲，而段祺瑞也可以更投入改选总统这件事情。段祺瑞自然是想让冯国璋尽快离开总统府，但南方的桂系则想尽一切努力延长冯国璋的总统任期。段祺瑞担心旁生枝节，于是召奉军一旅开至南苑。9月4日，安福国会组织参众两院选举委员会，到会议员共 436 人，徐世昌最终以 425 票当选为总统。但选举过程中也出现了一些小插曲，据说投票之前每位议员都会领取到出席费和一张徐世昌亲笔题名的照片，而少数不属于安福系的议员则以每张投票5000 元来收买。

（三）

徐世昌是北洋系的老人，袁世凯昔日的左膀右臂之一，在前清时手握大权，民国时则是超然派和元老，搬他出来既可以稳定大局，也可以瓦解直系。其次，这位北洋系的泰山北斗手上并无实权，不可能像冯国璋一样组织一个军事集团来和段祺瑞争权。但段祺瑞忽略了一点，徐世昌虽然无权，但他历经前清和袁世凯时代，是八面玲珑之人，虽说排兵布阵、编练新军不如段祺瑞，但若论玩政治阴谋他可绝不逊色。他之所以会被请出山，也是因为抵不过段祺瑞的威逼利诱，但若真让他坐到大总统的位置上，他又如何甘心只是做一个傀儡或是盖章机器？抵达北京之后，徐世昌就私下约见北洋系老人、旧交通系的领袖梁士诒、周自齐等人，联合非安福系分子组成了一个不公开的小团体。

但完成总统改选并没有减少人们对南北战争的关注，其间主和将领发来北京的电报从未中断过，1918 年 9 月 20 日，吴佩孚致电曹锟，建议请长江三督担任南北间的调停人，请徐世昌担任调停人领袖，苏军将领白宝山、张仁奎、马玉仁、杨春普、陈调元等随即做出响应。26 日，南军将领谭浩明、谭延闿、程潜、马济、李书城、韦荣昌、张其锽、林俊廷、陆裕光、赵恒惕、林修梅、黄克昭、马鋆、宋鹤庚、廖家栋、鲁涤平、王得庆等，北军将领吴佩孚、李奎元、杨春普、冯玉祥、张宗昌、王承斌、阎相文、萧耀南、张学颜、张福来、潘鸿钧、张克瑶等联名通电，要求"冯代总统颁布停战命令，东海先生出任调人领袖，曹经略使、长江三督帅及岑、陆两总裁同担调人责任"。

段祺瑞被这封通电气得哑口无言，安福系议员邓熔遂在参议院提出惩办吴佩孚的紧急动议，但安福系议员、军阀张敬尧的兄弟张敬舜则表示反对，此后众议员贺得霖亦提出惩办吴佩孚，交付审查后也无下文。段祺瑞不能下讨伐令，只能于 30 日以国务院名义电斥南北军人的联名通电，随后以皖系为主的北洋系军人纷纷响应，倪嗣冲斥吴佩孚等"谬谈法律，破坏大局"，杨善德则斥他们"曲说乱真，逞以欺世"，甚至连长江三督之一的王占元也认为"吴师长竟与南方诸将领联合署名，不胜诧异。院电驳斥，义正词严。一隅之论，不足以淆惑观听"，身在长沙的张敬尧不敢得罪近邻吴佩孚，但也表示"敬尧惟知服从中央，不知其他"。

但此时主和的声音逐渐得到全国上下的支持，段祺瑞纵然再憎恶吴佩孚，但投鼠忌器，于是决定拉拢曹锟，以换取吴佩孚对安福国会的支持。10 月 6 日，安福系召开干事会议，徐树铮代表段祺瑞出席，说明为什么要推荐曹锟为副总统，但安福系议员却认为已在选举总统时尽力，现在选举副总统，他们亦希望向安福系以外的议员一样能够得到好处。王揖唐不得不四处奔走，由北京政府"付还"曹锟军费 150 万元，他再将这笔钱移作副总统选举经费，以每张选票 2000 元的方式签发支票。

岂知到了 9 日，参众两院举行副总统选举的联合会时，到场的人寥寥无几，王揖唐不得不关上议会大门，派军警四处去拉人来凑足法定人数。议员们听到王揖唐的主意，不知道又有什么事端，赶紧夺门而逃，军警还没有抓进人来，已到的人反又去了大半，副总统的选举随即流产。

安福俱乐部虽然是徐树铮一手创建的，但等到徐世昌成为总统以后，随着南北战争陷入僵局，安福俱乐部内部也发生了分化。首先是研究系得到冯国璋的资助后转而投奔直系，接着是梁士诒主导的旧交通系也和研究系统一立场，由旧交通系和研究系转入安福系的人，心态本来就摇摆不定，因此才会有选举时人数不够的情形发生。就在选举的当天下午，旧交通系议员 50 余人正在万牲园参加由周自齐主持的游园会时，安福系议员王揖唐、刘恩格、杜持、王印川乘车到万牲园去生拉硬拽，也只拉到了八名议员。

14 日，周自齐又邀请旧交通系与研究系议员到天津，在英租界球场 29 号自己的私邸里招待众人，另在天津著名的旅馆分设四个招待所以便接待，前后有 140 余名议员抵达天津。在游玩之余，他们还聚在一起开了一次会，在会上就南北和谈和推迟副总统选举两事达成共识。同日，旧交通系魁首梁士诒亦在北平表示，如副总统人选仍然为北方人，则南北和谈便无从谈起。到此时，旧交通系与研究系已和段祺瑞决裂，而安福系内部也逐渐摆脱了徐树铮的操纵，皖系力量的全盛时期看似昙花一现。

三、皖系转折：巴黎和会上的迷失

公元纪年到 1918 年时，历时四年多的第一次世界大战渐入尾声。在第一次世界大战期间，虽然中、日均为参战国，但其实并未直接参与世界大战，只是在物资上给予帮助，中国则主要是输出大量劳工到欧洲。伴随着第一次世界大战接近尾声，帝国主义列强再次将目光投向东方，在战争过程中，远离欧洲的日本在中国扶植了段祺瑞政府，并且得到了大量的在华利益。战争结束以后，欧洲各国重新发展在华势力，帮助本国尽快从战后的经济疲软状态中复苏。战争结束后重新划分势力范围的会议，再次成为列强就在华利益的一次博弈，也因此影响到了中国政局。

(一)

1918 年 10 月 10 日，徐世昌正式就任民国大总统。作为精通黄老之术的旧政客，徐世昌笃信风水，认为前几任民国总统都没有好下场，是因为总统府所处的地方不对，遂决定将总统府与国务院互迁，在迁妥之前他就在自己的私邸办公。段祺瑞为践行与冯国璋同时下野的承诺，专职参战督办，将国务总理的职位让给钱能训代理。但改变风水并不能改变命运，徐世昌与段祺瑞之间也逐渐生出罅隙，徐世昌只得拉拢曹锟与吴佩孚的直系来对抗段祺瑞的皖系，皖系主战，徐世昌则暗地推动主和的浪潮。安福系为了将曹锟推上副总统的位置煞费苦心，但始终未能如愿，还搞得满城风雨。最后，段祺瑞认为自己为曹锟的竞选已经付出最大努力，在多番徒劳无功之后也就作罢，恐怕事情闹僵于己不利。而安福系领袖王揖唐自觉无颜，托病到汤山休养。大觉扫兴的曹锟亦在保定称病休养。

段祺瑞将徐世昌捧出山，却万万不曾料到，老徐一上来就让段祺瑞尝到了老姜的辣道。副总统选举上失利，"武力统一"也遭遇前所未有的阻力，1918 年 10 月，国务总理钱能训和总统徐世昌均呼吁和平，致电西南系的"非常国会"主张尽快进行南北和谈。13 日，美国总统威尔逊在徐世昌就职后致电祝贺，美国驻华公使芮恩施则于 18 日到总统府面谒徐世昌，并表示美国会在道义及财政上对中国政府予以协助。在这期间，美国开始增加其对华影响力，并向英国、法国、日本提出改组五国银行团的提议，将俄国、德国踢出，加入美国组成新的四国银行团。

有了美国的支持后，徐世昌的步伐就迈得更大，他随后授意梁士诒组织一个新的政党，在安福系之外扶植新的势力。23 日，名士熊希龄、张謇、蔡元培、王宠惠、庄蕴宽、孙宝琦、周自齐、张一麐、王家襄、谷钟秀、丁世峄、徐佛苏、文群、汪有龄、王克敏、王祖同、梁善济、籍忠寅、李肇甫、王芝祥、王贻书、王人文、林绍斐、由宗龙，通电宣告成立"和平期成会"。此新政党中所包括的人物，来自国民党、政学系、研究系和之前黎元洪、冯国璋方面的有关人士，甚至还有安福系人士也被吸收进来。很快，"和平期成会"的声势越来越大，甚至在广东成立分会，并得到桂系的支持，岑春煊、陆荣廷等都通电响应"和平期成会"的主张。

虽然徐世昌上台之后诸事都取得主动，但他自己心里明白，要主和光靠自己干喊是不够的。徐世昌手上无兵，徒有北洋元老的名声，况且身在皖系势力的包围中，因此必须要听一听北洋系军人的意见，于是决定请各省督军到北京来举行一次大规模的会议，主要解决南北问题、裁军问题、军民分治问题以及各省擅自扣留国税问题。29 日，外蒙古宣布"独立"，徐树铮出任西北筹边使兼西北边防军总司令，率军进入外蒙古，迫使外蒙古取消自治。但徐世昌仍然怕徐树铮在会议期间从中作梗，于 11 月 3 日加封他为陆军上将衔，4 日又派他前往日本观操。

11 日，协约国和德国签订休战条约，第一次世界大战正式宣布结束，消息传到北京，举国欢腾，北京政府放假三天，成千上万的人到街上集会庆祝。而当年力主对德绝交、参加欧战的段祺瑞，一跃成了英雄，徐世昌专门给他颁发了一块大勋章。而美国总统威尔逊，更是瞅准时机站出来发表了有名的关于战后和平的十四点原则，在其中大谈"公理"，并主张"各国一律平等，尊重弱国小国的权利"等，更使当时的中国知识界欣欣鼓舞。

张作霖、陈光远、孟恩远、赵倜、倪嗣冲、张怀芝、卢永祥、王占元、阎锡山等先后赶到北京开会，其他不能亲临北京的地方督军则派出代表参会，规模可谓空前。

但是，最重要的大督军曹锟却称病没有到会。徐世昌一再电催，曹锟才于 14 日赶到北京。15 日，督军会议在总统府的集灵囿四照堂举行，其实徐世昌本来提出由梁士诒组阁，以皖系的靳云鹏出任陆军总长，未果后旋又提出以钱能训正式出任国务总理，但安福系则坚持以曹锟出任副总统作为交换条件。而到了督军会议上，各地督军似乎是达成了共识，极力反对梁士诒，尤其以皖系、直系和奉系为甚，徐世昌恐陷入僵局，遂不再提组阁的事情，退而求其次地讨论南北问题。在讨论前，徐世昌请出段祺瑞发言，段祺瑞声明自己已经下野不再妄论国事，只说出两点，一是不能采取对等和平，二是不能讨论国会问题。16 日，督军会议再次召开，这次督军们几乎都表示，只要南方不提出苛刻条件，他们立即响应和平统一。

（二）

督军会议结束之后，徐世昌遂以总统名义致电西南系"非常国会"，表示愿意接受南北和谈，并在给老朋友唐绍仪的电报中详述了冯段相争、相约下野，他不得不出来收拾残局的事，希望唐绍仪能够尽力促成南北和谈。唐绍仪当年和徐世昌是为袁世凯打江山的"哼哈二将"，后来跟随孙中山南下。他随即给徐世昌复电，在电文中强调南北和谈必须对等议和，代表人数也应当相等，谈判则要保证公开。和北洋系中分为主和派、主战派一样，西南系中其实也存在分歧，国民党元老谭人凤就在漳州发电反对和谈，广州还出现了护法联合会，反对桂系包办和谈。同时，段祺瑞授意督军团组织"戊午同袍社"，表面上看是一个北洋派的联谊组织，实则是在徐世昌的督军会议之外又开了一个督军会议，而"戊午同袍社"的社长则是直系军阀曹锟。

北洋系和西南系之间的隔阂日久，一时自然难以疏通，此时的徐世昌才知道事情之棘手远超出他的想象，他虽然在政坛上手段迭出，让段祺瑞和徐树铮都招架不来，但若论起与军人打交道，他就有些手足无措了，反不如段祺瑞那么长袖善舞。好在这个时候，徐世昌寄予厚望的国际背景帮了他的忙。1918 年 12 月 2 日，美、英、法、意、日五国公使到总统府提出和平劝告的正式文件，同时将另一副本训令五国驻广州领事，由他们投送给西南军政府。五国公使的这份劝告如同是徐世昌的"尚方宝剑"，徐世昌在 3 日立即邀段祺瑞、曹锟、张作霖、张怀芝、王占元、倪嗣冲、孟恩远等军阀以及全体阁员到总统府召开特别会议。在会上徐世昌取出五国劝告的文件交给众人看，督军们只好同意总统的命令，徐世昌趁热打铁，宣布遵照南方的要求在上海召开和谈会议，并请求段祺瑞等疏通安福国会。

29 日，北方参加和谈的代表朱启钤、吴鼎昌、王克敏、施愚、方枢、汪有龄、刘恩格、李国珍、江绍杰、徐佛苏十人自北京南下，而南方和谈代表唐绍仪、章士钊、胡汉民、缪嘉寿、曾彦、郭椿森、刘光烈、王伯群、彭允彝、饶鸣銮、李述膺十一人则于 1919 年 1 月 25 日北上。而就在中国的南北和谈拉开大幕之际，另一个重要的会议也在遥远的巴黎召开，那就是著名的"巴黎和会"，有了威尔逊的讲话，作为战胜国之一的中国似乎也扬眉吐气，决心借此一举推翻不平等条约，争取关税自主的权利，并收回被日本占据的青岛和胶济路。1 月 18 日，巴黎和会在法国首都巴黎的凡尔赛宫召开，当时与会的各国代表分三个等级，由上到下分别是五人、三人和两人，北京政府几乎没有动脑子就派出外交总长陆徵祥、驻美公使顾维钧、南方政府代表王正廷、驻英公使施肇基、驻比公使魏宸祖五人参会。

巴黎和会召开以后，若干被分到第三等级的国家都据理力争，比如巴西、比利时、塞维利亚等都增加到了三席，而中国却始终没有受到特别照顾。更为关键的是，代表团中有五个人，其中王正廷又是南方代表，凡事都必要争先，本来就不多的名额临时又不好安排。最后还是北京政府做出决定，将五人的排位顺序安排为陆徵祥、顾维钧、王正廷、施肇基、魏宸祖，因为陆徵祥身体不适，驻美公使顾维钧成了实际上的首席代表。28 日，顾维钧在会上就山东问题发表陈词，这位驻美公使用流利的英文旁征博引，尤以"中国不能失去山东，就像西方不能失去耶路撒冷"一段最为精彩，完全将日本代表牧野男爵的发言比了下去，以至于陈词结束之后，"威尔逊总统走过来向我（指顾维钧）表示祝贺。随后，劳合·乔治、贝尔福、蓝辛也都跑过来向我祝贺。威尔逊总统和劳合·乔治都说，这一发言是对中国观点的卓越论述"。

但"弱国无外交"这样的铁证并不会因为精彩的陈词而出现转变，在当时协约国的五大国中，以英、美、法、日四国为首，而意大利虽名为强国之一，但在远东没有讨得太多利益，而英、法因为经历欧战后都需要休养，唯有美国和日本借助战争奠定强国地位。因此，各国也不欲在山东问题上开罪日本，中国代表团也感到在和会上举步维艰。刚刚才当着舆论的面鼓吹"公理"的美国费尽周章，终于为自己找到了开脱的理由，那就是 1918 年中日双方关于山东问题的换文。关于山东问题的换文是一份中日在私下签署的秘密协定，这个协定是在日方的压力以及"善意"

下签订的，承认了日本对于胶济铁路的权利，当时代表中方签字的章宗祥还签上了"欣然同意"字样。

（三）

据胡适先生回忆，在第一次世界大战胜利的消息传来时，时任北京大学校长的蔡元培非常兴奋，他专门向教育部借了天安门的露台，带着北大的教授去那里对民众做了一天的演讲，蔡元培也亲自登台，一派"幸而正义果胜强权，协约国竟占最后之胜利。外之既暂纾侵略之祸，内之亦杀主战之焰，我国已有一线生机"的乐观情绪。由此可知，当时举国上下对于战后的中国寄予了极高的期望，即便是日本对华政策日趋怀柔，但巴黎和会前后中国人的心理落差导致的心理创伤，却是一时无法抚平的。

说起五四运动的缘起，美籍华人学者周策纵先生和中国学者彭明先生，以及丁中江先生的《北洋军阀史话》，都有较为详细的描述，笔者在此总结了一些历史资料，当时大概的情形应该是：就在巴黎和会召开期间，忽然有一份"某要人欧洲来电"传到北京，而这个"某要人"按照学者的分析就是正自费在巴黎待着的梁启超。在这份来自欧洲的电文里说得非常清楚，1918 年的中日换文被欧美国家误读成中国为"二十一条"所加的"保证"，所以"惟有使订约之人负担，庶可挽回，展开新局。不然千载一时之良会，不啻为一、二人毁坏，实为惋惜"。在这份电文中，"某要人"直言中国代表团会在巴黎和会陷入困境，就是因为那"一、二"签订换文之人。

按照张鸣先生援引的台湾学者吴相湘的考订，梁启超的儿女亲家林长民（也就是著名女学者林徽因的父亲）在此时又从国务院方面探听到，即便是无法维持在山东的权益，中国政府也有意在巴黎和约上签字，随即自撰《山东危矣》一文，派随员梁敬錞连同那份"某要人欧洲来电"连夜一并送往《晨报》，翌日刊登之后，随即引起社会各界一片哗然，其中尤以学生阶层反应最为剧烈。

前面就已经讲过，当初第一次世界大战胜利的消息传来，北大校长蔡元培就带着一班北大的教授去天安门广场举行公开演讲，所以对这些热血青年来说，他们的心理落差无疑是最为强烈的。加之梁启超时任北大预科讲师，因此梁启超的电文和林长民的文章发表在《晨报》之后，北大的反应最为激烈，北大学生于 5 月 4 日在天安门集合，举行规模盛大的游行示威，立起写有"卖国求荣，本知曹瞒遗种碑无字；倾心媚外，不期章惇余孽死有头"的大白旗，将矛头直指曹汝霖、章宗祥和陆宗舆这三个亲日派官员，先是前往东交民巷的美国使馆请愿，因为没有见到美国公使芮恩施，就将满腔怒火宣泄向卖国贼，随即前往赵家楼曹宅，用事先备好的煤油和火柴火烧赵家楼、痛打章宗祥，是日的学生运动也达到最高潮。不过，对于林长民将巴黎和会的内幕消息捅到报界这件事，被火烧的曹汝霖却认为是林长民曾经借钱给他，而他没有及时还钱，于是林长民借机进行报复的缘故。

学生在放火烧曹宅时，步军统领李长泰和警察总监吴炳湘带来大批警察和军人，将易克嶷、曹允、许德珩等32位学生拘禁在警察厅。5日，教育部下令给各大专学校校长，责成他们严厉约束学生的行为，将为首的学生开除。而十四个大专学校校长却开会商讨如何应付，决议分别派代表到总统府、国务院、教育部去请愿，要求释放学生。面对校长团代表的要求，总统、总理和教育总长都选择避而不见，钱能训则急忙在官邸开会商议，此时有人建议解散北大或是撤掉北大校长蔡元培，但教育总长傅增湘拒绝签署这些命令。

7日，上海群众在西门外公共体育场召开国民大会，三十余社会团体参加，与会人员手执"争还青岛""挽回国权""讨卖国贼"等标语，江苏省立第二师范学校本科学生钱翰柱，更是效仿北京大学学生谢绍敏，咬破手指以鲜血在白布旗上写"还我青岛"四个字。

不久，上海总商会发动不买日货运动，广州则组织国民外交后援会。9日，无能为力的钱能训找到徐世昌，表示愿意下台，徐世昌玩政治有一套，可真要处理紧要事务又显得力有不逮，于是就叫钱能训去见段祺瑞。段祺瑞本意是让安福系的王揖唐组阁，但却不好意思提出，这样就使得北京政府完全处于真空状态。同日，北京中等学校以上学生成立学联，随后天津、上海、武汉以及全国主要城市也纷纷成立学联，并在上海成立全国学联会。爱国运动也延及工商界，全国工商界人士发起抵制日货运动，组织救国储金。就在全国上下的爱国运动让徐世昌焦头烂额之际，上海又传来"噩耗"：13日，南北和谈宣布破裂。

四、内部分裂：靳云鹏难安其位

历史上的西化运动，最著名的有两次，一次是鸦片战争以后的"洋务运动"，一次是五四运动以后走向高峰的新文化运动。不过和清末自上而下的"洋务运动"不同，新文化运动则是自下而上的，率先发起新文化运动的是"五四"前的知识分子，随着五四运动的出现，新文化运动开始逐渐影响上层政局，从而使得"西化"成为主旋律。除了思想界的变革，"西化"也不可避免地影响到政局，最明显的特征就是，经过五四运动这一闹，亲日的皖系政权逐渐走向分裂和没落，直系政权则逐渐崛起，而此前由段祺瑞主导的北洋系也真正走向了分裂。

（一）

1919 年 5 月 19 日，北京各校的学生同时宣布罢课，并向各省的省议会、教育会、工会、商会、农会、学校、报馆发出罢课宣言。随后，天津、上海、南京、杭州、重庆、南昌、武汉、长沙、厦门、济南、开封、太原等地的学生相继响应，宣布罢课。到 6 月北京学生罢课和抗议的声势逐渐增加，并开始涌向街道进行大规模的宣传活动。6 月 3 日，北京政府出动军警逮捕学生 170 余人，4 日，又逮捕 800 余人，进而引发了新一轮的大规模抗议活动。5 日，上海工人为响应学生罢课，开始大规模罢工。上海日商的内外棉第三、第四、第五纱厂，日华纱厂，上海纱厂和商务印书馆全体工人罢工，至此有两万多工人加入罢工。6 日开始，上海的电车工人、船坞工人、清洁工人、轮船水手等也相继加入罢工行列，总数有六七万人。罢工的热潮很快波及全国各地，京汉铁路长辛店工人、京奉铁路工人以及九江工人都举行罢工和示威游行，同时成立上海各界联合会，反对开课、开市，从而引起全国 22 个省 150 多个城市不同程度的响应。

面对强大的社会舆论压力，北京政府不得不免去曹汝霖、陆宗舆、章宗祥三人的职务，总统徐世昌甚至因此也递出了辞呈。12 日以后，工人才相继复工，学生也逐渐停止罢课。28 日是巴黎和会的最后一天，也是全体战胜国在巴黎和约上签字的一天，但作为战胜国的中国代表团拒绝在《凡尔赛和约》上签字。1921 年，在华盛顿会议上中国与日本签订了《中日解决山东问题悬案条约》及其附约，通过此条约中国收回了山东半岛主权和胶济铁路权益，却又增加了诸多对日本人及外国侨民的特权，"弱国无外交"的现状到底不曾有所改善。

在巴黎和会结束之后，北京政府于 6 月 30 日将陆徵祥的俭电发布出来，全国上下拒签合约的运动才算结束。可就在一切似乎都烟消云散之际，山东忽然又风云变色。7 月 1 日，日本宪兵在济南纬五路捕去了齐鲁大学学生王志谦，本来日渐消停的学生运动再起波澜，千余名济南学生于当日下午到山东省长公署请愿，省长沈铭昌立即派交涉员唐柯三前往日本使馆交涉，结果日本领事不仅不放人，还要求赔偿日商在山东抵制日货期间所遭受的损失，并要中国保证日后不再抵制日货。这样一来，请愿队伍不减反增，唐柯三只好再往日本使馆交涉，直到 2 日清晨日方才答应将王志谦移送警察厅。就是山东事件传到北京的同一天，参众两院议员在总统府召开重要会议研究陆徵祥的来申，徐树铮主张撤回陆徵祥，改派胡惟德起赴巴黎补签合约，但徐世昌未予接受。不久，徐世昌发布致全国民众的通电，再三告诫"凡我国人，须知圜海大同，国交至重，不能遗世而独立，要在因时以制宜，各当秉爱国之诚，率循正轨，持以镇静，勿事嚣张"。

但中日矛盾的一波三折远非北京政府所想的那么简单，靠忍让也解决不了什么问题。7 日，济南的日本侨民借口《凡尔赛和约》签订完成，举行了提灯游行庆祝大会，借此捣毁商店，并冲进英美烟草公司，导致日英双方产生摩擦。日方向英美烟草公司道歉并赔偿损失之后，却借口继续调查捣毁济南商店事宜，对济南全城进行戒严，并开始四处侵害中国人。

25 日，北京政府不得不宣布济南戒严，并派参战军第二师师长、济南镇守使马良为戒严司令，并撤换沈铭昌，另委派屈映光署山东省长。马良完全不似他的名字那么驯良，8 月 3 日上午，他先是撕烂了学生们的请愿书，又抓捕了刘文彦等学生代表 16 人。5 日，又杀死了山东回教救国后援会会长马云亭及会员朱秀林、朱春祥兄弟。

济南的枪声再度激起全国性的公愤，请愿示威活动愈演愈烈。

这个时候，南北和谈仍然没有完全被遗忘，两广军政府首席总裁岑春煊派政学系议员李日垓到北京秘密接洽和议，但是因为北方总代表朱启钤业已辞职，派谁作为和谈代表就成为首要问题，徐世昌希望能够派钱能训为北方总代表，却遭到安福系的反对。安福系推举皖系政要王揖唐出任北方议和总代表，徐世昌开始并不同意，但安福系不断施压，并且表示如果不派王揖唐去，就通电承认北京国会是非法国会，并宣布取消由非法国会所选出的非法总统。徐世昌只好于 12 日同意王揖唐出任北方议和总代表，其余北方代表保留，此事立刻遭到西南"非常国会"的反对，表示王揖唐"在法律上为应受制裁之人"，坚决不与他一起坐到谈判桌上。

（二）

就在南北和谈因为北方议和总代表人选问题陷入僵局之际，谈判所在地上海也发生了一件震动中国政坛的大事。1919 年 8 月 13 日，浙江督军杨善德因病去世，14 日，北京政府调原上海督军卢永祥署理浙江督军，江苏督军李纯趁机提出收回淞沪军区的要求，属于直系的长江三督联合保举第六师师长齐燮元继任淞沪护军使。上海是一个国际都市，在当时是重要的远东金融中心，皖系自然不甘心将如此重要的城市拱手交给直系。于是，卢永祥急电北京政府，密保第四师（杨善德的部队）第八旅旅长何丰林继任淞沪护军使。此时的卢永祥已经督军浙江，却仍然兼原有的第十师师长，同时将杨善德留下的第四师扩充为一个师和一个混成旅，更把第四师第八旅旅长何丰林保升为淞沪护军使，兼任混成旅旅长，另保举第四师第七旅旅长陈乐山为第四师师长。卢永祥的嫡系第十师则分别进驻杭州和上海。皖系的这些做法自然招致直系的不满，上海的局势倏地变得复杂。

让徐世昌头昏脑涨的事情还没有完，8 月 23 日，直隶、山东和北京的代表们联合大请愿，到总统府门前集会，要求北京政府撤换并严惩马良，僵持至入夜后北京政府只好出动警察拘捕去请愿的代表 38 人。26 日，北京、天津的代表们第二次到北京请愿，当晚则露宿新华门外。27 日，北京学生也加入请愿的行列，使请愿人数增加到 1000 余人，并共同露宿在新华门外。28 日大雨，请愿的人却并未散去，还抽出 400 余人作为代表向国务院请愿。随后，全国各地的请愿代表陆续抵达北京，集中在新华门外，将总统府重重包围，以致新华门、西苑门、福华门和集灵囿的总统官邸都纷纷关闭。当日下午，北京政府出动大批军警，将请愿代表 30 余人以两人夹一人的方法带到天安门集中，警察总监吴炳湘出面劝告他们离开，被代表们当场拒绝。晚间，北京政府再次动用大批军警，抓捕天津学联副会长马骏，并将其余代表及学生带出天安门遣散。30 日，北京政府又不得不在外界舆论压力下释放马骏。

钱能训在辞去总理职位后，代理总理的是原财政次长龚心湛，因为任命王揖唐为北方议和总代表的事情，这段时间吴佩孚接连致电龚心湛，龚心湛感到内外交困、时局难以掌控，只好辞去代总理的职务。举国上下反对王揖唐出任北方议和代表的声音越来越高，尤以吴佩孚的反对声最高，但是王揖唐本人却是政坛有名的厚脸皮，加上他既是安福系的魁首，又是徐世昌的学生，可以说在当时的北京政府左右逢源。临行之前，他前往总统府请示南下方针，老谋深算的徐世昌只说了一个"让"字。于是，王揖唐就大肆鼓吹自己南下是要"以互让精神谋根本融解"，后致电唐绍仪，又前往奉天拜访张作霖，前往保定拜访曹锟。在此期间，吴佩孚、谭浩明、谭延闿、莫荣新等南北军人联合通电反对王揖唐南下，但王揖唐完全不予理会。

王揖唐要南下上海，却迟迟没有动身，原因在于上海问题还没有解决。卢永祥既然要去浙江督军，却还攥着上海不愿放手，这无疑让直系非常不满，于是直系借口淞沪护军使不能由资历浅的旅长继任，要求北京政府重新考虑淞沪护军使的人选。但卢永祥决意不让出上海，他向北京政府表示，如果不接受他的意见他就不到浙江督军，而回任淞沪护军使，这无疑是在向直系示威。北京政府为了缓和直、皖之争，只好将淞沪护军使改为淞沪镇守使，依旧让何丰林出任。这样一来，虽然是何丰林控制上海，何丰林却要受江苏督军李纯的节制，因此李纯和卢永祥都反对这个任命。此后，浙江的第四师、第十师全体官兵致电北京，呼吁收回裁撤淞沪护军使的命令，仍命何丰林出任淞沪护军使。李纯平素以和平者自命，于是这场纷争以直系的让步而平息，但直皖之间的裂痕已经变成了裂缝。

上海争端告一段落之后，王揖唐才于 18 日抵达上海，随行有卫队长宣禹阶和长卢缉私统领季雨农所率的国会卫队 40 人，当日在龙华车站下车后即下榻哈同花园的爱俪园。但其时更为紧要的事情是，代总理龚心湛离职之后，迫切需要继任者，而此时呼声最高的则是陆军总长靳云鹏。靳云鹏是段祺瑞麾下的"四大金刚"之一、张作霖的儿女亲家，还和直系的曹锟是换过帖子的把兄弟，在各方对内阁总理人选意见不一之际，他倒算是各方都勉强能认可的选择。

（三）

靳云鹏原本是皖系的元老之一，在天津小站练兵时就跟在段祺瑞身边，此后历经宦海浮沉、南征北战，始终不离段祺瑞左右，素以段祺瑞嫡系自居。但是徐树铮到来之后，靳云鹏的地位就被取代，加上靳云鹏一直在外围练兵，徐树铮和曾毓隽逐渐成为段祺瑞身边最为亲近的幕僚。但是等到段祺瑞与冯国璋发生新的"府院之争"时，徐树铮与靳云鹏的位置却发生了变化，徐树铮到奉天联络张作霖，靳云鹏则在北京落实安福俱乐部，靳云鹏利用这段时间重新树立了自己在皖系中的威望。等到段祺瑞再度组阁，徐树铮回到北京，便急不可耐地从靳云鹏手中夺回皖系二把手的位置，二人也就此交恶，因此靳云鹏要组阁，徐树铮是头一个不愿意的。但形势比人强，徐树铮如今在西北，鞭长莫及。

除了徐世昌和段祺瑞，直系与奉系也因为私下匪浅的交情对这位走马上任的皖系大佬颇有好感。1919 年 9 月 19 日，曹锟就发来效电，恭贺靳云鹏组阁。20 日，北京政府正式准许龚心湛辞职，同时任命陆军总长靳云鹏兼代理国务总理，李思浩兼代财政总长。22 日，直系军阀曹锟又和奉系军阀张作霖联名致电靳云鹏，祝贺其组阁，算是给足了靳云鹏面子。

同时，曹锟和张作霖这封联名贺电还代表着一个重要历史事件，那就是反皖的"七省联盟"正式形成。这个反皖联盟其实主要针对的是跋扈的徐树铮，徐世昌当初借外蒙古独立将徐树铮调往西北，本意是要抽去段祺瑞的主心骨，同时削弱皖系的力量，哪里知道徐树铮把西北经营得有声有色，俨然做起了"西北王"。曹锟和张作霖随即联合长江三督，以直隶、江苏、湖北、江西和东北三省组成了"七省联盟"，他们提出"清君侧"，就是要段祺瑞远离徐树铮。

"七省联盟"聚集了直系与奉系这样的实力派，让段祺瑞头痛不已，恰在此时，北京城里忽然出现了一个大有来头的人物，那就是直系的精神领袖冯国璋。

自卸任总统之后，冯国璋就回到原籍河间休养，可就在此时，他在逊清时收编的禁卫军忽然被断了粮饷，他于是在 1918 年夏天抵达天津，准备回到北京去为禁卫军争讨粮饷。徐树铮枪杀陆建章后，徐世昌电邀冯国璋北上调停直皖之争，忐忑难安的冯国璋怕徐树铮也对自己下毒手，踌躇不敢进京。到 1919 年，禁卫军的粮饷已经停了一年，而徐树铮正在西北戍边，他才大着胆子于 9 月 23 日进京。

25 日，靳云鹏正式就职代理国务总理，第一道人事任命就是聘张志潭协助处理内阁事务，张志潭本来是徐树铮的学生，但因为徐树铮专权，亦跟徐树铮交恶。就在靳云鹏继任代理总理不久，吴佩孚亦专门发来贺电，让靳云鹏在政府中的威望更上一层楼。

26 日，段祺瑞专门设宴款待冯国璋，席间冯国璋虽也劝段祺瑞不要偏信徐树铮一人之言，但远不似"七省联盟"那般激烈，而彼时冯国璋业已不在总统位置上，故与段祺瑞交谈甚为投机，安福系借此机会暂时缓解了"七省联盟"的步步紧逼。另外，为笼络冯国璋，徐世昌下令恢复禁卫军的粮饷，冯国璋见目的已经达到，也就高唱节饷裁兵，但其实并无什么实际作用。

在代理总理位置上的靳云鹏，日子也不太好过，学生运动此起彼伏，南北和谈则陷入僵局。

在上海，因为得不到西南系"非常国会"的认可，王揖唐甚至还没有见到西南系军人的面。

1919 年 10 月 18 日，王揖唐派王克敏、李国珍备好正式函件，要求与唐绍仪当面接洽，但北洋元老唐绍仪丝毫没有给他面子，撂下一句"和谈尚未恢复，无事可商，所请会面一节，未便接纳"，闭门拒客。这样一来，王揖唐的处境就变得很尴尬，甚至有人推测此间发生的哈同花园爆炸案也是王揖唐自己布置的，为的就是借此找个台阶下。万般无奈的王揖唐自 19 日起也闭门拒客。

自钱能训辞去国务总理之后，因为徐世昌和段祺瑞在正式总理的人选上总是产生分歧，所以此后的总理都是代理的。如今靳云鹏一当上总理，就得到安福系和"七省联盟"的支持，徐世昌自然非常满意，于是正式咨请安福国会，提名靳云鹏为国务总理。段祺瑞不愿反对自己的老友，安福系自然也不反对，只是提出以李思浩出任财政总长、姚震出任司法总长、朱深出任交通总长、曾毓隽出任国务院秘书长作为交换条件，靳云鹏表示认可。

于是，众议院在 10 月 31 日通过了靳云鹏正式组阁案，参议院亦在 11 月 4 日予以通过。

五、硝烟弥漫：直皖激战京郊

其实早在袁世凯去世以后，北洋系就逐渐分裂，最早分裂出来的就是直系和皖系。只不过，当时北洋系的共同敌人是盘踞西南的桂系和滇系，有着"对外"的口号在先，北洋系自然可以保持表面上的团结。而成立在广东的"非常国会"，其实派系也非常复杂，主要包括国民党、政学系、桂系、滇系、粤系以及唐绍仪等名流派，但是当北洋系的直皖矛盾日益凸现时，率先分裂的却是西南系。先是孙中山辞去政务总裁，接着就是滇系和桂系因为争夺驻粤滇军的统率权而翻脸，从而引发西南系"非常国会"的七总裁内讧。西南系暂时无暇北顾，北洋系的两大派直系与皖系就不再只是暗里较劲，所有的矛盾都逐渐摆上了明面。

（一）

关于安福系提出的条件，靳云鹏在继任正式总理之前是默许的，但是等他正式当上总理，所提交的内阁名单却并未按照安福系的意思来。靳云鹏所提交的名单人选包括内务总长田文烈、外交总长陆徵祥、财政总长周自齐、交通总长曾毓隽、司法总长朱深、教育总长夏寿康、农商总长张志潭、海军总长萨镇冰、陆军总长靳云鹏自兼，在提交国会之前，靳云鹏先将这份名单通过电文通告北方各省以征求意见，曹锟和张作霖率先通电赞同，各省也就通电附和。但安福系却对靳云鹏的这些举动大为光火，尤其是反对以周自齐出任财政总长、以张志潭出任农商总长，而且靳云鹏先通电地方军阀，明显是想以武力来威慑他们。

为了阻止靳云鹏的内阁名单出台，安福系推曾毓隽、李盛铎、刘恩格三人往见靳云鹏。之前讲过，曾毓隽也是"四大金刚"之一，并且在皖系内是与徐树铮齐名的段祺瑞心腹，但和徐树铮的性格不同，曾毓隽为人比较温和，因此在四人中排名末尾。所以靳云鹏对曾毓隽毫不客气，他当着曾毓隽的面态度强硬地表示，国会无权在内阁名单提出之前予以干涉，如果有意见，就在表决的时候否决就是。但说归说，靳云鹏对安福系还是有几分忌惮的，因此他也悄悄想好了对策，即安福国会如不通过周自齐案，就改派周自齐署财政总长，或者靳云鹏自兼财政总长，而以周自齐为币制局督办，使其隐居幕后。就在内阁名单争执期间，因为日本浪人在福州打伤学生，11月17日福州各学校一致罢课、各商店一致罢市，以示抗议。面对全国上下反日情绪高涨的情况，向日借款已经不大现实，靳云鹏于是决定和徐世昌一样改向美国借款。

但事情在24日却发生了让靳云鹏始料未及的变化，就在当日，本在西北戍边的徐树铮由库伦返回北京，因为出兵外蒙古有功，再回北京的徐树铮更为张扬，他对靳云鹏提交的内阁名单非常不满，更对靳云鹏未提交国会前先征求各省督军意见而恼羞成怒。于是，在徐树铮挑动下，段祺瑞训斥靳云鹏，迫使其改动内阁名单，将财政总长改为李思浩。28日，众议院通过了内阁名单，12月3日，参议院亦通过了该名单，但教育总长夏寿康、农商总长张志潭还是被安福国会否决，靳云鹏只好以皖系的田文烈兼农商总长，以傅岳棻代理教育总长，而将周自齐任命为币制局总裁。靳云鹏虽然做了国务总理，但仍兼着边防军训练处处长，手里的部队还是段祺瑞的部队，因而在段祺瑞面前也不敢太造次。

虽然磕磕绊绊，靳云鹏到底算是坐上了正式国务总理的位子，靳云鹏组阁的头一件要紧事，就是促成南北和谈。对于每一个当领导的来说，首要的就是政绩，而对初任总理的靳云鹏来说，最重要的政绩莫过于促成南北和谈，成为民国促成统一的第一人。在北洋系内部，靳云鹏是直系、皖系和奉系之间的纽带，同时他又与吴佩孚有同乡之谊，从而得以利用吴佩孚的关系与西南系取得联系。这里要多说一句的是，靳云鹏虽然在各系之间游走，但他本人仍将自己作为皖系军人看待，他认为段祺瑞并无什么过错，错只是在徐树铮的身上，因此只要除去徐树铮，皖系仍然是北洋系的"盟主"。

靳云鹏专门派吴光新到衡阳拜访吴佩孚，利用吴佩孚向西南系表达和谈愿望，同时策动全国各界名流如严修、朱睿、钱能训、龚心湛、周树模、熊希龄、李盛铎、于右任、唐绍仪、岑春煊、张耀曾、朱启钤、张元奇等举行和平联席会议。但王揖唐此时仍然赖在上海，虽然四处碰壁，但他却宣称"不离沪、不辞职"，靳云鹏也不理会他，只等着王揖唐自己卷铺盖走人。其实王揖唐在上海待得并不舒服，西南系对他压根儿就不感冒，加上上海的抵制日货行动也日益激烈，他真是没有过上几天安稳日子。

　　吵吵闹闹的1919年走向年尾，可历史似乎还嫌这一年的大事不够多，12月28日，前总统冯国璋在猫儿胡同私邸病逝，段祺瑞闻讯后亲自赶往冯宅吊丧，面对棺材，念及当年小站练兵到"北洋三杰"成名，段祺瑞与冯国璋本是三杰中关系最亲近之人，后来只因致身仕途，才致二人矛盾重重，如今故人已逝，段祺瑞也已鬓角斑白，念及此，段祺瑞扶棺痛哭。虽然也有人认为段祺瑞之哭冯国璋，如卧龙之哭周郎，其实不然，两者完全是不同的境遇，段祺瑞哭的是故友，却也可能不只是故友。

（二）

　　第一次世界大战以后，作为战胜国的中国不仅没有得到应有的尊重，反而在巴黎和会上遭到可耻的失败。虽然国家的国际地位没有一丝一毫的提升，但段祺瑞个人的影响力却借此得到提升，他本来就有"三造共和"的功勋，加上力主参战，更是自觉已然成为历史功臣，于是列出一份功勋人员名单，请北京政府予以表彰。1920年元旦，北京政府大肆颂扬段祺瑞的功劳，并对"参战勋绩尤著者"授勋。

　　其实，被授勋的人中除了段祺瑞和梁启超，大部分都是反对参战的。当初就对德绝交和对德参战问题表决时，北洋系所有的军人几乎都竭力反对，即便是皖系军人也不看好。因为当时中国人的脑海里，德国陆军天下第一，哪里敢去触这个霉头，而段祺瑞这么做，也如赌徒押注，不过是日本的借款搞得他眼馋心痒，才贸然把宝押在了协约国身上。当时各地反日声音正猛，亲日的段祺瑞日思夜想如何扭转自己的形象，此时重提一战的旧事，希图重塑自己及皖系的形象，亦是在为再次走到台前铺路。

　　但此时全国各地反日情绪之高涨，远非这个徒有其表的授勋能够缓解的。因为山东反日声势最高，北京政府遂撤掉在山东颇受非议的马良，改由皖系将领田中玉出任督军。1月3日，学联提出撤换警察厅长金荣桂、教育厅长袁立意，同时要求政府抚恤伤者，田中玉不欲事态扩大，接受了学界的要求。5日，北京各校教职员则到教育部向部长傅岳棻"献旗"，上书"寡廉鲜耻，恋栈不去"，要求撤换这位皖系的教育部长。9日，国务总理靳云鹏亲自接见教职员代表，表示会在短期内撤换傅岳棻，学潮才算在 12 日逐渐平息。

北京的学潮渐退，南方却又风云突变，17 日，曹锟将一封电报转给北京政府，电报是吴佩孚发来的，在电报上吴佩孚称直军在湖南戍守两年，如今战士们都思乡情切，加上积欠军饷使部队陷入困境，所以"北望叩首，涕泣哀恳"，要求撤防回到直隶。电报到了徐世昌的手里，徐世昌缄口不语，靳云鹏又去找段祺瑞请示，段祺瑞也不发一语。但不说话的徐世昌和靳云鹏是不知道该怎么办，不说话的段祺瑞却是知道只能怎么办，吴佩孚南下时寂寂无名，再回来可就是海内虎将，若与曹锟合兵一处，皖系江山立时就会土崩瓦解。因此，段祺瑞密令沿途各皖系军阀，无论如何都要阻止吴军北归。

吴佩孚的事情让靳云鹏忧心忡忡，而此起彼伏的爱国运动和学潮更让他殚精竭虑。19 日，济南各校复课，但不久天津又爆发学潮。24 日，天津警察厅长杨以德奉命逮捕了学生代表 8 人、各界代表 7 人，并查封了学联和各界联合会。29 日，天津学生再次向省长曹锐请求撤换杨以德，释放被捕代表，恢复学联和各界联合会。不想曹锐反而指示军警打伤学生 50 余人，并将 4 名学生代表绑起来游街示众。31 日，北京学生数万人冒雪游行，上海各界亦召开国民大会声讨段祺瑞、徐树铮等人。段祺瑞对学潮愈演愈烈大为震怒，他怒斥靳云鹏软弱，并指挥段芝贵采取强硬手段应付学潮。消息传出，学生并未退缩，大量学生依然涌上街头。2 月 5 日，北京军警当局在皖系军阀的指示下拘捕学生 43 人，6 日，北京政府发布了"严厉取缔和镇压学潮"的命令，并出动大量军警把守住北京的各大院校，不许学生外出，并割断电话线，北大、高师更是受到最为严密的封锁。因为事态紧张，靳云鹏也不敢到国务院办公，陆徵祥和陈箓则在 13 日请求辞职，17 日，陈箓被劝回部。

学生运动算是暂时以武力的方式被压制，但吴佩孚北上的事情已经是箭在弦上。段祺瑞为了阻止吴佩孚北上，指示河南的部分军人反对河南督军赵倜，并逼迫靳云鹏撤换赵倜，从而让自己的妻弟吴光新挥师河南，以阻止吴佩孚北上。赵倜在直皖两系斗争中本来处于中立，想不到皖系竟先来谋害自己，于是索性与"七省联盟"走到一起，"七省联盟"变成"八省联盟"，赵倜调兄弟赵杰和常德胜等部集中于京汉路南段抵御吴光新部。26 日，安福国会通过吴光新为河南督军的任命，并任命王印川为河南省长。但是徐世昌却对国会的意见不满，坚持不在已经通过的议案上盖印，靳云鹏只好去找段祺瑞，结果引得段祺瑞大为不快，对他大加斥责。29 日，靳云鹏只好提出辞呈。徐世昌自然不肯放过靳云鹏，如果靳云鹏不当总理，那就更没有人来坐这个火焰山了，于是他采取"拖"的方式，不停地给靳云鹏批假。

（三）

到 1920 年的 3 月，皖系与直系的矛盾已经越来越尖锐，安福系发动倒阁运动，财政总长李思浩、交通总长曾毓隽、司法总长朱深相约不出席国务会议。而"八省联盟"则支持靳云鹏继续组阁，吴光新虽然兵进中原，但忌惮于"八省联盟"的气势也不敢冒进。而吴佩孚则派人将所部的家眷七百余人护送北归，并电请张敬尧准备派兵接收直军的防地。此时在团河闭门不出的段祺瑞再也坐不住了，于 18 日抵达保定密会曹锟，授意驻扎在北京附近的曲同丰、陈文运、魏宗瀚、李进才、刘询等联名通电，借口营房不足，拒绝吴佩孚部移驻北京。

吴佩孚要撤出湖南，立刻在湖南引起了剧烈反应。前面已经讲过同戍湖南的张敬尧在进军湖南过程中的种种劣行，因此湖南人对张敬尧可以说是恨之入骨。张敬尧在湖南的所作所为，连一向温和的熊希龄都看不过去，斥其"残暴之人及身而亡，富豪之家不世而斩"，谭延闿更是将湖南人比喻为"鹿豕"，比非洲的黑奴过得还惨。到吴佩孚撤防之际，谭延闿私下则表示"湘事湘人自决"，俨然就是给湘军征讨张敬尧亮了绿灯。北军中最能征善战的吴佩孚甘愿睁一只眼闭一只眼，那湘军进攻外强中干的张敬尧部就等于是胜券在握，湘军统帅赵恒惕随即在 5 月 26 日下达命令，湘军对张敬尧部发动猛攻。

段祺瑞听闻湖南枪响，随即怒斥南军背信弃义，并指示陕西、甘肃、山东、安徽、浙江五省督军发出联名电。但徐世昌却坚持认为湖南问题是局部问题，无关南北问题，拒绝发布讨伐令。手忙脚乱的张敬尧急忙向北京政府求援，而湘军在湖南民众的配合下长驱直入，29 日即攻克衡阳，而张敬尧部则困守株洲、湘潭，以致长沙岌岌可危。

此时由于直系吴佩孚撤防、皖系张敬尧被困，直皖局势也到了更为紧张的时刻，徐树铮更是受到"八省联盟"的集中攻击。徐世昌恐怕直皖决裂，于是指派参陆办公处于 6 月 7 日、14 日和 18 日三次发电召曹锟、李纯和张作霖三位直、奉两系的巨头到北京会商。李纯则率先复电称病婉拒，曹锟则借口布置吴佩孚部回防事宜无法分身，只有奉系的张作霖复电入京。就在此时，湘军攻入长沙，张敬尧则狼狈地退往岳州，湘军总指挥赵恒惕和湘军总司令兼湖南督军谭延闿先后回到长沙，长沙人民夹道欢迎，并在讲武堂的广场举行"欢迎驱张将士大会"。北京政府于是令张敬尧留驻岳州，同时任命王占元为两湖巡阅使，吴光新为湖南检阅使。但王占元和吴光新都复电拒绝接受任命，吴光新更是在电报末尾推举吴佩孚出任湖南督军。

19 日，张作霖应召抵京，北京政府大员纷纷赶到车站迎接，曾毓隽更是负责将奉天会馆修葺一新。张作霖抵京之后，就先行拜谒徐世昌，随后又拜访靳云鹏，然后才到团河去见段祺瑞。同日，徐树铮则和安福系的主要人物聚集在曾毓隽的私邸开会，研究局势，最终决定以副总统一席交换张作霖中立，这样一来，直皖若发生冲突，直系便缺少强援，皖系则居于上风。皖系此时已经开始计划要与直系一战，但皖系的骁将张敬尧却在败到岳州以后仍然要求北归，看清了张敬尧的斤两以后，北京政府不再客气地对待这位"骁将"了，另派张文生为四省剿匪督办，并以严厉口吻告诫张敬尧"不得擅离岳州，否则执法以绳"。但说归说，真到湘军打过来的时候，张敬尧还是脚底抹油了，临走还不忘致电北京政府，表示"前清中东之役，西人咸谓非中国与日本战，乃直隶一省与日本战耳"，气得徐世昌拍着桌子大骂"张勋臣比拟不伦，真是该死东西"。

而奉系的张作霖则于 22 日到保定会晤曹锟，提出撤换安福系及其在内阁中的三总长等五条意见，23 日回到北京与段祺瑞交涉，安福系自然对此大为不满。7 月 1 日，张敬尧路过武昌时拜会王占元并交出督军省长大印，北京政府遂任命吴新田代理第七师师长。2 日，靳云鹏去职，4 日，徐世昌在总统府开会，撤销西北军司令部，开去徐树铮的筹边使职务，遗缺由李垣署理。到 5 日，北京城四外的局势骤然紧张，段祺瑞以边防督办名义命令边防军紧急动员，并积极备战，直系亦在京郊布置防线。7 日夜，张作霖悄然离京，在军粮城下车后即宣布"局外中立"，而北京城内的富绅贵胄也纷纷外逃，东交民巷的使馆区和外国饭店均告客满，直皖两系已然在京郊戎兵布阵，战事看起来迫在眉睫。

五 繁华散尽

在徐树铮出兵外蒙古时，他曾在库伦写下一首《念奴娇·笳》，诗中有"遥想中夜哀歌，唾壶敲缺，剩怨填胸臆"句，将这位远征将军彼时的心情反映得淋漓尽致。时人说段祺瑞和皖系"成于小徐，败于小徐"，盖因徐树铮确实是不可多得的人才，遍视皖系，虽然自称骁将的大有人在，但真正可担大用的也只有一个徐树铮。若无徐树铮，便无皖系的崛起，便无段氏在国会的呼风唤雨，在政局中的几度沉浮。但徐树铮亦有其要命之处，便是倨傲，除了识他用他的段祺瑞，他谁都不放在眼里，以至于友者寡、仇者众，到后来直系与奉系其实反的并不是段氏，而是小徐，于是，小徐一手创建的皖系，也在小徐手里凋零了。

序篇：民国闹剧多

在晚年谈起北洋军阀早期的将领们，奉系的少帅张学良颇不以为然，即便是最能打的直系将领吴佩孚，也被少帅视为徒有虚名之辈。这是因为在北洋军阀早期，确实没有太大的战争场面，而导致皖系军阀崩盘的直皖大战，其实也不过是在京郊走了三天过场，等到东北的张大帅挥师入关，皖系这边的墙头草们纷纷倒戈，于是直皖两边的士兵们还没有看清楚彼此的脸，战争就算结束了。直皖战争其实不算是皖系的转折点，只不过正式宣判了皖系的没落，皖系这棵大树，自巴黎和会神话破灭，经靳云鹏组阁走向分裂，等到直系与奉系独立时已经没剩多少气力，再经倪嗣冲病危、张敬尧兵败，到直皖之战时已不过是强弩之末。

（一）

1920 年 7 月 8 日，久居团河的段祺瑞忽然回到北京城，在将军府召集安福系全体阁员和在京的军政要人举行联席特别会议，靳云鹏等逾 800 人受邀出席。在会上，段祺瑞非常愤怒，决定呈请总统将曹锟、吴佩孚等直系将领免职。当日下午，国务院召开临时会议，免去吴佩孚的职务，但曹锟则改为"褫职留任"，交通总长曾毓隽、司法总长朱深送总统府盖印。段祺瑞退回私邸，并召集近畿的皖系各师长开会，决定讨伐直系的曹锟和吴佩孚，并派出五线人马，以曲同丰所部边防军第一师为第一线，刘询所部第十五师为第二线，陈文运所部边防军第三师为第三线，李进才第十三师为第四线，魏宗翰第九师为第五线。同时，命令交通部转饬京汉路局赶备专车输送。

此时北京城里人心惶惶，大量民众携家带口涌向城外，徐世昌面对曾毓隽和朱深送来的议案不敢盖印，段祺瑞于是派兵将总统府团团围住，强迫徐世昌盖印，同时命边防军放出风去，如果当夜总统还不盖印，琉璃河方面必于翌日上午率先开火。身在重兵围困中的徐世昌夜不能寐，苦思一夜，想不到退敌之策，不得不于 9 日午前在内阁送来的议案上盖印。当日，边防军第三师开赴廊坊，第一师与陆军第九师、第十三师、第十五师则开赴长辛店、卢沟桥、高碑店一带。

10 日，段祺瑞在团河成立定国军总司令部，自任总司令，徐树铮为总参谋长，傅良佐为总参议，又抽调三路部队，以段芝贵为第一路司令，曲同丰为第二路司令兼前敌司令，魏宗翰为第三路司令。此时，外国公使团匆忙照会北京政府，要求保证战事不要危及外侨生命财产，中国军队不得携带武器入城，飞机则不得飞过北京上空。限制边防军在北京及周边活动的同时，意大利公使又将使馆内的军火秘密售予边防军，日本三井洋行则借给曾毓隽 100 万元作为边防军开拔费。

另一方面，曹锟在天津誓师，委任吴佩孚为前敌总司令，吴佩孚宣称要亲率三军直捣北京，所部定名为讨贼军，大本营设在天津，司令部设在高碑店。10 日，曹锟致电北京公使团，请美、英、法三国迫使日本公使表明态度，就在当天，段祺瑞再次接到张作霖的电文，希望段祺瑞不要再袒护徐树铮。但段祺瑞不以为然，在他看来，奉军当时不会帮助直军，而会选择"坐山观虎斗"，抱着"鹬蚌相争渔翁得利"的心态，因此他有足够的信心挫败直军。自 11 日起，直皖两军就在前线开始接触，北京城中时不时能听到枪炮声。到 13 日，忽闻奉军第二十七师、第二十八师入关，段祺瑞大为震惊，接着又获悉奉军已在京奉路、津浦路以及马厂、军粮城一带布防。

但此时战事已经全面爆发，14 日皖军先锋第一军第十五师率先进攻直军第三师，占据高碑店。东路皖军则在梁庄、北极庙一带向杨村直军进攻，双方随即陷入僵持。虽然在局部取得优势，但段祺瑞在获悉奉军入关以后有些乱了方寸，急忙又向徐世昌施压，让他下停战令。16 日，日军护路队强迫直军退出铁路线，皖军趁机进入杨村，直军退守北仓。17 日，广州的"非常国会"亦发文声讨段祺瑞，而湖北督军王占元则软禁了皖系将领吴光新，张敬尧闻风赶紧逃离湖北。

就在这一天，放弃高碑店的吴佩孚率轻骑绕出松林店，突击皖军前敌总部，曲同丰和司令部全体高级将领悉数被俘，第十五师刘询所部和边防军第三师陈文运所部在高碑店大败，原属冯国璋的第十五师第二十九旅旅长张国溶、第三十旅旅长齐宝善率领一部分士兵向吴佩孚投降。在直奉两军的夹击下，西线皖军节节溃败，据皖系的政要曹汝霖回忆，正在火车上打麻将的段芝贵听说西路军溃败，顾不上还没有打完的牌局，"仓皇开车进京城"。东路的徐树铮在廊坊听闻西路皖军溃败，只好赶回北京，他所率的边防军群龙无首，也就向直军投降。

18日，皖系将领曲同丰被押抵保定，曹锟在迎宾馆"光园"正式行献刀典礼。还是那位亲日的曹汝霖，在谈及直皖之战时说了几句实在话，"此次战事，皖方以新锐的武器与陈旧之直军相争，正如以石投卵，绝无败理。岂知有石而不能用，则卵虽软弱，亦可淋漓尽致，使你无能为力。可知无将兵之才，虽有坚甲利兵，亦是徒然"。段祺瑞接着找来靳云鹏，让他代自己去和直系、奉系商讨停战。靳云鹏于是找到傅良佐，请他前往天津，哪知道傅良佐一到天津就被直隶省长曹锐扣下。段祺瑞只好去求徐世昌，请徐世昌颁布停战令，又于19日通电引咎辞职。

（二）

皖系垮台以后，徐世昌最为得意，此时唐绍仪在南边，"北洋三杰"死的死、垮的垮，作为北洋系元老的他自然应当成为真正的领袖。

其实袁世凯死后，北洋系的精神领袖虽然不在，但"盟主"尚存，等到段祺瑞和皖系衰败，才是北洋系真正分崩离析之时。直系与奉系自然明白这个道理，因此都担心皖系衰败之后对方会坐大，徐世昌借此主张对段祺瑞宽大处理，他的想法得到了张作霖的认同。曹锟虽然对这个提议不满，但他仍然力图拉拢张作霖，所以也希望对段祺瑞宽大为怀。唯有吴佩孚主张彻底肃清安福分子，并囚禁段祺瑞。1920年7月24日，直奉两军的大部队分别接管南北苑兵房。

29日，北京政府下令通缉安福国会主要成员徐树铮、曾毓隽、段芝贵、丁士源、朱深、王郅隆、梁鸿志、姚震、李思浩、姚国桢等。8月3日，徐世昌下令解散安福俱乐部，不再承认安福系为政党，而以之为构乱机关，至于自己是安福系选出的总统一事则完全抛诸脑后。因为曹锟、吴佩孚和长江三督等直系将领对该处置的不满，徐世昌又在7日补发命令，通缉王揖唐、方枢、光云锦、康士铎、郑万瞻、臧荫松、张宣。不过，在通缉令发出的几日内，北京政府并没有抓到多少"祸首"，因为这些人要么逃到外省，要么就逃进了使馆区，日本公使馆更是直接收容了徐树铮、曾毓隽、段芝贵、丁士源、朱深、王郅隆、梁鸿志、姚震、姚国桢九人，对于北京政府的照会更是予以严词拒绝。

罪魁祸首徐树铮在日本兵营里躲了三个月，然后由日本在天津的驻屯军司令小野寺协助逃往上海，住进卢永祥部下师长陈乐山购置在英租界麦根路的洋房里。传说当时徐树铮化装成日本女人被装进一个柳条箱，由日本军官带上火车抵达天津，徐树铮在柳条箱内低哼着《关云长单刀赴会》安然离开北京。直到11月16日，日本公使小幡才照会北京外交部，说徐树铮早就从日本兵营离开，"金蝉脱壳"到了上海滩。直皖之战皖系兵败以后，大部分地区的皖系军阀均倒向直系，唯有卢永祥督军的上海和浙江安然无恙，随着徐树铮、段芝贵等先后逃到上海，这里俨然成了皖系的大本营。

　　皖系垮台，靳云鹏却重新回到了国务院，8月9日，北京政府特任靳云鹏署国务总理，靳云鹏于是二度组阁，自兼陆军总长，以颜惠庆为外交总长，张志潭为内务总长，周自齐为财政总长，萨镇冰为海军总长，董康为司法总长，范源濂为教育总长，王乃斌为农商总长，叶恭绰为交通总长。段祺瑞在的时候，靳云鹏在徐世昌、段祺瑞和直系之间艰难地周旋，等到段祺瑞垮台，靳云鹏发现这个国务总理依然不好当，至少眼前就有两个大难题，一个是人，一个是钱。

　　人的问题是一贯存在的，段祺瑞在时，段祺瑞、徐树铮就是问题，皖系垮台了，徐世昌想当真材实料的大总统，但直系和奉系不买他的账。况皖系在，靳云鹏对付上边不行，总能应付下边，他毕竟还是皖系元老。可皖系垮台后，直系和奉系虽然扶持他上台，但他在两派军阀中并无威望。至于钱的问题，就更是大问题了，自打袁世凯的时代开始，北京政府就一直靠着举债过日子，为了跟外国借款，能抵押的东西都抵押了，盐税、关税、铁路、矿产。

　　靳云鹏组阁时，徐世昌的本意是跟美国佬借款，但能抵押的已经抵押得差不多了，也没剩什么人家能看得上的。外债不好借，就只好借内债，但当时国内的财政都掌握在旧交通系手里，靳云鹏二次组阁时起用旧交通系的周自齐和叶恭绰，就是希望能够利用旧交通系的关系借债。但旧交通系属意魁首梁士诒出任总理，所以周自齐和叶恭绰也没有拿出什么办法来解决钱的问题。因为政府没有钱，自直皖战争后到1921年年初，拖欠各地军费长达八九个月，各省甚至都出现了不同规模的兵变。严重的时候，连直系驻保定的王牌第二十三师都因为欠饷发动了兵变。

　　靳云鹏巧妇难为无米之炊，各省军人只好自己想办法，王占元在湖北擅自发行地方公债，李厚基在福建滥发省库券，冯玉祥更是在信阳扣留下京汉路款。另外，北京的参谋、陆军、海军等还组织了规模不一的"索薪团"，通电请求救助饥寒，将军府的将军们也请求政府给资遣散。清朝的时候有"三年清知府，十万雪花银"的说法，可到了民国时代，满京城都是穷官，靳云鹏的内阁也成为皖系掌国以来最穷的一届内阁。

（三）

更让靳云鹏头大的是，本来政府就够穷了，到1921年2月，外国各大公使又发来照会，催偿到期应该偿还的外债1.5亿元，政府不仅借不来钱，还得还钱。其实造成北京政府如此窘迫最直接的原因，就是庞大的军费开支，各地督军独霸一方，为了地盘和利益大肆征兵，自然索要的军饷也就愈来愈多。自袁世凯去世以后，皖系一直都在主张"裁兵"，但是皖系自己就不敢裁，你不做又怎么要求别人？等到皖系兵败，皖系的部队大多都被裁掉，但直系和奉系扩充起来的兵力，却又远远高于被裁掉的兵力。

没有办法，靳云鹏只好电请曹锟、张作霖和新上任的两湖巡阅使王占元到天津会晤。其实，这个所谓的四巨头会议，不过是曹锟和张作霖的双雄会，靳云鹏和王占元只是陪太子读书罢了。会议刚开始还比较融洽，可等谈到钱和裁军的问题后，曹锟和张作霖就翻脸了，两个人越吵越凶，以至于把老好人靳云鹏也激怒了。靳云鹏甚至挂长途电话叫内阁替他准备辞呈，并且把家眷接往天津，把内务总长张志潭、农商总长王乃斌也叫到天津，准备办理移交。4月29日，为了缓和气氛，张作霖、王占元摆下酒席请靳云鹏、曹锟等就宴，曹锟、张作霖、王占元并于当天联名发出一封拥护内阁的电报，一场风暴才算平息。等几个人平心静气下来再开会时气氛就轻松了不少，不过谈来谈去，都是不痛不痒的国会问题，裁兵和钱的事情又都被搁置下来。

5月14日，靳云鹏连任总理，第三次组阁，除靳云鹏、颜惠庆、王乃斌、董康、范源濂蝉联外，张志潭改任交通总长，新任命齐耀珊为内务总长，李士伟为财政总长，蔡成勋为陆军总长，李鼎新为海军总长。其中担任财政总长的李士伟自然和借款脱不了干系，虽然中方之前已经跟日方借贷了大笔款项，但日本兴业银行总裁小野莫次郎还是提出了"以债养债"的方案，就是说跟北京政府签订新约，重新以盐税、烟酒税、关税为抵押，把旧债算上，再借给北京政府一笔新债，一起算进这份新约里。李士伟是旧交通系的张弧推荐的，他当时担任由日本财阀涩泽、三井、大仓合伙开设的中日实业公司董事长，但李士伟的日本财阀集团背景令他颇受非议，于是他不敢就职，财政总长只好由老派政客潘复代理。

靳云鹏的内阁困难重重，在上海的皖系故旧们却仍然在做最后的挣扎。在直皖战争以后，虽然在陕西的皖系督军陈树藩并没有帮助段祺瑞，但还是被直系和奉系盯住了，免去了他陕西督军的职务。在上海的卢永祥自然担心自己也难逃一劫，于是在 6 月 4 日发出通电，主张各省制定省宪，实现地方自主，并由各省区军民长官选派代表、择定适当地点举行联席会议，俟取得一致意见后，提交国民公决。这封电报与南方的"联省自治派"呼应，立时在北方掀起波澜。16 日，卢永祥又在陆军同袍社发表演说，否认浙江独立的同时，却又召集浙江各界人士商讨组织省宪起草委员会。卢永祥的做法迅速得到西南各省的呼应，在陕西的陈树藩也借机授意陕西省议会组织"省宪会议"，成立"筹制省宪自治处"。不过陈树藩忘了一件事，卢永祥在南边，天高皇帝远，陕西可是就在曹锟和张作霖眼皮底下，所以他到底没有达成"自治"，逃窜去了汉中。

卢永祥保住了自己的地盘，靳云鹏却很难保住自己的职位。天津会议时暂时搁置下的财政问题，到这一年的秋冬之际再也无法搁置了，军阀索饷、职员索薪、列强讨债，中交两行限制兑现，财政总长李士伟不能到任，对日"以债养债"的方案难以落实，终于在冬天引发了一场大风暴。走投无路的北京政府只好转而向列强继续借贷新款，而总统府与国务院亦因为多笔款项的争夺而导致彼此关系日渐恶化，徐世昌与靳云鹏这对搭档也难免走到你死我活的地步。此时旧交通系依然想扶持梁士诒组阁，于是趁机倒阁，并派叶恭绰密会张作霖。12 月 14 日，张作霖抵达北京，随即面谒总统徐世昌，直接表示内阁应该改组。此时，吴佩孚又力劝曹锟不要过多干预政治，此时最要紧的是注意自己的实力，曹锟听从了吴佩孚的建议。靳云鹏三次组阁，都是因为得到了直系和奉系的支持，如今曹锟不闻不问，张作霖则受旧交通系的挑拨公然反对他，他的仕途也就只能到此为止。17 日，靳云鹏内阁宣布总辞职，靳云鹏本人于当日离京前往天津。18 日，徐世昌批准靳云鹏内阁辞职，派外交总长颜惠庆代理内阁总理，皖系的最后一点儿血脉也被斩断。

一、固守一隅：卢永祥困兽犹斗

北洋系诸将因为袁克定与袁世凯交恶，直系、奉系因为徐树铮与段祺瑞交恶，到了直系和奉系争夺权力的时候，这个导致双方交恶的人就变成了吴佩孚。吴佩孚当时驻兵中原，大有横扫天下之势，张作霖的奉系想要南下，自必要经过中原，吴佩孚又是曹锟麾下第一猛将，因此张作霖对吴佩孚是既妒又恨。随着直奉之间的裂隙越来越大，双方的战争更是不可避免，而张作霖首先要面对的对手就是这位被美国《时代》周刊称为"中国最强者"的常胜将军。此时段祺瑞隐居团河，靳云鹏闭门天津，徐树铮和卢永祥成为最活跃的皖系人物，对他们来说，直奉开战亦是皖系再度崛起的大好时机。

（一）

1922 年，直系与奉系的关系恶化，奉系将矛头直指吴佩孚，而曹锟的左右似乎也有同感。虽然曹锟本人也疑心吴佩孚，但曹锟有个好处，就是在大问题上都信赖并尊重吴佩孚，也正因为如此，吴佩孚虽然手握重兵但却始终忠于直系，外间传言虽众，吴佩孚却始终没有自立门户成立所谓的"鲁系"。奉系当时的兵力比吴佩孚部多，但张作霖还是忌惮吴佩孚，于是一边调兵遣将，一边派人南下联络孙中山和卢永祥。此时的西南系已经发生剧变，桂系与滇系俱垮台，孙中山在广东组建北伐军。皖系方面，虽然段祺瑞隐居团河，但皖系力量并未完全消失，徐树铮和卢永祥就把上海、浙江经营得有声有色。从 3 月底到 4 月初，奉军以护卫京畿为名，不断涌入关内，但此时的反直联盟却出现了问题。粤军将领陈炯明反对孙中山北伐，被免去广东省长、粤军总司令及内务总长职务，陈炯明退回惠州之后，就开始暗地指挥抵制北伐的运动，使得孙中山的北伐军无法如期开拔，不能按照原计划北伐。另外，北洋海军总司令蒋拯在上海宣布亲直反奉，搞得上海的卢永祥也不敢轻易调动大本营的部队，所谓的反直联盟只剩下奉系孤军作战。随后曹锟的态度也发生转变，对奉系愈发强硬，4月29日，直奉战争正式爆发，吴佩孚将12万人的奉军打得只剩2万余人逃出山海关，取得第一次直奉战争的胜利。

奉系战败之后，皖系除卢永祥外的另一股势力福建督军李厚基投向了直系，在得到吴佩孚支持以后，李厚基随即解除手下皖系将领臧致平的第二师师长兼职，命臧致平专任汀漳镇守使，臧致平愤而离开广东转赴上海。李厚基随后又电请北京政府将手下的另一名皖系将领王永泉调离，从而重新抓住福建的军政大权。徐树铮先后写信给吴佩孚和李厚基，劝其拥戴孙中山和段祺瑞共谋统一，吴佩孚断然拒绝，而李厚基则不予理会。但李厚基忘了的是，吴佩孚远在中原，既无心与南方联手，也无法干涉福建。10月2日，徐树铮携带80万元的运动费，并协同曾在王永泉军中任旅长的尹同愈、曾任团长的齐暗农和孙象震，以及曾任营长的汪某，由浙江偷越仙霞岭潜至延平王永泉军中，随即掌握王永泉、许崇智部，于当日宣布设立"建国军政制置府"，自称总领建国军政府制置事宜，宣誓"以至诚至敬，尊奉合肥段上将军祺瑞、中山孙先生文为领导国家根本人，何日见此二老共践尊位，发号施令，树铮即当束身司败，俾听质讯"。

在设立建国军政制置府之后，徐树铮于3日电劝李厚基离闽，王永泉、许崇智部在当天决定联合进攻福州。12日，李厚基部节节败退，李厚基只好先跑到台湾银行，旋即逃上海军军舰，却被海军萨镇冰软禁在马尾海容军舰上。17日，徐树铮、许崇智、王永泉亲抵福州，徐树铮遂以"制置府"总领的名义，任命王永泉为"福建总抚"，并任命王永泉、许崇智、臧致平、李福林、黄大伟为建国军第一至第五军军长。但王永泉、许崇智、李福林却不再愿意接受徐树铮的安排，而是自28日起改称"讨贼军"。24日，北京政府下令讨伐徐树铮，任命李厚基、萨镇冰为讨逆军总司令和副总司令，高全忠为总指挥，但这个命令等于一纸空文，因为讨逆军总司令李厚基此时正被副总司令软禁着，而副总司令萨镇冰却和徐树铮在福州和平共处。30日，讨贼军选举福建籍的国民党人、广州国会议长林森为福建省长，王永泉遂于当日取消"总抚"名义及建国军名义，改称福建总司令，将所部改编为福建第一军，自任军长。此时福建省内几乎已经成为国民党部队所管辖。

11月1日，徐树铮通电主张迎接段祺瑞到上海与孙中山见面，并召开联省会议，商讨组织政府和出兵讨直事宜。段祺瑞随即派王郅隆入闽，不过段祺瑞并非是要到上海会晤孙中山，而是要徐树铮取消制置府，尽快离开福州。王永泉不愿徐树铮在自己身边指手画脚，而国民党方面的许崇智等则认为这是皖系内部问题不便参与，徐树铮只好黯然离开福州，乘轮船回到上海。在徐树铮策划福州易帜时，曾有不少皖系旧人奔赴福州，投至徐树铮麾下，但上海的卢永祥却不为所动，这位老谋深算的皖系将领深知徐树铮的政府不会长久，所以并未盲目相从。等到徐树铮失魂落魄地回到上海，皖系旧人们又纷纷涌回到卢永祥的身边，此时他们才发现，此前看似无比强大的皖系帝国，如今只剩下卢永祥这一棵可以依靠的树木了。

（二）

大总统这个位置，委实让曹锟眼馋，早在段祺瑞主权的时候，就曾经用一个副总统的位置把他搞得茶饭不思，如今打败了皖系、奉系，该是直系当国的时候，他自然不能放弃过一把总统瘾的机会。1923年6月，曹锟不顾直系支柱吴佩孚的反对，毅然以每张选票5000元的价格大肆贿赂议员，最终如愿以偿地当上了中华民国大总统，同时也成为后世人津津乐道的"贿选总统"。曹锟就任总统之后，激起全国各地的反对，同时也造成了直系的分裂，吴佩孚最终和曹锟分道扬镳，也为第二次直奉战争的结果埋下伏笔。

6月27日，卢永祥在上海通电反对曹锟贿选，各地反直代表云集杭州，上海和杭州一时之间成了反直系运动的中心，于是，关于直系将对上海和浙江用武的传闻甚嚣尘上。7月，又有传言说山东督军田中玉将去职，直系的王承斌将继任，与江苏的齐燮元联合压制东南。8月，直系将对卢永祥用兵的传闻来得更为猛烈，甚至有传言说在其间召开的保定会议上直系已经制订了计划。卢永祥自感形势危急，乃派王宾防守嘉湖，夏兆麟防守严衢，郝国玺防守温州，胡大犹防守金华，张伯政宁波海口，何丰林坐镇上海，以随时应对直系的进攻。直皖战争随时都有可能爆发，英、美、法、日四国公使遂对北京政府提出严重警告，"将来中国政府或该省长官如保护不周，对于损失应担负全责，且将于保护不周时，以适当手段自卫"。16日，江苏、浙江两省绅商在直皖之间积极斡旋，最终获得两系当局在和平公约上签字盖章，并由上海各报刊出。但此时所谓的和平公约已经毫无制约效用，双方都已经进入备战阶段，直系的江苏方面增兵宜兴、昆山，安徽方面增兵广德，而皖系则增兵嘉湖。

9月，南下的国会议员在上海召开反直会议，卢永祥感到直系来势汹汹，如果不先动手，恐怕就会陷于被动。但安徽和浙江两省绅商仍然在为和平奔走，终于又签订了皖浙和平公约，随后，江西人吴绮从北京南下，在浙江商会的帮助下又与浙江当局签订和平公约。但是在10月10日，曹锟正式就任总统之后，浙江随即宣布与北京政府停止公文往还，等于是公然和直系翻脸。11月10日，淞沪警察厅长徐国梁遇刺身亡，凶手李达生于翌日被捕获，皖系借此事攻击直系，直系亦借此攻击皖系，双方为此争执不下。

直系与皖系的恩怨，上海亦是一个引爆点，直系既然已经当国，却无法控制这样一座标志中国金融中心的国际化大都市，自然是心不甘情不愿。而就在徐国梁遇刺前，各省和平代表本来邀请卢永祥和齐燮元到上海会晤，但因为徐国梁死后，直皖双方对案件元凶及继任人选问题争执不下，导致此次会晤流产。到此，事情也变得更为复杂，有关战争的谣言四起，双方再次陷入剑拔弩张的地步。

偏偏就在这样的紧急关头，在福建的臧致平和杨化昭被周荫人驱逐，二人带着所部军队假道江西进入浙江，接受卢永祥的收编成为浙江边防军。这样一来，江苏、安徽、江西和福建就联合到了一起，决定一起向上海和浙江用兵。从1924年开始，东南一带的战争阴云便久聚不散，直系的四省督军来往频繁，似乎已经做好了随时对浙沪用兵的准备。8月，齐燮元电召徐州镇守使陈调元、海州镇守使白宝山到南京，在军署召开军事会议，同时，原驻南京丁家桥及三牌楼的第四旅，奉令开往太湖驻防，南京城内则从鲁徐一带招来新兵1500人日夜训练。然后，齐燮元自任为总司令，总司令部设在苏州，将苏军全部编为八支队，以吴恒瓒统率先锋队，宫邦铎、卢原书、李殿臣、黄振魁、朱熙、杨春普、白宝山、马玉仁为各路支队司令。陈调元在南京为各路接应，吴鸿昌为徐属守备司令兼代徐海镇守使，齐宝善为扬属守备司令，王健飞代理江宁镇守使，王桂林为卫戍司令，维持省城治安，席荣为总执法处长，刘玉珂为总参谋长。总兵站司令部设于南京下关澄平码头，刘同春为总兵站司令。什么和平公约，此时早就被这些手握枪杆子的军阀撕了个粉碎，以为战争像做买卖的绅商们急忙收拾细软逃往外省。1924年9月3日，江浙战争正式打响，后人又将这场仗称为"齐卢之战"。

(三)

纵观江浙战争，齐燮元能够取得胜利原因主要有三点。首先，就是人员枪械占有优势。如果是卢永祥携上海、浙江对抗齐燮元的江苏，那卢永祥稳操胜券。但是，卢永祥当时代表的是已经没落的皖系，而齐燮元背后则是如日中天的直系，齐燮元联合安徽、江西、福建组成了对卢永祥的包围圈，而卢永祥的盟友张作霖和孙中山，一个在东北，一个在广东，根本就是"远水解不了近渴"。卢永祥虽然收编了臧致平和杨化昭的部队，但兵力毕竟有限，不足以对抗直系，至于海军和空军与直系的差距更是不言而喻。其次，就是参战人员的军事素质问题。卢永祥这位仁兄，主要是资历够老，纵观他的征战史，除了镇压滦州起义和"二次革命"，似乎没有什么拿得出手的履历，在此就不多费笔墨；齐燮元在这方面跟卢永祥算是半斤八两，而直系将领除去吴佩孚也没有什么拿得出手的，这一点直皖双方倒是平分秋色。

不过在最重要的第三点上，卢永祥就被齐燮元远远甩开了。在民国，最有用的军事用语不是什么"上兵伐谋"，而是"形势比人强"。民国打仗，最重要的是跟对了人、站对了队，皖系当国的时候，酒囊饭袋如张敬尧辈也能打胜仗，皖系没落的时候，收复外蒙古的徐树铮也只能败走麦城，因为民国的军人大都是靠着站队爬上来的，除了少数的几个风云人物，大部分都是随风倒的墙头草。卢永祥和齐燮元还未开战，卢永祥的失败就已经注定，彼时的直系正在巅峰期，吴佩孚更是被誉为"中国最强者"，墙头草们自然跟着强者走，于是，江浙战争中最著名的"三根草"出现了，他们分别是夏超、张国威和孙传芳。夏超时任浙江省警务处长，统率着10800人的武装警察队伍；张国威则是浙江第二师炮兵团长，江浙之战时守卫着浙江和福建之间的险要仙霞岭；孙传芳时任福建军务督理，不过在江浙战争爆发时，这位直系将领却在仙霞岭观望着。就是这三位仁兄，在关键时刻改变了胜负的天平，夏超在后院放火，张国威则是打开了后院的门，孙传芳瞅准形势，直接从后院杀进了前院。

所以，在开战之初，卢永祥是占据上风的，因为那段时间是他和齐燮元真正在打，其他大部分人都站在旁边看风向。后来，张国威把仙霞岭的后门打开了，福建督军孙传芳一看有这等好处就不打白不打，干脆就占了衢州。后院着火，卢永祥急忙于9月18日率部离开杭州，一意坚守上海。卢永祥这一撤，等于是告诉那些观望者跟着谁能有肉吃，于是乎，本来观望的人们群起而攻之，卢永祥彻底没有戏唱了。到

10月初，战事急转直下，卢永祥被迫于12日通电下野，仓皇弃军而去。

按说到这时候江浙战争就已经宣告结束了，不过又出现了一段小插曲。卢永祥身上有着皖系将领的通病，那就是看风头不对就开溜，其实眼前的情形根本还不到土崩瓦解的时候，当时齐燮元和孙传芳虽然占据松江、青浦、嘉定，但黄渡、南翔、浏河、吴淞尚在皖系部队的手里，而且包括第四师、第十师、第六混成旅及臧致平、杨化昭之军队编制依然完整，粗略算起来还有不下三万人，而且军械齐备、子弹充实。卢永祥跑掉以后，这三万人不知道该怎么办，只好退往闸北南市一带。当时还有一位皖系的重量级人物在上海，那就是被直系通缉的徐树铮，皖系的人随即推徐树铮出山，指挥卢永祥部剩下的三万人。徐树铮于是下令第三十七团、第三十九团和臧致平、杨化昭之军队由北火车站开至麦根路潭子湾一带布防，共设三道防线：第一道距真如约三里，第二道距闸北约三里，第三道在闸北。

不过，当时徐树铮发号施令的地方是在公共租界的南洋路，相当于是在洋人的地盘上指挥作战，外国人自然不愿意，公共租界工部局以维持租界治安为名，派巡捕把徐树铮软禁在了家里，和外界完全隔绝，在20日把他送离上海。这一次，皖系军队才真正到群龙无首的地步，所以干脆放下武器投降，而此时的卢永祥早已经坐船抵达日本。江浙战争的结束，标志着皖系力量彻底瓦解，至此，皖系控制的军队要么覆灭要么被直系收编，皖系将领要么垮台要么就投向直系、奉系或是南方的国民党，皖系的正文大戏唱到了结尾处，剩下的不过是一些让人回味的余韵。

二、临时执政：夹缝之中左右为难

江浙战争是皖系将领的绝唱，一如皖系将领大部分的作战纪录一样耻辱。不过另一方面，直系也再次给人造成他们更能打的假象，作为第二次直奉战争的开幕序曲，江浙战争固然标志着皖系军队的覆灭，同时也是直系由盛转衰的转折点，作为"中国最强者"的吴佩孚也开始走向没落。在北洋系中，窃以为最能打的三个人是冯国璋、吴佩孚和后来的张少帅，当然，说这三位能打，也是因为时势造英雄。就北洋系来说，派系内部的战斗毕竟不是光鲜的事情，大家能不动刀就不动刀，再者双方大都有私交，玩命打也太伤和气。冯国璋的成名仗是镇压义和团和进攻革命党，吴佩孚是追剿湘军，张少帅则是和傅作义孤城对垒，反正打的都不是"自己人"。

（一）

就在江苏督军齐燮元与浙江督军卢永祥激战之际，奉系的张作霖发出通电谴责曹锟、吴佩孚，并以援助卢永祥为名，组织"镇威军"，自任总司令，兵出山海关，发动了第二次直奉战争。1924 年 9 月 17 日，吴佩孚在四照堂点兵应战，与奉军在九门口激战二十余日。就在前方激战正酣时，回防北京的直系将领冯玉祥忽然宣布倒戈，吴佩孚只好扶海南下。最倒霉的要数直系的魁首曹锟，好不容易媳妇熬成婆当上总统，结果还没有把总统府的椅子焐热，奉系军队就进了北京城。11 月 3 日，"贿选总统"曹锟宣布辞职，而后被软禁起来。

在北京政变以后，先是由冯玉祥的亲信黄郛成立了摄政内阁，这个内阁其实是孙中山、张作霖、冯玉祥三方联合的内阁。但是，入关的张作霖在打败吴佩孚以后，已然是一家独大，他自然不会把冯玉祥放在眼里。张作霖和冯玉祥虽然击败吴佩孚、占据北京、软禁曹锟，但其他地区却依然为北洋系其他军阀把控，以张作霖和冯玉祥二人之力自不足以镇住这些军人。加之张作霖南下，本就私下先与孙中山、段祺瑞订立盟约，国民党在南方呼应，卢永祥在上海牵制东南直系军阀，张作霖才敢入关迎战吴佩孚。如今考虑到盟友关系，考虑到北洋系的关系，张作霖自然倾向于将段祺瑞请出来，但冯玉祥却不情愿。

北京政局突变，南方的北洋系军阀自然感到震惊，此时黄郛的摄政内阁任命胡景翼为河南督军，孙岳为河南省长，命令两部军队沿京汉铁路南下，以监控长江上游，长江各省军阀只得抓紧时间回应。11 月 10 日，江苏、湖北、浙江、陕西、福建、江西、安徽和河南八省及海军方面重要人物在南京开会，最终决定以江苏督军齐燮元、湖北督军萧耀南和福建督军孙传芳领衔联名通电，邀请段祺瑞出山统领全局。17 日，张作霖抵达天津，随即电邀冯玉祥到天津与段祺瑞见面。段祺瑞、张作霖和冯玉祥遂在天津会晤，经过商讨决定拥护段祺瑞到北京主持政务，并承诺给予段祺瑞绝对权力。为了表明态度，张作霖主张以卢永祥率领奉军张宗昌、吴光新两部沿津浦铁路南下，攻取南京，并以卢永祥为苏浙巡阅使，张宗昌为江苏督军，吴光新为浙江或安徽督军；同时认同冯玉祥的国民军由京汉路南下向河南、湖北发展。同日，兵败后抵达汉口的吴佩孚通电组织黄河上游及长江各省建立护宪军政府，也在一定程度上促成了段祺瑞早日入京。

21 日，段祺瑞发表通电，宣布了就任临时执政后的大政方针，表示"此次暂膺艰巨，实欲本良心之主张，冀为彻底之改革，谨宣肝膈，期喻微衷"，并于 23 日乘专车抵达北京，冯玉祥和黄郛亲自到车站迎接。24 日，段祺瑞在陆军部大礼堂宣誓就任中华民国临时执政，并公布中华民国临时执政府制六条：一、中华民国临时政府以临时执政总揽军民政务，统率海陆军。二、临时执政对于外国为中华民国之代表。三、临时政府设置国务员，赞襄临时执政处理国务，临时政府之命令及关于国务之文书，由国务员副署。四、临时执政命国务员分掌外交、内务、财政、陆军、海军、司法、教育、农商、交通各部。五、临时执政召集国务员开国务会议。六、本制自公布之日施行，俟正式政府成立，即行废止。同时，以龚心湛为内务总长，李思浩为财政总长，唐绍仪为外交总长，吴光新为陆军总长，林建章为海军总长，章士钊为司法总长，王九龄为教育总长，叶恭绰为交通总长，杨庶堪为农商总长。

就是在同一天，张作霖也回到北京，随张作霖入京的就是浩浩荡荡的奉系部队，奉系部队入京之后，就向国民军施压，使其尽快让出北京、保定、宣化等防地，使得国民军将领愤愤难平。30 日晚，胡景翼和孙岳专门到冯玉祥府上陈述国民军防区已被奉军胁迫让出的情形，认为奉军对国民军已经构成威胁。三人的会面极为隐蔽，还是被张作霖察觉，张作霖遂于 12 月 2 日率奉军全部撤出北京，未及向段祺瑞辞职，就火速乘火车南下天津。张作霖离开以后，冯玉祥也提出辞职，随后便去西山休养，但其所帅军队依然留在北京城内。因为临时执政府的定位是过渡性组织，所以未设总理内阁，实行民主集中制，同时以未参加贿选曹锟的国会议员组成国会之非常会议。在就任执政后，段祺瑞决定召开善后会议，并分别致电孙中山、黎元洪、唐绍仪、章炳麟、岑春煊、王士珍等。

（二）

在击败吴佩孚、软禁曹锟之后，段祺瑞、冯玉祥和张作霖便先后发电邀请孙中山北上。孙中山随即复电段祺瑞，表示"拟即日北上，与诸兄晤商"，但孙中山离开广州之后，是经由日本才又转抵上海，又自上海北上，于 1924 年 12 月 4 日抵达天津大沽口，而此时的北京早已风云变色，张作霖避居天津，冯玉祥闲居西山，二人已经是面和心不和。只有段祺瑞率国民军一、二、三军代表及各团体代表亲自到大沽口码头登船恭迎孙中山，到场欢迎的社会各界人士多达两万余人。孙中山随后下榻日租界张园行馆，并在张园会晤张作霖。因为长途旅行和多年辛劳，加上南北气候差异，孙中山抵达天津后不久就患上了感冒，肝病亦因此发作。

孙中山卧病之际，奉系的张作霖却在思考着如何解决长江问题，直系的主要力量不外乎曹锟、吴佩孚和长江三督，如今击败了曹锟和吴佩孚，自然就要对长江三督下手，免留后患。7 日，张作霖召集卢永祥、吴光新及奉军将领在天津开会，卢永祥和吴光新都在江浙战争期间吃了长江三督的亏，与长江三督结着宿怨，张作霖不愿让嫡系部队跋涉千里南下征战，而皖系此时再度登台又迫切需要地盘，张作霖自然乐意卖这个人情。经过商讨，天津会议最终商定请段祺瑞执政下令免除齐燮元的职务，如果齐燮元反抗，则调拨六万奉军南下征讨。段祺瑞遂于 11 日发布命令免去齐燮元江苏督军一职，以江苏省长韩国钧暂兼督办江苏军务善后事宜，又特派卢永祥为苏皖宣抚使，由李景林暂署直隶督办，另调热河都统米振标入京供职，由阚朝玺署理热河。

　　时人都知道孙中山是手创民国的伟人，因此对他都寄予厚望，而孙中山抵达天津后不久，即与段祺瑞产生了分歧。孙中山主张国家至上、民族至上，要求废除不平等条约，而段祺瑞则愿意尊重列强的既得利益以换取列强对中国新政府的承认，并在执政府成立后三个月内召集善后会议，三个月内召集国民代表会议，二人终因政见不合而关系紧张。18 日，孙中山的肝病加重，于是进京调养。其时孙中山虽然重病在身，但北京民众获悉后依然为之一振，三十余万人到前门车站迎接孙中山一行，北京政府全体阁员、各大专学校校长、各团体代表、各机关首长亦亲抵车站。

　　讲到这里，便有人会忽然生出疑惑，既然段祺瑞已经到了北京，那位与他"焦不离孟、孟不离焦"的徐树铮呢？前面已经讲到，江浙战争后期小徐本欲代卢永祥帷幄浙沪之战，结果被公共租界工部局先隔离后送离。离开上海的徐树铮自知在国内已无容身之所，即远渡重洋举家搬迁到了巴黎的凯旋门附近，准备在欧洲长期居住。段祺瑞临时执政以后，自然忘不掉自己的心腹，但是徐树铮毕竟曾杀掉冯玉祥的舅舅陆建章，此时若是请徐树铮回国，无疑是羊入虎口，于是就给了徐树铮一个"考察欧洲各国实业专使"的职务，但徐树铮对实业不感兴趣，遂又于 1925 年 1 月 4 日改任命为"考察日本各国政治专使"。

　　徐树铮之于段祺瑞，本是一朝也离不得的，但此时段祺瑞却苦于应付张作霖和冯玉祥这两大势力，不得不委曲求全，可知彼时皖系的处境是多么艰难。张作霖有意成全皖系的卢永祥和吴光新南下，段祺瑞自然也懂得投桃报李，任命李景林为直隶督办军务，同时任命张作霖为东北边防督办兼垦务督办。张作霖感到心满意足，于是在 11 日率部返回奉天。既然给了张作霖好处，自然也要一碗水端平地对待冯玉祥，于是段祺瑞又任命冯玉祥部的张之江为察哈尔都统，李鸣钟为绥远都统，更派冯玉祥为西北边防督办，允许鹿钟麟部继续驻扎在北京，任命孙岳为豫陕甘剿匪总司令，并默许其部仍然驻扎在直隶境内。冯玉祥对这些安排大体感到满意，于是在 13 日宣布销假，随即赶赴西北巡视。临时执政的命令下达到江苏之时，齐燮元在江苏已待不下去了，正好借机离职去上海。齐燮元离开以后，浙军将领陈乐山宣称是奉了执政府秘书厅的密令，复任第四师师长，并将原师长夏兆麟驱逐到杭州。福建督军孙传芳觉得陈乐山事出突然，于是通电斥责陈乐山，说他假借名义，祸乱地方，表示将出兵讨伐。北京政府乃电令孙传芳、陈乐山停职，等候中央交接，并接受孙传芳的要求，委任孟昭月为宁台镇守使。但孙传芳并未理会北京方面的电报，率部攻入松江，陈乐山逃走，所部向上海溃退，而此时卢永祥业已率领奉军南下，孙传芳急忙致电段祺瑞反对奉军南下。

（三）

在江浙战争结束以后，上海就形成了两派势力，宫邦铎控制南市，张允明控制北市。齐燮元抵达上海之后，就开始对宫邦铎施加压力，无奈之下，宫邦铎只好致电段祺瑞和卢永祥辞去淞沪护军使职，这样一来，齐燮元就掌握了宫邦铎的第六师和第十九师，他随后联络孙传芳联手对付张允明，张允明部被打散，他本人也逃入租界。齐燮元即自称淞沪联军第一路总司令，孙传芳称第二路总司令，宣布占领上海，拒绝奉军南下。1925 年 1 月 12 日，段祺瑞责成卢永祥会同苏军总指挥秦洸迅速戡定上海事变，同时电令安徽军务善后督办王揖唐就近派兵协助卢永祥。

卢永祥在南京组织宣抚军，以奉军军长张宗昌为宣抚军总司令兼第一路军总指挥，参谋长臧致平兼第二路军总指挥，军务帮办陈调元兼第三路军总指挥，江苏全省水陆警备司令冷遹为戒严总司令。但苏军总指挥秦洸却在苏州遭到当地驻军攻击，齐燮元部得以通过苏州与驻常州、镇江的旧部会合。14 日，孙传芳、齐燮元联名发表通电，愿意撤掉上海境内所有驻军，并废除护军使及镇守使名目，兵工厂亦择日迁往异地。其时齐燮元、孙传芳已经占尽优势，而且废督一事又得到舆论支持，段祺瑞只好发出责令，而卢永祥和张宗昌暂时按兵不动。

偏在此时，北京又出了一件大事，3 月 12 日，革命伟人孙中山先生在北京病逝，消息传出，震惊中外。执政府内务部开会决议对孙中山先生予以国葬，全国各机关下半旗三日志哀，北京公使团亦下半旗志哀。15 日，孙中山先生遗体在协和医院施以防腐手术后举行大殓，各界人士纷纷前往吊唁。19 日，孙中山灵柩移至中央公园社稷坛，沿途民众及青年护灵致哀者约计 12 万人，均步行送灵榇至中央公园内社稷坛安放。4 月 2 日，孙中山灵柩安置于北京西山碧云寺。孙中山先生去世，当时海内外各界人士纷纷致挽联寄托哀思，段祺瑞不仅亲自到灵堂吊唁，而且自撰挽联：

共和告成，溯厥本源，首功自来推人世；革命而往，无间终始，大年不假问苍天。

不过，在当时的挽联中，却以皖系另一位头面人物徐树铮的最为出彩，彼时小徐正在欧洲考察，获悉孙中山先生病逝，自撰挽联一副，以电报形式发至北京：

> 百年之政，孰若民先？曷居乎一言而兴、一言而丧；十稔以还，使无公在，正不知几人称帝、几人称王。

徐树铮的这副挽联，上句典出《论语》，下句典出曹操的《让县自明本志令》，区区数十字，将孙中山一生的功绩尽数概括。黄埔出身的报人周游在《扪虱谈》里记录道："中山先生之丧，全民哀悼，举国偃旗，挽词之多，莫可纪极，而当时竟共推徐氏此联为第一。余曾分别询诸李协和、胡展堂、汪精卫、张溥泉诸先生：何以国民党内文人学者盛极一时，而竟无一联能道出孙先生心事，以堪与徐氏抗衡者？所得答复，虽各不相同，但一致认定：徐之才气，横揽一世，远不可及。"

其实徐树铮与孙中山是颇有一些惺惺相惜的，虽然所持政见、所处阵营不同，但二人于国事上颇有共鸣之处，尤其是面对外强侵犯时，都有抵寇驱侮的豪情。当年徐树铮戍边西北，率兵收复外蒙古，孙中山闻讯致电表扬小徐，"功实过于傅介子、陈汤，公论自不可没"，将之功绩与傅介子、陈汤相提并论。1922年第一次直奉战争之前，为了完成孙中山、段祺瑞、张作霖反直联盟的正式结盟，徐树铮代表段祺瑞前往广西会晤孙中山。孙中山与徐树铮的这次桂林会晤，据说十分融洽，《徐树铮年谱》中就记载，"先生（徐树铮）这一次从桂林回来，对中山先生十分倾倒。尤其佩服中山先生谈到国际形势和国际地理时之如数家珍，常常向人述说。听说中山先生对于先生也非常赏识，曾有留他作参谋长之说"。由此可见，孙中山与徐树铮二人见面，颇有相见恨晚之意，而根据其他历史资料，孙象震、吴忠信也予以证实，在桂林会晤期间，孙中山对徐树铮着实器重，有将之留在国民党内之意。须知徐树铮毕生之所求，就是"武力统一"，而孙中山先生一生为革命奔波，几经辗转，亦悟出了依靠军阀和谈判难以完成国家统一、驱逐列强的理想，二人此际相见，虽于政见上尚有诸多摩擦，但在救国图强一面却有着极大的契合。再者二人此时所处的阵营也有着共同的敌人直系，所以相见之后的谈话就更容易，换成当年孙中山先生护法讨段，而徐树铮主宰安福国会的时候，二人见面只怕不会这么和气。

三、霸业难复：徐树铮命断廊坊

徐树铮被人称为"小扇子"，类似于皖系的师爷或者是军师，也有人称之为"皖系之魂"。虽然皖系的当家人是段祺瑞，但实际的操盘手却是徐树铮：对内他组建国会操控皖系，对外他也是皖系将领里罕有的几个打过胜仗的。袁世凯曾对徐树铮有过这样的评价："又铮其人，亦有小才，如循正轨，可期远到。但傲岸自是，开罪于人特多。"论才干徐树铮不仅在皖系，在整个北洋系中都无出其右者，但他的缺点是不擅经营人脉，所以皖系内部的人因他而疏远，北洋系的人也因他而攻击皖系，以至于到直皖战争时，皖系俨然成了整个北洋系的众矢之的，进而遭遇重创，再难恢复元气。

（一）

从 1925 年 4 月开始，徐树铮先后考察法国、英国、瑞士、意大利、德国、苏联、比利时、荷兰、美国、日本。访问英国时，徐树铮曾受邀在英国皇家学院演讲，演讲的题目是"中国古今音乐沿革"，据说徐树铮的演讲非常精彩，让在场的英国绅士和淑女们对其刮目相看。其实，除了书法和作诗，徐树铮还喜欢昆曲，据说他不仅能够自己谱曲，还能够上台演出，先后和徐凌云、向馨吾、俞振飞等梨园名伶同台，尤擅花脸和贴旦的曲目，声如洪钟，当时知名的企业家和政治家张謇就曾赠诗云："将军高唱大江东，势与梅郎角两雄"，所以中山先生辞世，周游所作"竟共推徐氏此联为第一"也不是阿谀之词。

徐树铮于 6 月 3 日抵达意大利，意大利政府派巴白力区中将负责接待，就是在意大利期间徐树铮见到了时任意大利政府内阁总理的贝尼托·墨索里尼。徐树铮与墨索里尼初次见面并无太多交际，据说当时墨索里尼"立于大客厅，右手插入胸前对襟中，如拿破仑状"，与徐树铮的会晤也只是握手后稍事寒暄便告结束，显然是一副外国尊主敷衍小国代表的情状。徐树铮乃请意大利方面负责接待的人员再次约定时间，这一次改在办公室见面，墨索里尼与徐树铮相对而坐，由徐树铮的随员秘书朱佛定担任翻译，二人畅谈国际问题，据说"大为投机"，竟然谈了两个小时。而在徐树铮三子徐审交的回忆文章里，亦有"先生和墨索里尼的协议，使先生如虎生翼"的字样，只是这个消息已经难断真伪。在苏联时，徐树铮还会晤了苏共领导人斯大林和托洛茨基。在美国时，徐树铮入住纽约五月花饭店，并前往华盛顿晋见时任美国总统的约翰·卡尔文·柯立芝，不过这位美国总统是有名的少言寡语，美国人甚至称他为"沉默的卡尔"，本来就不多话，加上语言不通，相信徐树铮与柯立芝的见面远不如与墨索里尼见面时碰撞出的火花多。离开美国之后，徐树铮则前往日本，在东京下榻帝国饭店，因为皖系素来都是以亲日的形象示人，因此徐树铮在日本的行程就比较紧凑，除了晋见日本天皇夫妇，还会晤了日本首相加藤高明、日本外相币原喜重郎等人，总算是完成了自己的考察之旅。

12月11日，徐树铮结束考察回到中国，在上海登陆，上海名人黄金荣、杜月笙闻讯均登上徐树铮乘坐的船"天津丸"迎接，徐树铮上岸之后即回到南洋路自己的私邸。当时坐镇上海的是孙传芳，孙传芳在江浙一带连败奉系两大战将杨宇霆和张宗昌，渡江逐北，直抵山东边境，随即筹划建立浙江、福建、江苏、安徽、江西五省联军，自任总司令兼江苏总司令，一时风光无二。孙传芳和奉系对抗，却不欲开罪旁人，闻徐树铮抵达上海，亲自从南京赶到上海欢迎，上海各团体就在商会隆重欢迎徐树铮和孙传芳。彼时孙中山先生去世，国民党决定挥师北伐，危及北洋系利益，徐树铮与孙传芳随即商量携手赴南通见张謇。

这个时候，徐树铮其实手上既无军队也无职权，身上挂着的名头依然是段祺瑞派给他的"考察日本各国政治专使"，但他毕竟是皖系的灵魂人物，他的一举一动牵动着举国上下的神经，更何况此时的徐树铮身边还站着孙传芳。一时间各种消息不胫而走，甚至有徐树铮将联合张作霖、孙传芳一起对付国民军的传闻，而此时徐树铮南下拜访张謇，事情再明白不过，矛头直指冯玉祥的西北军和北伐的国民军。但徐树铮素来的行事风格就是"高调做事"，虽然他自己以为足够低调，但其实已经高调得举国皆知。

而此时北方的局势正处在莫测之际：在关外，郭松龄兵变反张；在关内，李景林和冯玉祥也翻了脸。北京毕竟是在冯玉祥的势力范围之内，冯玉祥的嫡系鹿钟麟掌管着京畿军警宪的指挥权，在开战之初就关押了段祺瑞的谋士曾毓隽。前文已经讲过这位曾毓隽先生，他和徐树铮不同，一直持"低调做人"的原则，所以虽然经常被列到大奸大恶的名单里，这位仁兄却始终安然活着，从来不受人重视。但是随着皖系的那些风云人物逐次没落，再低调的人也免不了会显山露水。曾毓隽被抓，段祺瑞真的到了山穷水尽的地步，而徐树铮刚一从南通回到上海，段祺瑞就发了一封急电给徐树铮，说现在北方形势纷乱，自己在北京尚且朝不保夕，随时都做好了下野的准备，劝他千万不能北上。但是段祺瑞并不知道，他不发这封电报还罢，既发出了这封电报，又被徐树铮看到，那徐树铮是非要入京不可。

（二）

谈及徐树铮在 1925 年北上之事，很多人都认为是徐树铮的性格使然。因为徐树铮之前的作为，认定徐树铮为人骄狂，胆大妄为，虽然明知北上要进入冯玉祥的势力范围之内，但依然不顾诸人反对，毅然决定北上。其实，徐树铮毅然北上，固然与他骄狂及自负的性格有关，但更多的是情势所迫，不得不铤而走险。经过直皖一战，皖系数十年的经营倏化烟尘，虽然经过第二次直奉战争段祺瑞得以再次回到北京执政，但真正的当国者乃是奉系与冯玉祥，段祺瑞所做的任何决定，都务必要权衡二者之间的利害关系。也正是因为如此，段祺瑞明知离不得徐树铮，还是执意要他出国，名虽"出国"，实为"避难"，既有当年徐树铮杀陆建章，为徐、冯之间埋下私仇的顾虑，亦因为徐树铮在皖系地位之重无人不知，徐树铮若回到北京，怎会甘心与段祺瑞居于人下？不闹出些四方风雨，亏了这"皖系师爷"的名号。

自皖系当国，到左右北京时局，乃至于直皖战争、福建兵变、直奉两番激战、孙中山北上京津，徐树铮的身影可谓无时不在、无处不在，在无兵无将、无权无实的情况下，徐树铮尚且可以翻手为云、覆手为雨，若是让他再掌实权，以奉系和国民党的能耐，又如何保证能斗得过这位皖系的神算子？因此莫说是徐树铮北上，他便是留在上海，也是凶险万分。但徐树铮此时接到段祺瑞的电报，知道自己必须北上。究其原因，无非三点：一、北方大乱，正是皖系再次崛起的良机，皖系此时力量薄弱，要靠实实在在地扩充实力显然不现实，唯有"浑水摸鱼"，可能还有一丝希望，加上徐树铮此时外联墨索里尼、内通孙传芳，无疑更不能错过眼前这大好时机。二、曾毓隽被鹿钟麟抓去，段祺瑞孤身陷在北京，又无实权在手，失了曾毓隽便如断掉一臂，而其余人等必不足以令徐树铮放心，因此出于对段祺瑞性命的担忧，徐树铮也必须北上。三、徐树铮与孙传芳结伴南下会晤张謇，虽然找不到确实依据考证彼此交谈的内容，但必定是商定了大事。

虽然上海诸人反对，北京有段祺瑞阻拦，12月19日，徐树铮还是带着跟他一起出国考察的随员乘坐顺天轮由上海奔赴天津。23日，徐树铮一行抵津，宋子扬借了英国领事馆的轿车相迎接，徐树铮登车后径直驰入北京，而其他随员则乘坐火车赴京。徐树铮于当天抵达北京之后即下榻无量大人胡同王宅，其他随员则分别住宿到旅馆里。安排妥当之后，徐树铮随即单独往见段祺瑞，据说二人见面之后，"相对跪拜，抱头痛哭"。自当年相逢，二人便携手走来，三造共和，手创皖系，经历世事浮沉，如今再见，自是不胜感慨。

徐树铮虽是忤逆段祺瑞的意思闯入北京，但是段祺瑞并未责怪。只是单靠只手之力又如何能够力挽狂澜？徐树铮进京，固然有恃北方战乱而促皖系东山再起之意，但是等到徐树铮入京，郭松龄已经战败，李景林经过天津苦战之后也已溃逃。此时的冯玉祥地位仍不稳固，但暂时却无忧患。外事渐趋平稳，而段祺瑞的性命也暂时无忧，纵有墨索里尼扶持，皖系也难有作为，段祺瑞和皖系诸人于是劝徐树铮速速南下，只恐迟则有变。

对于徐树铮而言，在北京这座城已不是第一次来去，但之前每次离去之后再归，必然是耀武扬威，从未有一次再回来会如此狼狈地离开。但时势如此，他只好告别段祺瑞，于29日乘专车南返。徐树铮所乘的专车在晚9时开动，于凌晨1时抵达廊坊，专车即被拦下，冯玉祥所部的张之江派人上车，将徐树铮拿下。关于徐树铮的死说法不一，按照徐树铮三子徐审交的说法，徐树铮在被挟持下车之后，即在距离车站一里远的地方被枪杀，其随员则被全部拘禁在英美烟草公司的司令部马棚。而根据张之江的参谋长张钺口述，徐树铮当晚被幽禁在英美烟草公司旁边的一个仓库里，而其随员则被幽禁于一处马厩里，到上午陆建章的儿子陆承武抵达，才结果了徐树铮的性命。徐审交和张钺所属阵营不同，因此所述内容也有不少出入，但无论怎样，徐树铮确实在廊坊遇害。翌日，天津各报就刊出了"陆承武替父报仇杀死徐树铮"的巨幅新闻，因此当时民众都以为是陆承武为了报昔年徐树铮的杀父之仇，在廊坊设计杀死了徐树铮。这段公案一直被压了二十年，直到抗战胜利之后，徐树铮的儿子徐审交到法院打官司，才使得真相大白于天下，原来陆承武不过是个挡箭牌，操刀的人是张之江，传令和谋划的人则是冯玉祥。

（三）

徐树铮少年成名，此后便为皖系及其"武力统一"的事业奔走，到廊坊遇害时，方四十五岁，正值壮年。徐树铮遇害的事情传至北京，据说段祺瑞在接到消息之后，痛不自抑地泪流满面，捶胸顿足地高呼"断吾肱股"。徐树铮在廊坊遇害之后，其学生段大洪跪在张之江面前，恳求寻尸装殓，张之江是基督徒，见段大洪情切，于是勉强答应了。段大洪遂在雪地中寻找，找到徐树铮的尸体以后，由徐树铮的卫士张振声以骡车拉回北京。段祺瑞掏钱购置了棺木装殓徐树铮，1926年11月，徐树铮归葬于家乡的凤冢山。

据徐审交回忆，徐树铮去世以后，虽然案件颇多疑点，但当时并没有人站出来主张"抚恤"或是"惩凶"，一是徐树铮生前得罪的人太多，二来是徐树铮的领导兼好友段祺瑞没有追究。当时虽然外间尽传是陆承武杀害徐树铮，但段祺瑞等人又怎么会不知道其中因由，只是当时段祺瑞尚且在囚笼之中，自身尚且不能保全，哪里有能力去做号召"抚恤"或是"惩凶"之事呢？但徐审交援引曾宗鉴的一段笔记却颇让人动容，说是1926年4月段祺瑞下野之后离京，在经过廊坊时，向随行人员询问徐树铮遇难的详细地点，等到车抵廊坊，"合肥（指段祺瑞）开窗西望，历十分钟，口唇微动，喃喃若有语，老泪盈眶，掩面入卧"。到后来亦将徐树铮牌位摆入段氏祠堂，年年让子孙拜奉，二人情义之深可见一斑。徐树铮去世以后，好友张謇撰挽联悼念：

> 语谶无端，听大江东去歌残，忽然感流不尽英雄血；
> 边才正亟，叹蒲海西顾事大，从何处更得此龙虎人。

曾毓隽被囚，徐树铮被杀，困守京城的段祺瑞真的到了山穷水尽之时。段祺瑞此时已做好引退的打算，但他若要引退，需要有一个摄政内阁作为过渡，他于是加速修正临时政府制，增设国务院，恢复设置国务总理。1925 年 12 月 26 日，段祺瑞正式下令，在"中夜彷徨，怒焉如捣"之后"惟有修正临时政府制，增设国务院，以专责成"。同日，段祺瑞任命许世英为国务总理，王正廷为外交总长，于右任为内务总长，陈锦涛为财政总长，贾德耀为陆军总长，杜锡珪为海军总长，寇遐为农商总长，马君武为司法总长，易培基为教育总长，龚心湛为交通总长。

就是在这个时候，形势却发生了急转直下的变化，本来在第二次直奉战争中与张作霖结仇的吴佩孚，忽然不再讨伐奉系，于 31 日通电宣布结束讨奉战争。不仅如此，吴佩孚还和张作霖、张宗昌联手，组成了反冯联盟，这样一来，张作霖不仅转危为安，而且一下子得到强有力的盟友，反而是冯玉祥陷入了四面楚歌的困境。于是，冯玉祥所部在京畿以及直隶、湖南地区就陷入了奉军和直军的包围中，而此时东南的孙传芳也响应吴佩孚结束了对奉战争，冯玉祥的处境更为糟糕。1926 年 1 月 1 日，进退两难的冯玉祥只好通电下野，以张之江代理国民军总司令职务。

段祺瑞让许世英组阁，原本是因为冯玉祥逼迫太紧，因此留个台阶好下台。如今冯玉祥下野，张作霖亦做出下野状，吴佩孚、孙传芳则通电主张结束战事，张之江则通电拥护段祺瑞，局势渐趋缓和。许世英知道段祺瑞反悔，遂前往执政府劝段祺瑞发出下野电以免引发阁潮。段祺瑞虽然担心因此引发阁潮，但到底不愿就此下野，于是由汤漪将原本的下野电进行修改，"际兹时变，善后维艰，前者修改临时政府制，增置中枢，谋庶政之公开，补阙失于既往，但期利国，宁有成心，所望各建谠言，迅定国是，即释重负，俾践前言"，于 9 日交阁议，通过之后由刘汝贤领衔十六省区代表发出通电，"国家重器付托之方，当所各方公决"。

但当时各方对接下来的政局意见不一，而且彼此之间的分歧极大。天津的张绍曾有意请黎元洪出任总统，自己出任总理组阁。上海方面有的主张拥护黎元洪，有的主张拥护唐绍仪。吴佩孚、张作霖、孙传芳三方没有确切的消息。冯玉祥的西北军则分为两派，一派主张仍维持段祺瑞、许世英的现状，一派则主张段祺瑞下野，按照孙中山的宣言召开国民会议。北伐的国民军则坚持只要黎元洪不入京掌握实权就可以商量。外间吵闹不休，段祺瑞在北京也不着急，倒是许世英倍感焦虑，他组阁本来是为了促段祺瑞下野，这样一来段祺瑞是否下野犹未可知，他自己的内阁倒是肯定会被撤掉，与其被赶走不如自己走，2 月 16 日，许世英首次提出辞职。

四、六度倒台：逃奔天津十年梦醒

段祺瑞和皖系能够登上历史舞台，段祺瑞个人的能力毋庸多言，四位心腹也并非泛泛之辈：靳云鹏练兵、徐树铮谋划、傅良佐统兵、曾毓隽外联。但等到徐树铮廊坊被杀，靳云鹏对他寒心，傅良佐外强中干，曾毓隽则被直系软禁，段祺瑞和皖系的冬天扑面而来。此时的段祺瑞早没有了昔年北洋之"虎"的凶悍，尤其是徐树铮死后，他于政坛可以说真正心灰意冷。所以在最后的几年里，段祺瑞与其说在争权，不如说是在争自己作为北洋元老仅剩的那点儿尊严。

（一）

1926 年 2 月 16 日，内阁总理许世英递交辞呈，因为段祺瑞是临时执政，按照约定不能履行管理政府的职责，政府瞬间处于真空状态，于是，在西北军的催促下，段祺瑞只好任命贾德耀代理阁揆。贾德耀上任之后，西北军就要他立刻通过讨伐吴佩孚的命令，并且查办奉系的山东督军张宗昌，贾德耀没有办法只好通过这些议案，并拿着去找段祺瑞签字。段祺瑞不愿得罪直系和奉系，于是坚持不予签署。贾德耀干脆也要撂挑子走人，段祺瑞退还了贾德耀的辞呈，让他暂时再客串十天，同时下令慰留许世英，但北京政府的这堆烂事，许世英是再明白不过的了，他于 23 日、28 日连着两次递交辞呈，说什么也不愿意再回去组阁。

关外的张作霖已经恢复元气，组成联军的吴佩孚和张宗昌也对冯玉祥的西北军虎视眈眈，而冯玉祥垂帘听政，准备指挥西北军与奉、直、鲁联军一战。进入 1926 年不久，张作霖就率领奉军挥师入关，段祺瑞慌忙致电张作霖，劝他"多年绥辑，久费经营，丘墓保存，苗裔所托，岂忍甘心孤注，悉供内争？振臂屡呼，不虞外患。切望蠲除积忿，各释前嫌，宏阅墙御侮之模，懔佳兵不祥之戒。所有西上师旅，即日撤退出关，各不相侵，共谋康济"。

张作霖遂派张学良先由榆关进抵秦皇岛，另一方面，吴佩孚则率军进攻河南，接连攻克开封、郑州、洛阳，使得西北军受到南北夹击。而在北京，许世英内阁于3月3日提出总辞，段祺瑞因此在执政府召开国事会议，决定准许许世英内阁总辞，特命贾德耀署理国务总理兼陆军总长。本来不欲再掺和北京这堆烂事的贾德耀，又给段祺瑞强行架上桌，好在此时吴佩孚和张作霖已经动手，西北军也不再逼他下什么讨伐令，事情简单多了，他也就受命着手组阁。4日下午，贾德耀公布了阁员名单，以颜惠庆为外交总长，屈映光为内务总长，贺得霖为财政总长，杜锡珪为海军总长，杨文恺为农商总长，卢信为司法总长，马君武为教育总长，龚心湛为交通总长，邓汉祥为国务院秘书长。5日，贾德耀专门邀请全体阁员到自己的私邸聚餐，结果翌日杨文恺不愿就职，看来靠饭局搞妥上下级关系历来都是不太靠谱的事情。因为财政问题始终无法解决，教育经费没有着落，教育总长马君武也对内阁事务没有什么热情。8日，外交总长颜惠庆也干不下去了，因为各地军阀总是打仗，根本没有办法跟外国建立正常邦交，加上这时候外国各公使都在催要债务，麻烦一堆，所以他也要求辞职。

于是，贾德耀内阁成立还没有一个星期，外交总长、农商总长就辞职了，教育总长则工作消极。正当北京政府内阁动荡，西北军节节败退之时，身在北京的北洋系元老及名流发动了和平运动。3月15日，王士珍通电提出和平办法的六点主张：一、西北国民军撤返西北。二、奉军退回关外。三、直鲁联军退回山东。四、吴佩孚军不再前进。五、鲁豫两省暂时维持现状。六、中央政局再议善后。18日，王士珍、赵尔巽、孙宝琦、汪大燮、胡维德、王芝祥、熊希龄等通电各省呼吁和平，20日，西北军方面张之江、李鸣钟、马福祥、刘骥、宋哲元等通电响应，同时，鹿钟麟领衔西北军前线将领通电，"即当遵电饬令前方，先行罢战，各退原防，静待后命，以表示敝军倾向和平之诚意"。

西北军在发出两封通电之后，各路军队于当日撤兵。21日，西北军下达总退却令，部队集中到天津总车站，乘坐火车退回北京。22日，王士珍等人开会议决：一、将张之江等人的通电，转电张作霖、吴佩孚等，请速撤回原防，务勿追击，静待和平解决；二、京师治安，通知鹿钟麟、李鸣钟，请切实维持。这个时候，直鲁联军已经攻克天津，各路西北国民军只好纷纷后撤，奉军、直军和鲁军遂兵分三路围攻北京，李景林进攻通州，张宗昌进攻黄村，张学良进攻顺义。

眼看着北京已经陷入重兵围困之下，西北军的幕后主脑冯玉祥宣布出国去苏联，并在23日抵达库伦。冯玉祥出国之前，举荐张之江出任西北边防督办和察哈尔都统，但张之江自知无法震慑西北军其他将领，提出辞职，并保举李鸣钟和鹿钟麟继任。25日，西北军第一军将领一致拥护张之江，张之江只好勉强同意主持西北军，随即在北京警卫部召开紧急会议。当时西北军中鹿钟麟的意见得到较多支持，即固守京畿，如果没有和平办法或是正式交代，绝不放弃京畿。

（二）

1926年4月2日，张作霖出动飞机对北京进行了轰炸，虽然当时飞机投下的炸弹破坏力还不是很强，起到的最多也就是个威慑作用，和用大喇叭喊话或者是冲天上打两枪的效果差不多，但是飞机的震慑效果毕竟还是更强一些。北京人心惶惶，士绅富贾纷纷出逃。这时候，那些主张和平的北洋元老急忙又致电张作霖、吴佩孚等人，"诸公仁慈为怀，务速赐转交，力予制止"。但是和军人商讨和平，就像是与虎谋皮，张作霖的回复也痛快，只要西北军放弃直隶、热河、京畿，奉系就跟北京的老少们坐下来商讨和平。

就在4月9日晚，北京警卫司令鹿钟麟忽然派出大刀队监视电话局，断绝所有通话，并派出大刀队、保安队5000余人分别把守九门和交通机关，由东单牌楼起断绝行人，将执政府团团围住，并解除执政府卫队的枪械。关于鹿钟麟的这次突然发难，坊间有两种说法，一种是说段祺瑞感到北京事态严重，于是派吴光新联络张学良准备里应外合迎奉军入京，还有一种说法是奉系的丁春喜和吴佩孚部的耿乃熙先后致电鹿钟麟，转达了吴佩孚的意思，说是只要驱除段祺瑞、恢复曹锟的自由，就有和谈的余地。吴佩孚的条件只是驱逐段祺瑞，自然比张作霖的条件好办很多，于是鹿钟麟决定发动政变。被围困在执政府内的段祺瑞惶惶不可终日，派人向鹿钟麟说明自己愿意下野，但是要求离开北京。段祺瑞毕竟是北洋元老，而此时局势亦不稳定，鹿钟麟自然不敢"放虎归山"，于是并未应允。11日早晨，趁鹿钟麟不备，段祺瑞带着亲信逃入东交民巷，并电令外交总长胡惟德暂代临时执政，但同时又表示"在此扰乱期间，所有捏造事实，假借名义之文件，概属无效"。12日，国务总理贾德耀通电外国驻北京的公使团，"径启者，顷因京畿警卫总司令鹿钟麟，突于本月九日深夜之际率兵围困府院，意图危害，以致一切政务之执行，暂时陷于停顿之状态"。

鹿钟麟驱逐了段祺瑞，释放了曹锟，本以为吴佩孚会对他大加褒奖，哪知道他们等到的却是"全体缴械"的最后通牒，鹿钟麟这下傻了眼，没有得到吴佩孚做盟友，反而开罪了段祺瑞，还让西北军的巨头张之江、李鸣钟、宋哲元等对他颇有微词，心慌意乱的鹿钟麟急忙派人赴天津请张绍曾入京主持政局，但张绍曾亦知道北京此时是一潭烂泥沼，说什么也不肯进京。另一边的胡惟德虽然当上了临时执政，但面对眼前的烂摊子也束手无策，只好跑去请王士珍出来维持政局，王士珍予以拒绝，胡惟德只好硬着头皮支撑。

逃进东交民巷的段祺瑞此时也已镇定下来，十余年仕途跌宕，什么场面他没有见过，但此时他对从政实在失去了最后的兴趣，环顾身边，他的左膀右臂俱已离去，只有曾毓隽还陪在他的身边。此时两位老友相对，亦是颇多感慨，可以说北京政变以后的段祺瑞对于涉身政坛再无兴致，而陪伴他一路走来的幕僚曾毓隽亦有心归隐。因此，有人传说，段祺瑞曾密令驻通州的国民军第九师唐之道放弃通州进入北京，因为唐之道所部原是吴光新的部队，所以段祺瑞与这支部队中的诸多将士均有私下往来。其实，规劝唐之道入京的，乃是王士珍、熊希龄、赵尔巽等人，承诺只要唐之道入京驱逐鹿钟麟，即以北京警卫司令之职相予。彼时的段祺瑞身在东交民巷无暇自顾，自然没有这些在京城呼风唤雨的名流说话管用，唐之道遂决定率兵入京。

外有吴佩孚电令缴械，内有唐之道忽然倒戈，鹿钟麟此时哪里还有据守京畿的本钱？15 日，鹿钟麟率领西北军撤出北京，在张之江的命令下向绥远撤退。唐之道率部入京之后即任警备司令，段祺瑞和他的幕僚们亦从东交民巷返回吉兆胡同，同时发布通电，"曩临时政府开始，曾规定应办事项，此后是否按程继进，本执政听诸公论，当此乱极思治，不无贞下起元，共速拟妥善后，俾国政不致中断，金谋朝同，初服夕具。本执政从容修省，得为海烟逸民，休养余年，所欣慕焉"。这封电文里不再有那种东山再起的万丈雄心，有的尽是壮士暮年的疲惫和苍凉，位高权重固然诱人，但壮心已老，不如归去。15 日，国务总理贾德耀亦通电恢复办公，并于当天阁议决定免去对齐燮元、张志潭、张英华、吴景濂、刘永谦等人的通缉，免去鹿钟麟、卢信的职务。在复职之后，段祺瑞又委派曾毓隽前往天津，会同吴光新会晤奉系诸巨头，但奉系对曾毓隽和吴光新的态度非常冷淡。

（三）

1926 年 4 月 15 日，王士珍、赵尔巽、熊希龄、颜惠庆、江瀚、孙宝琦、恽宝惠、王家襄、王宠惠、汪大燮、江朝宗、冯恕、周作民、张嘉璈、高金钊、师景云、吴炳湘领衔组成京师临时治安会，呼吁和平、维持治安、保护外侨。17 日，国务总理贾德耀再次提交了辞呈，"此时若再辱高位，不特难资表率，尤恐贻误国家。惟有具呈仰乞钧座俯予即日罢斥，另简贤能，以重枢寄"。同日，贾德耀又致电冯玉祥，"惟德耀个人经此变故，外惭清议，内疚神明，已呈恳执政准予辞职"。

贾德耀要走便走，但段祺瑞却有点儿惶恐了，此时的他身在各系势力的围堵之下，进退两难，于是在 17 日分别致电张作霖、吴佩孚、阎锡山、孙传芳等，"纪纲应如何整饬？大局应如何奠定？公忠体国，不乏嘉猷。询谋佥同，必能善后。祺瑞以迟暮之年，既无希冀，复无成见，区区此心，谅获鉴察"，看到这段话的时候，感觉是真正应了那句"英雄迟暮"，段祺瑞当年统率皖系、掌握中央，是何等风光，如今这封电文，却字字透着一种无助的感觉，整封电报几乎就是一句话：哥儿几个，你们是放我走还是继续让我待着？

19 日，奉系的张作霖率先复电，"法律政治问题，自有海内名流公同讨论，霖本军人，早经宣言不问政局"。张作霖的这封电报其实还算客气，开头称段祺瑞为"芝老"，至少还是将段祺瑞视为北洋元老，只是后面完全没有表态，完全是敷衍段祺瑞。但是对段祺瑞打击最重的还要数吴佩孚，吴佩孚不仅没有回复段祺瑞，而且还致电唐之道要拿办安福系的人，"该安福党祸国至此，尚敢横行都下，望从速将安福党人拘捕，并监视段氏，以便依法控其卖国诸罪"。吴佩孚不仅没有回电，还致电唐之道要拿办段祺瑞，而且直接给段祺瑞及其亲信安上了"卖国"的罪责，准备对皖系穷追猛打。

在获悉吴佩孚向唐之道发出的电文之后，段祺瑞仰天长叹，他已经是非走不可了。当天下午，段祺瑞在私邸召开会议，追随他的亲信幕僚们尽数赴会，段祺瑞将吴佩孚致电唐之道的事情公开，众人商议之后，一致决定尽快离京。段祺瑞随即下达三道命令，一面批准国务总理兼陆军总长贾德耀的辞呈，一面特任胡惟德署国务总理，一面宣布自己已经决定隐退，自当日起由国务院摄行临时执政权，"祺瑞忝居执政，一载有余，时局愈纷，心力交瘁"。随即派与奉系素有往来的吴光新到黄村疏通张宗昌部，乃于 20 日下午携家眷及吴光新、姚震、姚国桢、曾毓隽、梁鸿志、龚心湛、许世英、段宏纲、张树元、章士钊、曲同丰等乘坐专车抵达天津，离开了政局动荡的北京。

在专车经过廊坊时，段祺瑞不止一次询问身边的人，此处是不是徐树铮被杀的地方。在得到肯定的答复以后，这位老军阀难掩悲痛之情。段祺瑞崛起于袁世凯时代，其后六度组阁，纵横民国政坛十年之久，亦留下"三造共和"的美誉，但是刚愎自用，最终颓然下台，寓居天津，自号"正道居士"。一生对自己要求严格的段祺瑞，到卸任临时执政之后，竟然连一处房产都未曾置下，他在天津所住的鞍山道 38 号，乃是其妻弟吴光新的房产。不过，寓居天津以后，远离仕途的段祺瑞生活过得倒是很惬意，据段祺瑞的外孙女袁迪新后来回忆，"每天早上起来，外公（指段祺瑞）头件事便是念经诵佛，待吃过早饭，他的老部下王揖唐便过来，帮他整理编选历年来的诗文，准备刊印一部《正道居集》。午睡之后，外公照例是下围棋，晚上打麻将"。

皖系垮台之后的民国政局依然没有稳定下来，吴佩孚的直系与张作霖的奉系逐鹿中原，民国历史依旧在军阀的战火纷飞中艰难前行。此后的北京政局依然摇摆不定，但段祺瑞再也没有回到过北京，或许自徐树铮命断廊坊之日，段祺瑞便已经对政坛失去了兴趣。他的老兄弟冯国璋已经不在，最亲近的朋友徐树铮也已死去，好在最贴心的亲信曾毓隽、吴光新还留在身边，他的晚年并不寂寞。

五、英雄末路：黄昏浸没凄雨中

在民国的政要中，段祺瑞所做的事情虽然是毁誉参半，但为人却是那个时代的楷模。他是著名的"六不总理"：不贪污、不卖官、不抽大烟、不酗酒、不嫖娼、不赌钱，他最大的爱好是下围棋、打麻将和打台球，正如一生与他亦敌亦友的梁启超所说，"其人短处固所不免，然不顾一身利害，为国家勇于负责，举国中恐无人能比"。英雄总是会有迟暮的时候，"凭谁问，廉颇老矣，尚能饭否？"段祺瑞和他的皖系虽然老去，但他们留在中国历史上的声音还没有完全消失。

（一）

段祺瑞晚年的故事一点儿也不比他前半生的戎马倥偬、政坛起伏来得逊色。之前就讲过，段祺瑞是一个要求极为苛刻的人，古往今来，这种人要么是暴君要么是酷吏，比如明朝的开国皇帝朱元璋，自己过得简朴也就罢了，还想着天底下人都跟他一样简朴，以贪污之罪杀死的朝臣数不胜数。严格意义上来说，段祺瑞比朱元璋要好多了，他对手下不算苛刻，否则倪嗣冲、张敬尧这些人不知道得给他凌迟多少次。但段祺瑞的家人就要清贫多了，段祺瑞作为皖系的当家人、堂堂国务总理，从不给家人亲友走后门，虽然下台的时候给国家欠了一屁股债，但借来的钱几乎都用在军务上了（私底下给地方军阀贪污掉的不在少数），自己则是一贫如洗。

据说早年间段祺瑞生活拮据，跟自己的政敌黎元洪借过 7 万元，一直无力偿还，还被黎元洪告上法庭。等到段祺瑞自临时执政的位置上退下来，就没有了经济来源，一大家子人过得更加艰难，时而还得靠段祺瑞的亲信资助度日。1928 年，蒋介石得知段家生活确实困难，于是"送上 2 万元，在此后三四年间，又送过数万元，生活问题遂得到解决"，可想而知段祺瑞一大家子人过的是什么日子。1928 年 5 月，段祺瑞又联络徐世昌、王士珍、曹锟、熊希龄等北洋元老呼吁南北双方停止战争，发起了"和平运动"。10 月 1 日，外间传出安福系在天津、大连一带大肆活动，段祺瑞为避嫌到大连休养，于翌年才回到天津。

1930 年 2 月，冯玉祥和阎锡山联合反蒋，中原大战爆发。日本人密谋借机策动"北洋派大同盟"，拥段祺瑞和吴佩孚为领袖，建立华北的傀儡政权，从而控制华北地区。日本特务头子土肥原贤二积极推动该项计划，并在天津安排段祺瑞和溥仪见过一次面，不过此次会晤让双方都甚不愉快，事后段祺瑞就恼怒地说："鄙人不才，忝为国家元首，这小子到今天还摆皇帝的臭架子，真是岂有此理。"加上吴佩孚也不买账，日本人的如意算盘就此落空。

不过到了 1931 年，随着九一八事变爆发，日本扶植溥仪在东北成立伪满洲国，土肥原贤二再度到天津密会段祺瑞，希望段祺瑞能够出面组织华北政府，并承诺日方会给予足够的支持，但遭到段祺瑞的严词拒绝。日本人之所以看重段祺瑞，不外乎两个原因，一是段祺瑞掌国时的亲日政策，二来是段祺瑞在北洋系中举足轻重的地位。土肥原贤二初会段祺瑞时，日本在中国尚未大肆扩张，所提及的计划不外乎出钱出力挺他出来再度掌国，所以他才会应允与溥仪会晤，但是九一八事变之后日本侵华野心暴露无遗，"为国家勇于负责"的段祺瑞岂能让自己成为汉奸？

土肥原贤二入津密会段祺瑞的事情很快公开，不仅上海各团体纷纷忠告段祺瑞、吴佩孚不要被日本人利用，蒋介石更是通过国民党皖籍要员吴忠信引见，在北京饭店会晤段祺瑞的侄子段宏纲，提出希望段祺瑞南下，但其时段祺瑞已经年近七旬，想在北方颐养天年，所以没有同意。蒋介石就派人送去巨款，以保障段祺瑞一家人的日常开销。1933 年 1 月，外间盛传日本人要劫持段祺瑞并胁迫其组织华北政府，蒋介石急忙命交通银行董事长钱永铭携蒋介石的亲笔信到天津见段祺瑞，信中蒋介石再次恳请段祺瑞"南下颐养"，并随时"就商国事"，段祺瑞自感局势动荡，遂表示"如介石认为我南下于国事有益，可以随时就道"。

于是在 1 月 21 日，段祺瑞秘密离开天津，于翌日抵达南京浦口车站，抵达当日，蒋介石亲率所有少将级以上的军官到车站迎接，蒋介石更是一身戎装，见到段祺瑞即敬礼，因为早年间曾在段祺瑞主持的陆军军官学校就读，蒋介石对段祺瑞乃以师徒之礼相敬。24 日，段祺瑞移居上海，住在法国租界霞飞路 1487 号军事参议院院长陈调元的公馆。1936 年 11 月 1 日，段祺瑞胃病发作，于上海宏恩医院医治无效病逝，享年七十二岁。在弥留之际，段祺瑞留下亲笔遗嘱，向政府提出"八勿"：勿因我见而轻起政争；勿尚空谈而不顾实践；勿兴不急之务而浪用民财；勿信过激言行之说而自摇邦本；讲外交者，勿忘巩固国防；司教育者，勿忘保存国粹；治家者，勿弃国有之礼教；求学者，勿鹜时尚之纷华。3 日，行政院决议给予国葬，于右任、张群、居正等要员亲往致哀，上海亦下半旗志哀。11 日，灵柩运抵北平西山卧佛寺后殿。抗战爆发后埋葬于西郊白石桥附近，解放后移至北郊清河镇，后又于 1963 年秋移葬于北京西郊香山附近万安公墓，章士钊亲题墓碑。

（二）

段祺瑞主张"武力统一"乃是希冀以武力来完成国家统一，但可惜皖系的诸位武将都上不了台面，乃至于皖系只直皖一战就土崩瓦解。皖系的将领中，以徐树铮最为出色，其人虽然性格暴戾、恃才放旷，但确实是皖系中唯一可以独当一面的将才，尤其是戍边西北出征外蒙古，一时震惊中外，也算是皖系军阀中为数不多的"名将"。至徐树铮廊坊被杀，皖系中便再无真正可堪大用的将领。皖系将领中，靳云鹏、倪嗣冲、张敬尧、卢永祥、张怀芝、段芝贵都徒有骁将之名。

靳云鹏号称皖系"四大金刚"之首，就是飞扬跋扈的徐树铮有时也对他忌惮三分，但此人一生败多胜少，曾先后被蔡锷在五华山打得丢盔卸甲。下野之后，靳云鹏在 1929 年以延福堂名义向英国工部局购得租界内比道 15 号（今四川路 2 号）一处地方，建成一所庭院式洋楼，致力于开办实业。他先是与日本大仓系财阀合办胶东鲁大矿业公司，后又与人合伙在济南投资开设鲁丰纱厂，在济宁等地开办电灯公司、济宁面粉公司等企业。据估算，自 1908 年到 1926 年间，靳云鹏独家投资或合伙经营的企业多达 20 余家，拥有资产 6500 万元之多，这位在战场和政坛上并无太多建树的军阀，倒是在商场上春风得意。

1937 年七七事变爆发，日本人曾邀请靳云鹏出山组织华北伪政权，靳云鹏与徐世昌密议"议和方案"，以承认"满洲国"为条件，换取日本撤出华北，维持七七事变前的旧有局面，日方遂取消与靳云鹏的合作。但是在 1942 年 3 月，日本人还是把他拉出来担任伪华北政务委员会咨议会议委员。靳云鹏晚年加入在英租界广东路（今唐山路）的洋行买办陈锡舟创办的佛教徒"居士林"，并劝导另一军阀孙传芳皈依佛门，陈锡舟去世后，他与孙传芳集资将东南角的李氏祠堂清修禅院扩建为新的"居士林"，并自任"林长"，再无心过问政治，专心诵经礼佛，于1951年1月病逝于天津。

安徽督军倪嗣冲是皖系的急先锋，不过这位"急先锋"其实从未冲锋陷阵过，每次都是声势很大动作很小。1919年以来，倪嗣冲的身体状况不太好，一直处于半休假状态，因此也没有参与直皖战争。直皖战争中他对直皖双方都虚与委蛇，但皖系战败后，他到底还是遭到直系排挤，最终丢掉了安徽督军的职务。离职以后，倪嗣冲就隐居天津，投资银行、纱厂、面粉厂、油漆公司等，还在英租界、日租界及河东、河西等区大肆置办房产，当时他的资产价值8000万元之多。1924年7月12日，倪嗣冲病逝于天津英租界的寓所内，据说是死于精神分裂症，享年五十七岁。8月9日，北洋政府下令追赠倪嗣冲为将军府"安武上将军"称号，并赏治丧费3000元，他也成为唯一被追赠为上将军的人。

吴光新则因为和段祺瑞的特殊关系而成为皖系的重要将领之一，他后期一度活跃于奉军中，但因为和段祺瑞的关系特殊，随同段祺瑞一起下野寓居天津。段祺瑞搬到上海，他亦跟随南下，1939年病逝于上海。卢永祥是皖系最后仅存的实力派之一，在段祺瑞临时执政期间，他曾借助奉系力量一度恢复皖系在南方的地盘，但是在1924年12月被孙传芳打败，后在南京组织宣抚军，并自兼江苏督军。1925年8月，卢永祥因受到奉系军阀排挤而辞职，此后便隐居天津，他在晚年曾出资帮助老家济阳修建水坝、学校、民刑看守所及印刷《济阳县志》等，于1933年病逝于天津。

傅良佐虽然也是"四大金刚"之一，不过他在湖南战败之后就很少露面，皖系衰败之后，傅良佐就跟靳云鹏一样开始参禅礼佛，1924年在天津病逝，后葬于北京西山。段芝贵，字香岩，是安徽合肥人，亦是皖系将领，早年曾因为拥护帝制复辟得到袁世凯赏识，在直皖战争中兵败后被通缉，匿居于天津。段祺瑞临时执政时给予特赦，1925年3月22日病逝于天津，享年五十六岁。田中玉，字蕴山，直隶临榆城西高建庄（今河北省秦皇岛市山海关区高建庄）人，亦是皖系军人，但是在直皖战争中坐视皖系兵败，此后投靠奉系却受到排挤，先后在天津、大连寓居，1935年7月病逝。张怀芝，字子志，山东省东阿县刘集镇皋上村（今属山东省聊城市）人，在直皖战争后投靠直系，在第二次直奉战争直系兵败后去职，回到天津投资工商业。1933 年 10 月 10 日病逝于天津私邸，享年七十二岁，1933 年 11 月 21 日归葬东阿县祖茔。

（三）

皖系的武将虽然不济，但其文人构成的智囊团却颇为出色，一度在北洋时代呼风唤雨，而其中最主要的就当数安福系和新交通系。安福系成立得很晚，却是皖系达到全盛时期的重要标志，新交通系也是在皖系壮大的过程中逐步靠拢过来的，这两个集团都不算是根正苗红的皖系力量，但却一手促成了"皖系帝国"。安福系中最主要的人物包括曾毓隽、王揖唐、李思浩、姚震、梁鸿志、王克敏等，而新交通系则是著名的"三驾马车"曹汝霖、陆宗舆、章宗祥。

曾毓隽是皖系"四大金刚"之一，由于他过于低调，很多学者都认为他不够资格位列"四大金刚"，如果说徐树铮是皖系的"魂"，那曾毓隽无疑就是皖系的"心脏"。安福系和新交通系的背后都有曾毓隽的身影，他早年就追随段祺瑞，是皖系的元老之一，与徐树铮堪称是段祺瑞幕中的"哼哈二将"，对段祺瑞更是忠心耿耿。皖系垮台之后，他随段祺瑞逃至天津，亦过上寓公的生活。1938 年，皖系的梁鸿志组织日伪"维新政府"，邀请曾毓隽参加，曾毓隽随即逃往香港。并于同年 6 月到达重庆，随后出任国民政府赈济委员会委员，直到 1941 年。中华人民共和国成立后曾毓隽寓居北京。1956 年应时任中央文史研究馆馆长的章士钊之约出任中央文史研究馆馆员，而后长期寄居在女儿曾和清、女婿黄大馥在天津的寓所内，于 1967 年 11 月病逝于天津河西区广东路荣华里 25 号楼下，享年九十二岁。

安福系的主要人物除了幕后主脑曾毓隽，便是台前的带头大哥王揖唐。不过，王揖唐的晚年生涯就谈不上多光荣了，在七七事变之后，他与梁鸿志、王克敏等投靠日本侵略军，还曾帮日本人游说过段祺瑞等北洋元老，与梁鸿志、王克敏并称为华北政务委员会"三巨头"汉奸。抗战胜利后，王揖唐、梁鸿志、王克敏被判汉奸罪，王克敏在狱中自杀，王揖唐和梁鸿志被处以枪决。姚震亦是安福系主要成员，并且是皖系元老，追随段祺瑞多年，皖系垮台后于 1935 年病逝。李思浩被称为皖系的"财神"，安福系主要成员，抗战时期被日军拘禁，后出任日伪四明银行董事长兼中国通商，并于 1944 年任伪上海市市政咨询委员会主任委员、《新闻报》社长，曾保释营救爱国人士，1949 年任上海临时联合救济委员会副主任委员，于 1968 年

1 月 28 日去世。

　　而说到新交通系的"三驾马车"曹汝霖、陆宗舆和章宗祥，自然就要和五四运动说到一起。其实在抗战爆发之后，陆宗舆和章宗祥确实是沦为了汉奸，都曾在日伪政府中担任要职，而在五四运动中被指为汉奸的曹汝霖，却公开表示拒绝当汉奸，要以"晚节挽回前誉之失"，此后虽然被日本人强扣上官职，却从不到职，也未参与汉奸卖国行动，还在河北公园协同其子曹朴设收容所、粥厂照顾战争期间的难民。1949 年先抵台湾，后经日本到美国，1966 年 8 月 4 日病逝于底特律。

主要参考书目

1.《北洋裂变：军阀与五四》，张鸣著，广西师范大学出版社，2010 年。

2.《辛亥：摇晃的中国》，张鸣著，广西师范大学出版社，2011 年。

3.《去趟民国：1912—1949 年间的私人生活》，刘仰东著，生活·读书·新知三联书店，2012 年。

4.《武夫当国：北洋军阀统治时期史话（1895—1928）》，陶菊隐著，海南出版社，2006 年。

5.《1912—1928：文武北洋》，李洁著，广西师范大学出版社，2006 年。

6.《北洋军阀史话（1~4）》，丁中江著，中国友谊出版公司，1992 年。

7.《革命逸史（上、中、下）》，冯自由著，新星出版社，2009 年。

8.《剑桥中华民国史（上、下）》，费止清（美）著，杨品泉等译，中国社会科学出版社，1994 年。

9.《文史资料选辑合订本》，中国人民政治协商会议全国委员会文史和学习委员会编，中国文史出版社，2011 年。

10.《我的生活》，冯玉祥著，黑龙江人民出版社，1981 年。

11.《中国近现代外交史资料选辑》，熊志勇、苏浩、陈涛著，世界知识出版社，2012 年。

12.《北洋之始》，汤姆森（美）著，朱艳辉译，山东画报出版社，2008 年。

13.《清季北洋势力崛起与直隶社会变动》，董丛林等著，科学出版社，2011 年。

14.《往事》，毛彦文著，商务印书馆，2012 年。

15.《中国近代军事改革》，皮明勇著，中国人民解放军出版社，2008 年。

16.《共和十年：〈纽约时报〉民初观察记（1911—1921）》，郑曦原著，蒋书婉、刘知海、李方惠译，当代中国出版社，2011 年。

17.《中华民国史》，李新著，中华书局，2011 年。

18.《段祺瑞年谱 吴佩孚正传》，吴廷燮、濑江浊物著，中华书局，2007 年。

19.《我的前半生》，爱新觉罗·溥仪著，东方出版社，2007 年。

20.《北洋集团崛起研究（1895—1911）》，张华腾著，中华书局，2009 年。

后 记

只是几篇闲话

写这本书缘于一个"巧"字。编辑打来电话约稿时，我正在看张鸣先生的《北洋裂变：军阀与五四》，看得几乎到了废寝忘食的地步，正在蠢蠢欲动的时候，接到了电话，便也想试着写写。不过，有张鸣先生的珠玉在前，我只能算是东施效颦，一来我的阅读量有限，二来粗浅见地实在难登大雅之堂。好在这本书不是要写成史书专著，也不是要写成历史正剧，心上的压力和负担多少减了些，写起来也就轻松很多。关于皖系军阀，之前的书写到很多，以人物以故事都写尽了，这本书里还能写点儿什么呢？

一来我不是研究者，写不出那长篇累牍的分析报告；二来我也不是说书人，讲不出那些王侯将相姹紫嫣红。说些不太谦虚的话，我只能算是一个有点儿感性、有点儿冲动的历史爱好者，更乐于去以那个时代的眼光打量那个时代的人，看他们如何纵横捭阖、如何义薄云天、如何儿女情长、如何扼腕长吁。所以，我的历史很小，都是以个人之情去写个人之史，只是把每个人的历史归结到一起，成了一群人的历史而已。所以，这里没有大场面，只是在大场面下将那些人物的特写一个一个摆放出来。再伟大的历史人物也是血肉之躯，所以我写出的当是一部包含着七情六欲的历史。

最后要特别说明，因为在写作过程中一直在拜读张鸣先生的书，文中不乏用及先生的观点，虽不知先生是否能看到这本拙劣之作，但请先生雅谅。另外，文中一些历史资料因为收集匆忙，加上自身实非历史专家，不够校准之处烦请诸位读者谅解。有不足之处，望请广大读者不吝指出，在此拜谢。